Der Vergangenheit auf der Spur

Archäologische Siedlungsforschung in Schleswig-Holstein

Der Vergangenheit auf der Spur

Archäologische Siedlungsforschung in Schleswig-Holstein

Herausgegeben von Michael Müller-Wille und Dietrich Hoffmann

mit Beiträgen von
Silke Backer, Walter Dörfler, Michael Ganzelewski, Alfred Haffner, Ole Harck, Andreas Hauptmann, Dietrich Hoffmann, Hauke Jöns, Torsten Kempke, Georg Kossack, Helmut Kroll, Remmer Kruse, Dietrich Meier, Dirk Meier, Joachim Reichstein und Karl-Heinz Willroth

Karl Wachholtz Verlag Neumünster

Gedruckt mit Mitteln des Ministeriums für Bildung, Wissenschaft, Kultur und Sport des Landes Schleswig-Holstein und der Schleswig-Holsteinischen Universitätsgesellschaft Kiel

ISBN 3 529 01843 0

Karl Wachholtz Verlag Neumünster 1992

Inhaltsverzeichnis

Vorwort

Das Institut für Ur- und Frühgeschichte der Christian-Albrechts-Universität zu Kiel hat während der letzten drei Jahrzehnte in ausgewählten Gebieten Schleswig-Holsteins umfangreiche Grabungen und Geländeuntersuchungen zur Erforschung der vor- und frühgeschichtlichen sowie mittelalterlichen Siedlungsgeschichte durchgeführt. Der vorliegende Band bietet eine Übersicht über die bisher gewonnenen Ergebnisse und vermittelt Informationen über mehrere Forschungsvorhaben, die in fächerübergreifender Zusammenarbeit der Vergangenheit im Siedlungsgeschehen und -ablauf auf der Spur sind. So umfaßt die archäologische Siedlungsforschung nicht nur die ur- und frühgeschichtliche Archäologie, sondern zugleich mehrere geistes- und naturwissenschaftliche Disziplinen, unter denen vor allem Geschichte und Namenkunde, Geologie, Bodenkunde, Geographie, Botanik, Zoologie, Geophysik und Metallurgie genannt seien. Ihr Ziel ist, ein möglichst genaues Bild von den Siedlungsverhältnissen vergangener Zeiten zu erhalten, die Wechselbeziehungen zwischen Besiedlung und Umwelt zu erhellen und somit die Veränderung der Naturlandschaft und die Ausformung der Kulturlandschaft als Vorstufen des jetzigen Zustandes zu verfolgen.

Anknüpfend an siedlungsarchäologische Untersuchungen der dreißiger und späten fünfziger Jahre in der Marsch zwischen Elbe und Eider hat Georg Kossack 1963 umfangreiche Grabungen und Geländeuntersuchungen auf dem Geestkern von Archsum der nordfriesischen Insel Sylt eingeleitet, die von der Deutschen Forschungsgemeinschaft während der Jahre 1969–1977 im Rahmen des Schwerpunktprogramms „Vor- und frühgeschichtliche Besiedlung des Nordseeraums" gefördert wurden. Der allseits von Marsch umgebene Geestkern auf der küstennahen Insel *(Abb. 1, Nr. 1)* bot einen günstigen Ausgangsbereich für eine Fallstudie, die zum Ziel hat, die Siedlungsabfolgen und -formen eines natürlich umgrenzten Areals in einem von der jüngeren Steinzeit bis zur Neuzeit reichenden Längsschnitt zu bestimmen und einen von extremen Naturgewalten abhängigen Kleinraum als Siedelgebiet, Wirtschaftsfläche und ökologische Lebenszone für Mensch, Tier und Pflanzenwelt zeitlich differenziert zu rekonstruieren *(vgl. Kapitel 1)*.

Landschafts- und Siedlungsgeschichte stehen auch im Mittelpunkt eines Forschungsvorhabens, dessen Geländearbeiten parallel zu den 1982 beendeten Grabungen auf Sylt im südlichen nordfriesischen Marschengebiet und Wattenmeer während der Jahre 1975–1981 stattfanden *(Abb. 1, Nr. 2)*. Es zeigte sich, daß das niedrig gelegene Marschenland erstmals während der Wikingerzeit von Siedlern in Besitz genommen wurde. Bei steigendem Meeresspiegel war man während der folgenden Jahrhunderte gezwungen, Warften zu bauen und auf erhöhtem Niveau zu wohnen. Schließlich setzte das Meer mit den Sturmfluten des Jahres 1362 einen ersten dramatischen Höhepunkt in der hochmittelalterlichen Siedlungsgeschichte. Große Teile der Wirtschaftsfläche gingen verloren, ebenso beim zweiten Meereseinbruch im Jahre 1634, als Kulturland auf weite Strecken endgültig in Wattenflächen umgewandelt wurde. Die Auswertung der von der Deutschen Forschungsgemeinschaft unterstützten Geländearbeiten hat dazu geführt, die Ursachen der beiden großen Meereseinbrüche in die seit dem frühen Mittelalter besiedelten und wirtschaftlich erschlossenen Gebiete des südlichen Nordfriesland in differenzierterer Weise als früher zu betrachten *(vgl. Kapitel 2)*.

Seit 1989 werden Untersuchungen zur Landschafts- und Siedlungsgeschichte an der Westküste in Eiderstedt und Norderdithmarschen von der vom Institut für Ur- und Frühgeschichte gegründeten Arbeitsgruppe

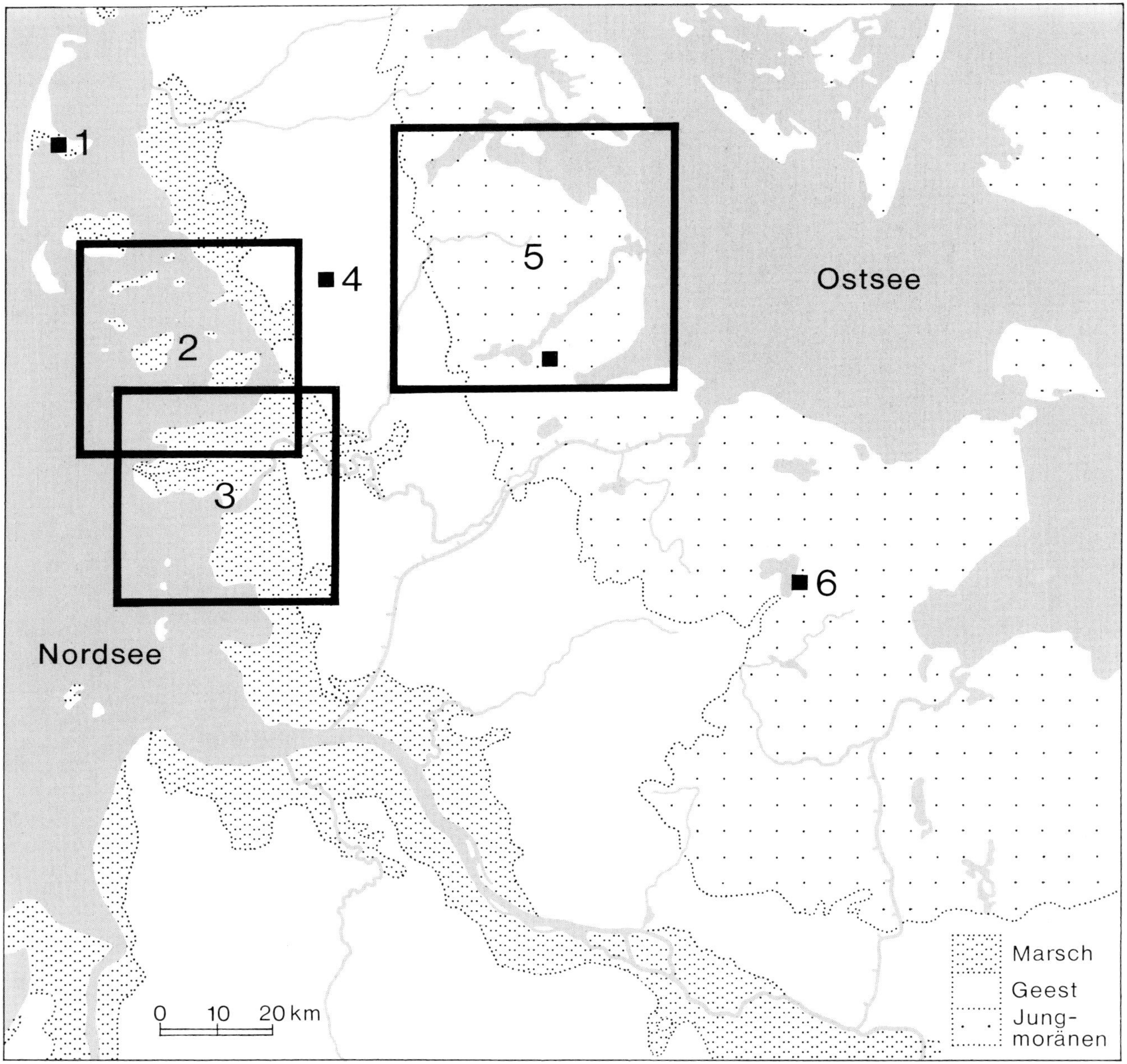

Abb. 1 Archäologische Siedlungsforschung in Schleswig-Holstein. 1. Sylt (Archsum), 2 Nordfriesisches Marschengebiet und Wattenmeer, 3 Eiderstedt und Norderdithmarschen, 4 Joldelund, Nordfriesland, 5 Angeln und Schwansen (Kosel), 6 Bosau, Ostholstein.

Küstenarchäologie am Forschungs- und Technologiezentrum (FTZ) der Universität Kiel in Büsum fortgeführt *(Abb. 1, Nr. 3)*. Bei den laufenden Geländeforschungen, die zur Zeit vom Land Schleswig-Holstein gefördert werden, zeichnen sich zwei Schwerpunkte ab. Den ersten Schwerpunkt bilden die Besiedlungsabfolge und Landschaftsentwicklung im Bereich der alten Marsch von Norderdithmarschen während der römischen Kaiserzeit und des Mittelalters. Die Marschen Norderdithmarschens sind durch besonders hochliegende Oberflächen und eine reihenartige Anordnung von Siedlungen der älteren und jüngeren Kaiserzeit gekennzeichnet; es wird untersucht, inwieweit sich in diesem Besiedlungsmuster landschaftsgeschichtliche Vorgänge abbilden und warum diese Bereiche im Mittelalter von Meereseinbrüchen verschont blieben. Als zweiter Schwerpunkt zeichnet sich die mittelalterliche Besiedlung, der Landesausbau und der frühe Deichbau im nordwestlichen Eiderstedt ab. Die Marschen in diesem Gebiet wurden erstmals im hohen Mittelalter besiedelt. Frühzeitiger als andernorts mußten sich die Siedler durch Deichbau ihre Existenzbasis sichern. Durch Untersuchungen der jüngeren Landschaftsgeschichte, vor allem in Zusammenhang mit den Meeresspiegelschwankungen, sowie des Besiedlungsablaufes soll die Frage nach den Gründen des Beginns für den frühen flächenhaften Küstenschutz beantwortet werden *(vgl. Kapitel 3)*.

Den drei bislang beschriebenen Forschungsvorhaben im Bereich der Nordseemarschen an der Westküste stehen drei weitere im Altmoränen(Geest)- und im Jungmoränengebiet Schleswig-Holsteins gegenüber *(Abb. 1)*. Seit 1990 finden am Kammberg bei Joldelund, Nordfriesland, Geländeuntersuchungen in einem Eisenverhüttungs- und Siedlungsgebiet der jüngeren Kaiserzeit statt, das auf einem streckenweise überdünten Altmoränenzug gelegen ist *(Abb. 1, Nr. 4)*. Ziel der im Schwerpunktprogramm Archäometallurgie von der Volkswagenstiftung geförderten Forschungen ist, in Zusammenarbeit mit dem Bergbaumuseum Bochum und dem Institut für Geophysik die Technologie der kaiserzeitlichen Eisenverhüttung und -verarbeitung zu erkunden und den ökologischen, wirtschaftlichen und sozialen Kontext verstehen zu lernen. Dabei spielt die Frage, welchen Einfluß die Verhüttung auf Vegetation und Landschaft hatte, eine große Rolle; das Ausmaß der Waldzerstörung und der Bodenerosion wie auch die Wirtschaft der mit der Eisenverhüttung verbundenen Siedlungen spiegeln sich deutlich in Pflanzenfunden und Pollenanalysen des Ausgrabungsgebietes wider *(vgl. Kapitel 4)*.

Seit 1983 werden im Rahmen eines von der Deutschen Forschungsgemeinschaft getragenen Forschungsprogrammes und in enger Kooperation mit dem Institut für Landesforschung der Universität Kiel Siedlungen der Wikingerzeit und der Eisenzeit im östlichen Landesteil Schleswig, in Angeln und Schwansen, durch Grabungen untersucht und in einen größeren siedlungs- und wirtschaftsgeschichtlichen Zusammenhang gestellt *(Abb. 1, Nr. 5)*. Siedlungsanzeigende Fundstellen (Siedlungen, Gräberfelder, Horte, Einzelfunde) des 9.–11. Jahrhunderts sind in größerer Anzahl aus dem Umland des frühstädtischen Handelsplatzes Haithabu überliefert. Sie belegen die – wohl hauptsächlich während des 10. Jahrhunderts erfolgte – Wiederbesiedlung einer Altsiedellandschaft, die offensichtlich im 6.–8. Jahrhundert nur sehr schwach oder gar nicht bewohnt war, während die vorangehende Kaiser- und Völkerwanderungszeit wiederum durch eine dichte Besiedlung gekennzeichnet ist. Inzwischen sind westlich und östlich des Dorfes Kosel durch großflächige Grabungen zwei Siedlungskomplexe der Wikingerzeit und des hohen Mittelalters sowie Gehöfte der Kaiser- und Völkerwanderungszeit erschlossen. Auch ein Gräberfeld der Wikingerzeit ist in Verbindung mit der Siedlung östlich von Kosel weitgehend freigelegt. Die botanischen Untersuchungen lassen Entwicklungen und Veränderungen der Produktion von pflanzlichen Grundnahrungsmitteln ländlicher Siedlungen der Eisenzeit und des Mittelalters sowie Ausmaß und Charakter der

anthropogenen Landschaftsveränderungen erkennen *(vgl. Kapitel 5).*
Das letzte siedlungsarchäologische Forschungsprojekt führt nach Ostholstein. In dem am Plöner See gelegenen Dorfe Bosau und seiner Umgebung fanden in den Jahren 1970–1980 an mehreren Plätzen Grabungen unter der Leitung von Hermann Hinz statt, die vornehmlich zur Erhellung der slawischen Einwanderung und Besiedlung während des 7.–12. Jahrhunderts dienten *(Abb. 1, Nr. 6).* Diese Geländeforschungen bildeten Teil eines größeren vom Sonderforschungsbereich (SFB) 17 der Deutschen Forschungsgemeinschaft eingerichteten Projektbereiches, der unter dem Titel „Ländliche Siedlung, Burg und Stadt vom 9. bis 15. Jahrhundert in der Kontaktzone zwischen Skandinaviern, Slawen und Deutschen" auch Untersuchungen in den Burgwällen Scharstorf und Oldenburg sowie in der Stadt Lübeck umfaßte, welche vom Archäologischen Landesmuseum in Schleswig und vom Amt für Vor- und Frühgeschichte (Bodendenkmalpflege) der Hansestadt Lübeck geleitet wurden. In den durch die Bosauer Grabungen dokumentierten Zeitraum von etwa Christi Geburt bis zur frühen Neuzeit fallen zwei tiefgreifende Zäsuren, zum einen die schon genannte Einwanderung von slawischen Bevölkerungsgruppen, die ungefähr in der Zeit um 600 spätgermanische Bewohner ablösten, zum anderen die massive Zuwanderung von deutschen und westlichen Siedlern während des 12.–13. Jahrhunderts, die erneut zu einem Bevölkerungswechsel führte *(vgl. Kapitel 6).*

Mit den durch die verschiedenen Beiträge erläuterten Grabungen und Geländeuntersuchungen ist eine solide Basis für eine siedlungsarchäologische Forschung geschaffen, die nach den Erfahrungen der letzten Jahrzehnte stets interdisziplinär ausgerichtet und um Erkenntnis vergangener Besiedlungsvorgänge und damit einhergehender Umweltbeeinflussung und -veränderung bemüht sein wird.

Allen Autoren, die einen Beitrag zum vorliegenden Buch geliefert haben, sei herzlich gedankt. Die zeichnerische und graphische Betreuung übernahm Herr Wolfgang Lieske. Der Wachholtz Verlag hat dieses Buch, ebenso wie den im Vorjahr erschienenen Band „Starigard/Oldenburg. Ein slawischer Herrschersitz des frühen Mittelalters in Ostholstein", in sein landeskundliches Programm aufgenommen.
Schließlich gilt mein herzlicher Dank dem Ministerium für Bildung, Wissenschaft, Kultur und Sport des Landes Schleswig-Holstein und der Schleswig-Holsteinischen Universitätsgesellschaft Kiel, die in großzügiger Weise die Mittel für den Druck bereitgestellt haben.

Kiel *Michael Müller-Wille*

Frühe Bauern auf Sylt

Ausgrabungen in Archsum

Von Ole Harck, Georg Kossack und Joachim Reichstein

Einleitung

Die Frühgeschichte auf den nordfriesischen Inseln dauerte bis zum Ende des Mittelalters, obgleich die kulturelle und wirtschaftliche Entwicklung auf Sylt, Föhr und Amrum nach Ausweis archäologischer Funde und nach dem Zeugnis der aus dem 13. Jahrhundert stammenden Kirchen durchaus vergleichbare Züge mit dem Festland aufweisen kann. Während die Namen „Sylt“, „Föhr“ und „Amrum“ bereits zwischen 1141 und 1231 urkundlich genannt werden, datieren die Bezeichnungen der Ortschaften auf diesen Inseln in eine jüngere Zeit. Die Nordsylter Ansiedlung List findet sich erstmalig erwähnt in einem Dokument des Jahres 1292, Morsum tritt 60 Jahre später in historischem Konnex auf; Tinnum, Keitum, Rantum, Westerland, Wenningstedt und Archsum sind 1462 namentlich verzeichnet, 1629 und 1652 folgen Eitum, Hörnum und Braderup. Auf Amrum und Föhr belegen die Urkunden einen entsprechend späten Eintritt in die Überlieferung: Zu den frühen Namen vor 1462 zählt allein die Erwähnung der Ortschaft Utersum auf Föhr (1360). Vergleichbare Verhältnisse findet man übrigens bei Ansiedlungen mit mittelalterlichen Kirchbauten auf dem gegenüberliegenden Festland. Nur wenige sind bereits 1231 im Erdbuch Waldemars I. aufgelistet und somit früh dokumentiert. Unter diesem regionalen Aspekt gewinnt das für eine überschaubare Landschaftseinheit konzipierte Modell einer archäologischen Untersuchung der vor- und frühgeschichtlichen Besiedlungsabläufe eine auch für die historische Landesforschung bedeutsame Perspektive.

Die siedlungsarchäologischen Untersuchungen sollen aber nicht nur Quellen zur Lokalgeschichte erschließen, sondern dienen auch als Fallstudie für zeitlich differenzierte Siedlungsfolgen in einem kleinräumigen, von extremen Naturgewalten abhängigen Bereich und für eine Rekonstruktion der früheren Landschaft als Siedelgebiet, Wirtschaftsraum und ökologische Lebenszone für Mensch, Tier und Pflanzenwelt. Diese Ausgangslage begründet die Einbeziehung verschiedener Nachbarwissenschaften in die Erforschung des wenig mehr als 2 km² großen Geestkerns im Osten der Insel Sylt *(Abb. 1)*.

Die kleine Archsumer Anhöhe als Untersuchungsgebiet langwieriger Feldstudien zwischen 1963 und 1982

Abb. 1 Lage des Untersuchungsgebietes.

Abb. 2 Archsum. Untersuchungsgebiet mit den wichtigsten Ausgrabungen: 1 Melenknop, 2 Archsumburg, 3 Alt-Archsum.

wurde aus verschiedenen Gründen ausgewählt: Dank der abgeschlossenen archäologischen Landesaufnahme sowie mehrerer Suchschnitte und Fundbergungen unmittelbar vor und kurz nach dem Kriege gab es ein gleichmäßig auf der Geestinsel verteiltes Fundstellennetz mit Siedlungen, Gräbern und Einzelfunden verschiedener Zeitstellung. Hinzu kamen zahlreiche, von Bewohnern im Mittelalter und der Neuzeit künstlich aufgeschüttete und teilweise heute noch bebaute Langwurten und zeitgleiche Deichstücke, die insgesamt einen ertragreichen Einstieg in siedlungsarchäologische Fragen versprachen. Ein 1939 durch einen Suchschnitt datierter Siedlungshügel von rund 100×120 m Größe am südlichen Rand der in gleicher Richtung geneigten Pleistozänhöhe erlaubte außerdem Einsichten in das lokale Siedlungsgeschehen in den Jahrhunderten nach Christi Geburt *(Abb. 2)*.
Außer diesen lokalen Voraussetzungen gab es zu Beginn der 1960er Jahre auch forschungsbedingte Gründe für die Entscheidung, Ausgrabungen im Nordwesten des Landesteils Schleswig zu beginnen, zumal hierdurch eine Lücke zwischen zwei aktuellen Untersuchungsbereichen geschlossen werden konnte: Auf der dänischen Seite der Grenze zeigten größere Siedlungsgrabungen um und südlich von Esbjerg während dieser Jahre erste Resultate; eine bis heute andauernde Ausgrabungstätigkeit an der südjütischen Westküste und auf dem dahinter gelegenen Mittelrücken klärte den Aufbau der eisenzeitlichen und wikingerzeitlichen Dorfstruktur, die Frage nach Platzkontinuität und Wirtschaftsform (Vorbasse, Hodde, Myrthue, Sælborg, Esbjerg, Ribe, Dankirke, Drengsted). Südlich der Grenze waren im Marschengürtel zwischen der Elbe und der Eider Fundstellen der Kaiserzeit (Tofting, Ostermoor, Hodorf), sowie eine frühgeschichtliche Eiderstedter Warft beim Elisenhof unweit von Tönning untersucht worden. Großgrabungen in der Küstenzone Niedersachsens mit einer vergleichbaren Fragestellung rundeten das Bild dieser archäologischen Geländeforschung im südöstlichen Nordseegebiet ab.

Topographie

Sylt besteht aus mehreren, während der Eiszeit entstandenen Geestkernen, die jeweils von Marschenzonen umgeben sind. Der größte mit bis zu 20 m hohen Kliffs (Westerland, Tinnum, Keitum, Wenningstedt, Braderup und Kampen) bietet zusammen mit überdünten schmalen Nehrungshaken als 40 km langer Wellenbrecher wirksamen Schutz für die östlicheren, kleineren Anhöhen aus dem Pleistozän. Hiervon sind die Kuppen „Archsum“ und „Morsum“ bewohnt, während die südwestlich Archsums gelegene Erhebung „Tjülsekeren“ in historischer Zeit unbesiedelt blieb. Die Archsumer Anhöhe wurde bereits vor Christi Geburt durch eine mit Meeressediment angefüllte schmale Niederung vom westlichen Pleistozänkern getrennt, während eine rund 100 m breite Kleidecke in einer Rinne zwischen der Archsumer und der Morsumer Geest ins Mittelalter datiert. Früher dürften die beiden Inselteile eine Einheit gebildet haben: in der östlichen Senke fehlt beispielsweise jedes Sediment des ersten vorchristlichen Jahrtausends, das den Archsumer Geestkern im Süden, Westen und Norden begleitet.

Das durch Kuppen und Niederungen gegliederte Relief der Archsumer Geest fällt auf einer 1,5 km langen Strecke von NN +8 m am „Toten“ Kliff im Norden *(Abb. 3)* bis unterhalb NN +2 m am Südrand. Die Sturmflutgefährdung der heutigen, zwischen NN +3 und +4 m angelegten Bauernhöfe *(Abb. 4)* war erst nach dem Bau des Hindenburgdammes (1927) und des Nössedeiches (1938) gebannt. Im Jahre 1936 trennte eine Flut nicht allein den Archsumer Geestkern von den benachbarten Anhöhen im Osten und Westen, sondern reichte auch bis zu Häusern der Ortschaft. Die Fluten mögen dabei vereinzelt Schäden angerichtet haben, in Bodenaufschlüssen sind ihre Spuren jedoch niemals nachgewiesen worden.
Bevor der Mensch die Archsumer Höhe umzuformen begann, trat das pleistozäne Relief ohne wesentliche

Abb. 3 Archsumer Geestkern, Kliff im Norden mit vorgelagerter Marsch.

Abb. 4 Archsum um 1930, von Westen gesehen.

Störungen als einheitlicher Block hervor. Die Geest aus Geschiebelehm und Sand ist erheblich verändert worden: um die Ernteerträge aufzubessern, trug man in wechselnder Mächtigkeit teils Boden, teils Plaggen auf. Während die höheren, anthropogen überprägten Flächen eher trockene Zonen aufweisen, dominieren nasse Geestböden, sogenannte Gleye, in den Niederungen oberhalb der Marsch. Diese keineswegs an bestimmte Isohypsen des Untergrundes gebundene Aufteilung der Geest hat für den archäologischen Befund insofern Bedeutung, als die eisenzeitlichen Siedelplätze weitgehend im trockenen Bereich oder auf gleichwertig einzustufenden, künstlich geschaffenen Kuppen oberhalb der Sturmflutgrenze gefunden worden sind. Hier überwiegen – gleichsam als Beleg eines geringeren Meereseinflusses – Flintgeräte in ursprünglicher, natürlicher Graufärbung, während umgefärbte braune Feuersteinartefakte häufig im überflutungsgefährdeten Gebiet aufgelesen worden sind. Zusammen mit botanischen Befunden ergeben sich hierdurch Rückschlüsse einerseits auf die wechselnde Intensität bei der Umformung durch die Kräfte der Natur, andererseits auf die Reaktion der bäuerlichen Siedler, die das Relief durch Zufuhr erheblicher Bodenmengen aufhöhte und stellenweise entscheidend veränderten.

Die Auftragsböden unterschiedlicher Zeitstellung auf der Archsumer Geest sind nicht gleichmäßig verteilt, wobei die Schichtmächtigkeit der Humusplaggen in keiner Weise eine lokale Abhängigkeit vom pleistozänen Relief erkennen läßt. Eine Konzentration erheblicher Humusaufträge ist einerseits im Bereich von Siedlungsstätten seit der Eisenzeit nachweisbar (z. B. im heutigen Dorfgebiet), andererseits aber auch in der Randzone der Anhöhe aus dem Pleistozän (z. B. am Kliff im Norden und an der südlichen Begrenzung des Geestareals). Eine Kartierung von datierten Bodenaufschlüssen an verschiedenen Stellen der Archsumer Höhe weist auf einen bemerkenswerten Zusammenhang zwischen der Fundplatzlage und der Zeitstellung der Auftragsarbeiten hin: Oberhalb der 2,5 m-Isohypse der pleistozänen Oberfläche lag eine römerzeitliche oder frühgeschichtliche Kulturschicht in 11 Profilen unmittelbar auf den pleistozänen Schichten oder auf einem vergleichbaren, leicht humosen Mischboden unter der Humusdecke. Im Gegensatz hierzu sind Fundstraten in diesem Bereich mit Scherbeneinschlüssen der nachchristlichen Zeit auf einem vermutlich in die vorrömische Eisenzeit datierbaren Auftragsboden nur fünfmal belegt. Unterhalb der genannten Höhenlinie der pleistozänen Oberfläche fehlte dagegen der erstgenannte Schichtfolgetyp – abgesehen von einer Fundstelle, dem ausgegrabenen Siedlungshügel Melenknop –, der zweite war dagegen mindestens 13mal vertreten.

Diese Verteilung läßt erkennen, daß man im Süden sowie am östlichen und westlichen Rand des Geestareals frühzeitig, vermutlich schon vor Christi Geburt, hat aufplaggen müssen *(Abb. 5)*. Hierbei dürfte als bemerkenswert gelten, daß die zugehörigen Siedlungen in Archsum bislang nicht entdeckt worden sind. Dies bedeutet, daß durch die Untersuchungen die vorrömerzeitliche Wirtschaftsfläche, nicht aber die Hausplätze der Bauern bekannt wurden. Ob wir das Wohngebiet oberhalb der 2,5 m-Isohypse (Höhenlinie) zu vermuten haben, erscheint fraglich. Eine Hoflage zwischen den einzelnen Auftragsflächen der vorrömischen Eisenzeit unterhalb der 2,5 m Höhenlinie läßt sich aber genausowenig begründen: An keiner Stelle gab es bei der Feldbegehung Hinweise auf Scherbenkonzentrationen dieser Zeitstellung. Insgesamt läßt sich der beschriebene Befund in folgender Weise interpretieren: Das Geestareal oberhalb der 2,5 m-Isohypse der pleistozänen Oberfläche stellte in den Jahrhunderten vor Christi Geburt vermutlich ein Ödland dar, beispielsweise eine Heidefläche, das Niederungsgebiet bildete dagegen die eigentliche Wirtschaftszone. Ob die Bodenerhöhung durch Humusplaggen als Versuch zu werten ist, die Erträge der Äcker zu steigern, oder ob sie die Anhöhe bei Sturmfluten sichern sollte, ließ sich bei den Grabungen nicht entscheiden.

Abb. 5 Archsum. Melenknop. Bronzezeitliche Oberfläche (dunkle Schicht über hellem Sand) mit darüber liegendem Auftragsboden der vorrömischen Eisenzeit. Die streifigen Schichten datieren in die römische Kaiserzeit.

Die Verteilung von Auftragsböden auf Kulturschichten aus der Kaiserzeit oder der Wikingerzeit ergibt weitere Hinweise auf das Verhältnis zwischen Profillage und Zeitstellung. Elf Plätze lagen oberhalb der 2,5 m-Isohypse der pleistozänen Oberfläche, fünf – davon zwei im Grenzbereich der Isohypse – darunter. Hieraus geht ein Wechsel im Siedelgeschehen hervor: Die nach Christi Geburt datierten Bodenaufbesserungsmaßnahmen weisen auf eine bis ins Mittelalter hineinreichende Verlagerung der Wirtschaftsflächen hin; zu den mittelalterlichen und frühneuzeitlichen Reliefveränderungen zählen der Ausbau von Langwurten für Hausstellen im Süden des Dorfes, der Abtrag älterer, eisenzeitlicher Siedlungshügel im Zuge der Bodengewinnung, z. B. den Westrand der Archsumburg-Ruine, und die Entstehung langgestreckter Straßenschüttungen in der Archsumer Feldmark, z. B. Fundstellen 32 und 46.

Dieser einschneidende Wechsel dürfte vor allem als Reaktion der Bewohner auf die zunehmende Sturmflutgefährdung ihrer Siedlungen und Wirtschaftsflächen sowie das hierdurch bedingte Ansteigen des Grundwasserspiegels gesehen werden. Für die bäuerliche Besiedlung in Archsum bedeutete die Veränderung eine Reduzierung der ohnehin kleinen Wirtschaftsareale und dazu einen zunehmenden, durch äußere Umstände bedingten Zwang zum gemeinsamen Handeln.

Die Feldarbeiten von 1963 bis 1982

Die am Südrand des Geestkerns gelegene, rund 100×120 m messende, bis NN +5 m ansteigende Geländeerhöhung Melenknop – Mühlenhügel – war im Jahre 1939 durch einen Suchschnitt als eisenzeitliche Siedlungsstätte erkannt worden *(Abb. 6)*. Der 2,5 m hohe Aufschluß enthielt unter anderem Hinweise auf verschiedene Baufolgen, wie sie vergleichbar aus Wurtengrabungen der Marsch, niemals aber von der Geest bekannt geworden sind. Die 1963 begonnenen siedlungsarchäologischen Untersuchungen in Archsum konzentrierten sich seit 1963 daher zunächst auf die vollständige Ausgrabung dieses Hügels.

Abb. 6 Archsum. Luftbild von 1965. 1 Melenknop, 2 Archsumburg. M. 1:3000.

Eine zweite Großgrabung im heutigen Dorfzentrum erschloß zwischen 1969 und 1973 wesentliche Teile der frühgeschichtlichen Ortschaft Alt-Archsum *(Abb. 2)*. Zusammen mit verschiedenen gleichzeitigen Siedlungsresten, die an mehreren Stellen im Umfeld der Ausgrabung bekannt wurden, belegen sie offenbar eine umfangreiche Bebauung. Die durch Streufunde bestimmte Wirtschaftsfläche lag nördlich und nordwestlich der wikingerzeitlichen Hausgruppen.
Die Archsumburg, die dritte in mehreren Kampagnen untersuchte Fundstelle *(Abb. 6)*, liegt rund 200 m nördlich des Melenknops. Vor Beginn der Ausgrabungen von 1972 bis 1978 bestand der Verdacht, der Bering (Wallanlage) gehöre in die Zeit der frühgeschichtlichen Bebauung Alt-Archsums. Eine Auswertung von Fundgut und Baubefunden begründete aber die Datierung um die Mitte des 1. Jahrhunderts n. Chr. und die Funktion als kurzfristig genutzter Kultplatz, der Verbindungen teils ins Gebiet westlich der Weser, teils nach Nordjütland erkennen läßt.
Parallel zu den umfangreichen Erdarbeiten wurde die Archsumer Geest mehrfach durch geschulte Mitarbeiter begangen, zahlreiche Erdbewegungen wurden während der Ausgrabungen kontrolliert und prädestinierte Plätze mit Scherbenkonzentration oder Steinanhäufung durch Sondagen unterschiedlicher Größe untersucht. Die Landesaufnahme umfaßte am Abschluß der Feldarbeiten auf Sylt Funde oder Befundhinweise von 153 Plätzen des Geestkerns; die Zahl der durch Profile und Grabungsmaßnahmen dokumentierten Lokalitäten beträgt 119. Parallel hierzu begann die Aufarbeitung der gewonnenen archäologischen Quellen.

Besiedlungsfolgen

Mit Hilfe des nur für Teilbereiche ausgewerteten archäologischen Materials lassen sich die Siedlungsfolgen in Archsum bereits in groben Zügen beschreiben, obgleich viele Einzelfragen noch ungeklärt sind. Die folgende, zeitlich gegliederte Darstellung dient daher eher als vorläufiger, skizzenhafter Versuch, einerseits die Schwerpunkte menschlicher Aktivität in Archsum herauszuarbeiten, andererseits unsere Wissenslücken zu kennzeichnen.

Vorchristliche Zeit

Neolithikum

Während sichere Funde aus dem Paläo- und Mesolithikum fehlen, gelang es, verschiedene Belege für eine Besiedlung seit dem frühen Mittelneolithikum zu gewinnen. Bei der Untersuchung einer Steinanhäufung östlich des heutigen Dorfes kamen Reste eines völlig zerstörten Großsteingrabes zutage, das durch Keramikfunde auf der erhaltenen Grabkammersohle und in der Hügelanschüttung datiert wird *(Abb. 7; 8)*. Eine größere Bernsteinperle könnte gleichzeitig sein, während eine Armschutzplatte und eine schwach-facettierte Geröllkeule einer Sekundärbestattung dem Ende der Jungsteinzeit zugeordnet werden müssen. Verschiedene an der Oberfläche gefundene, offenbar zeitgleiche Geräte aus Flint und Felsgestein von der Archsumer Geest scheinen ebenfalls eine sporadische oder ständige Anwesenheit des Menschens zu begründen, zugehörige direkte Siedlungsanzeiger fehlen jedoch. Erst am Ende des Neolithikums treten datierte Komplexe mit Siedlungsspuren, dem oben genannten Sekundärbegräbnis und zahlreiche Einzelstücke aus Flint auf. Flächenretuschierter Feuerstein von Dolchen und Sicheln, mehrere vermutlich spätneolithische Flachbeilhälften und verzierte Gefäßreste fanden sich bei den Flurbegehungen vor allem in der westlichen Hälfte der Anhöhe aus dem Pleistozän. Unter der Archsumburg und der Siedlung Alt-Archsum *(Abb. 2)* konnten weitere Einzelstücke gleicher Zeitstellung im stratigraphischen Zusammenhang geborgen werden; die Grabung auf dem Melenknop ergab eine Siedlung des Spätneolithikums mit umfangreichem Inventar, die Auswer-

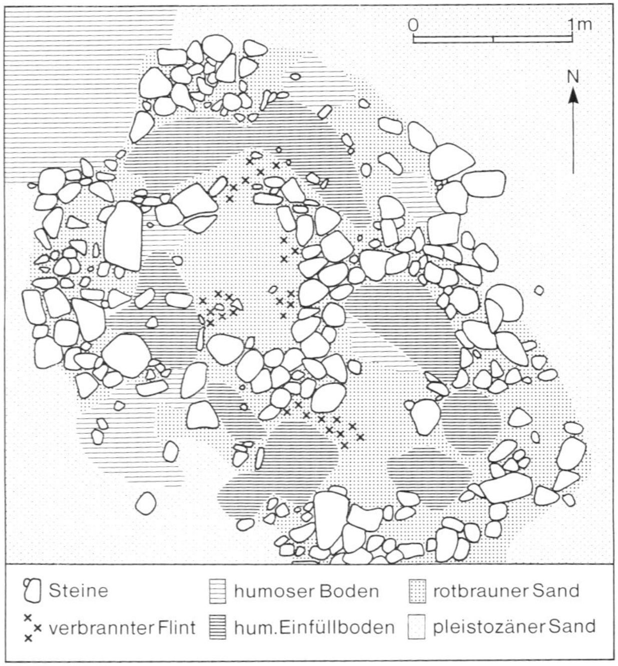

Abb. 7 Archsum. Standpuren der Steine eines Großsteingrabes auf dem Archsumer Geestkern. M. 1:50.

tung der Hausbefunde gehört zu den Aufgaben der nächsten Jahre. Die Funde, vor allem Stücke von flächenretuschierten Flintgeräten sowie Scherben mit waagerecht angeordneten Kammstempeln und Rillenornamenten, lagen in bislang stratigraphisch undifferenzierten Gruben verschiedener Größe und Tiefe oder in einem gekappten Grausandboden, dem unteren Teil einer ehemaligen neolithischen Oberfläche. Im Osten der Ausgrabungsfläche wurden Ardspuren (Pflugspuren) dokumentiert, die aus stratigraphischer Sicht diesem oder einem kurz darauffolgenden Zeitabschnitt zuzuordnen sind. Sie datieren offenbar in die Zeit vor Anlage eines auf pleistozänen Ablagerungen gelegenen älterbronzezeitlichen Grabhügels.

Sowohl im Neolithikum als auch in der folgenden älteren Bronzezeit wurde die Archsumer Geest noch nicht durch frühe Transgressionen des Meeres erreicht, obgleich Vernässungserscheinungen als Vorläufer eines Meeresanstieges bereits in der Jungsteinzeit die Entstehung tiefgelegener Böden beeinflußt haben. Nördlich Archsums zählen Kleidecken in einer über 5 m tief unter NN reichenden Senke zu den Schichten des Neolithikums und der Bronzezeit. Im Wattenmeer, südlich des heutigen Nössedeiches, dürfte die Küstenlinie in der Steinzeit rund 2 km vom heutigen Strand entfernt verlaufen sein, in der Bronzezeit verringerte sich der Abstand. Gegenüber späteren Perioden dürfte der Wirtschaftsraum damals erheblich größer gewesen sein.

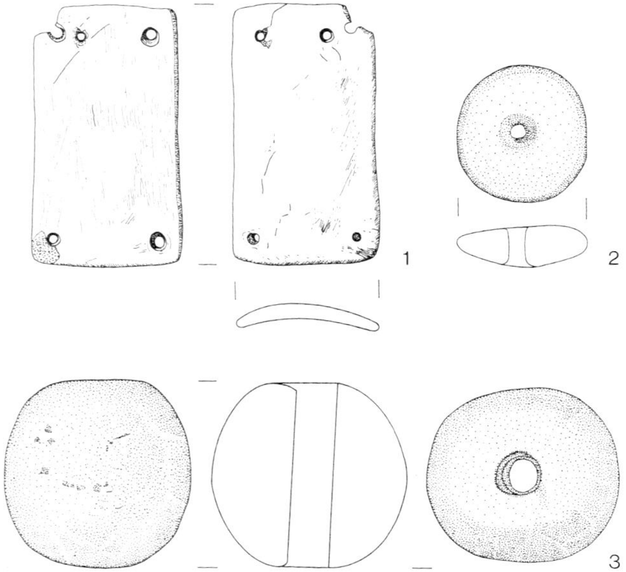

Abb. 8 Funde aus einem Großsteingrab bei Archsum. 1 Armschutzplatte, 2 Bernsteinperle, 3 Geröllkeule. M. 1:2.

Bronzezeit

Zu den älter- und mittelbronzezeitlichen Fundstellen in Archsum zählen Siedlungsreste und Grabfunde. Dank stratifizierbarer Befunde auf dem Melenknop, in der Archsumburg und in Alt-Archsum ließen sich außerdem Einsichten in bestimmte Formen der Bewirtschaftung und in die Bebauungsfolge der Bronzezeit sowie Hinweise auf die Struktur, Dauer und Intensität der Wechselsiedlungen gewinnen. Ihre Datierung erfolgte vor allem durch umfangreiche Keramik *(Abb. 9)*, selten durch datierte Steindolche oder Bronzereste. Zu den Siedlungsbefunden zählen einerseits zahlreiche Gruben, Pfosten und Reihen von parallelen, kurzen Gräbchen, andererseits der einmal erhaltene Estrichrest eines bislang unbekannten Gebäudes auf der bronzezeitlichen Oberfläche des Melenknop. Die Eintiefungen in den pleistozänen Untergrund enthielten charakteristische Gefäßreste, die sich durch ihre grobe Magerung, eine häufig dicke Wandung und mäßige Verarbeitung deutlich gegenüber den jüngeren Funden absetzten. Als geläufige Formen dieser Zeit kommen Doppelkonen, z. T. mit einem Griffzapfen im Schulterumbruch, und hohe zylindrische oder bikonische Töpfe, Kümpfe und Schalen vor. Feinkeramik ist selten.

Wichtige Belege zeitgleicher Bewirtschaftungsmaßnahmen waren vor allem Ardspuren, die sich teils als parallele, teils als gekreuzte Kritzen durch eine humose Füllung im gelben pleistozänen Sand abzeichneten *(Abb.17)*. Hier und in Schichten der erhaltenen Oberfläche geborgene Großpflanzenreste weisen auf den Anbau vor allem von Gerste und Emmer hin. Ein sicherer Nachweis einer Parzellierung der Flächen konnte bislang nicht erbracht werden, obgleich umfangreiche Ardspurenbündel in den Flächen Alt-Archsums eine solche Deutung nahelegen. Zur Erhöhung der Erträge wurde lokal Humus in unterschiedlicher Mächtigkeit aufgetragen. Unter der Archsumburg bedeckte diese Bodenzufuhr die alte Oberfläche, unter dem Melenknop-Zentrum erstreckte sich die dunkle Auflage auf dem gekappten neolithischen Grausand bis zu 0,25 m Mächtigkeit, randlich dünnte die Schicht allerdings deutlich aus. Ungeklärt blieb die Funktion zahlreicher vermutlich mit der Bewirtschaftung zusammenhängender Kreisgräben (Durchmesser 5–11 m), ein Baubefund, der zwischen Jütland und England weit verbreitet war. Sie könnten auf unbekannte Ernteriten hinweisen oder ausgehoben worden sein, um das Regenwasser von Heuhocken und gestapelten Getreidegarben abzuleiten und aufzufangen.

Älterbronzezeitliche Gräber fanden sich nordwestlich Archsum auf einem niedrigen Ausläufer der Geestanhöhe, der während der vorrömischen Eisenzeit erstmalig durch Kleisediment als Folge der Dünkirchener Meerestrangsgression bedeckt worden ist. Der 16 m im Querschnitt messende, 1,50 m hohe Grabhügel enthielt in seiner Mitte eine längliche Steinkiste mit Resten eines Holzsarges, einem Bronzeschwert, einem Flintspan und einem Tonbecher. Weitere bereits in prähistorischer Zeit verdeckte bronzezeitliche Grabanlagen kamen während der Großgrabungen zutage: Unter der Archsumburg lagen Reste eines undatierten Hügels (?) auf alter Oberfläche, darüber folgte vorberingzeitlicher Auftragsboden; ein Grabhügel in Alt-Archsum, der auch Nachbestattungen der älteren vorrömischen Eisenzeit enthielt, bestand aus sandig-humosen Plaggen, die Mitte war durch eine Raubgrabung während der Wikingerzeit zerstört. Auf der pleistozänen Kuppe des Melenknops erstreckte sich eine etwa 13,5×12 m messende, bis 0,45 m hohe Hügelruine mit mehreren Bestattungen, ein randlich gelegenes eingetieftes Körpergrab war mit einem Flintdolch und einigen unkenntlichen Bronzeresten ausgestattet. Dieser Hügelrest trug eine 11×9 m messende, bis 0,60 m mächtige „Kochsteinschicht“ aus verbrannten Steinen und tiefschwarzem, klebrig-fettigem Erdreich. Mittelbronzezeitliche Keramik bestätigte einen engen zeitlichen Zusammenhang zwischen dem bereits zerstörten Tumulus und der ungewöhnlichen Abdeckung. An-

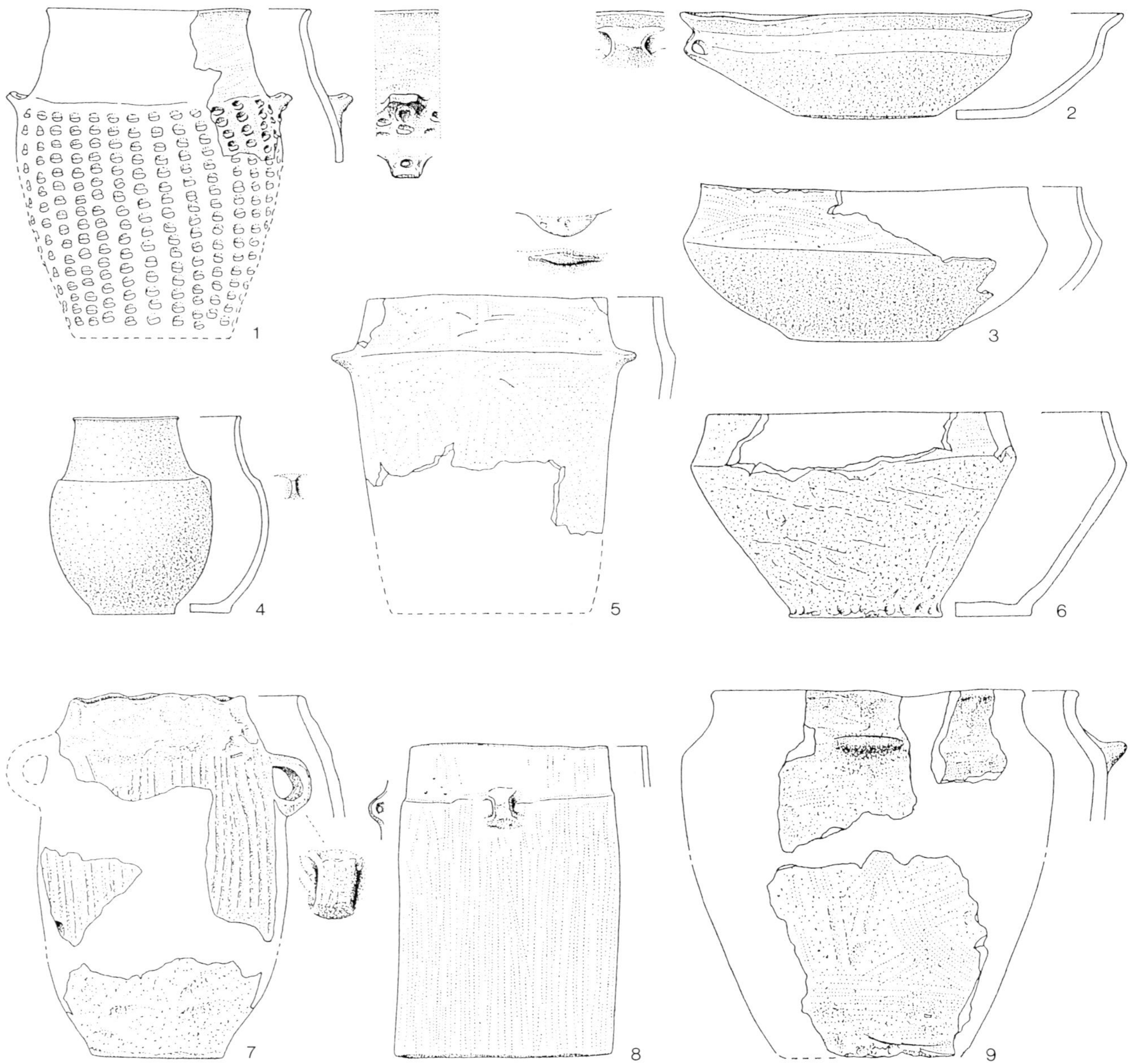

Abb. 9 Archsum. Melenknop. Keramik der mittleren Bronzezeit. M. 1:6.

schließend hat man die Kuppe um 0,20 m mit Humus aufgehöht und bepflügt, bevor sie erneut besiedelt wurde.

Vorrömische Eisenzeit

Während die ältere und vor allem die mittlere Bronzezeit in Archsum durch mehrere Befunde und Aufschlüsse studiert werden konnte, gehört archäologisches Fundgut der jüngeren Bronzezeit (Gruben einer Ansiedlung und Teile eines kleinen Urnengräberfeldes in Alt-Archsum) und der frühen Eisenzeit (wenige Nachbestattungen im Grabhügel von Alt-Archsum) zu den Ausnahmen. Ob dieser Rückgang der Siedlungsintensität auf einer zunehmenden Vernässung der Böden, einem beginnenden Klimawechsel oder einer neuen Bewirtschaftungsform beruhte, ließ sich bisher nicht entscheiden.

Die Meerestransgression um die Mitte des letzten vorchristlichen Jahrtausends bedeutete eine erhebliche Zäsur in der Landschaftsentwicklung und in den Lebensverhältnissen. In diese Zeit datiert die schon erwähnte, bis 0,60 m hohe Aufplaggung unterhalb der 2,50 m-Isohype der pleistozänen Oberfläche. Sie scheint eine Reaktion der damaligen Bewohner auf die neue Situation gewesen zu sein. Der umfangreiche Bodenauftrag, der durch Scherbeneinschlüsse unbekannter Siedlungsstellen datiert wird *(Abb. 10)*, bestätigt außerdem eine erhebliche Arbeitsleistung, die erst unmittelbar vor der Zeitwende, nach dem Abklingen des Meeresanstieges abgeschlossen war. Man erntete von den mühselig verbesserten und gedüngten Äckern vorwiegend Nacktgerste, etwas Spelzgerste war stets dabei, und wohl auch noch Emmer, einen Weizen.

Der beschriebene archäologische Befund aus der vorchristlichen Zeit zeugt von einer unterschiedlich intensiven Besiedlung oder Begehung seit dem frühen Mittelneolithikum. Belege für eine direkte oder indirekte Bautätigkeit auf der kleinen Kuppe aus dem Pleistozän datieren vor allem in das mittlere und späte Neolithikum (Grabanlage bzw. Siedlung, Sekundärgrab, Einzelfunde), die ältere und mittlere Bronzezeit (Gräber bzw. Siedlung mit Ackerflur auf Humusauftrag) und die vorrömische Eisenzeit (ausgedehnter Plaggenauftrag in tieferen Teilen der Geestanhöhe). Eine kontinuierliche Anwesenheit des Menschen an einem dieser Plätze läßt sich jedoch nirgends erkennen, eine Siedlungsstabilität fehlt genauso wie eine lückenlose Bestattungsfolge. Dies gilt auch für die gesamte Geesthöhe als Kleinregion. Nur der langwierige, viele Jahre in Anspruch nehmende Prozeß der Aufplaggung in bestimmten Arealen begründet die Annahme langfristig konzipierter Maßnahmen, deren Intervalle allerdings unbekannt bleiben. Der archäologische Befund deutet daher eher auf eine Folge von Wechsel- oder Wandersiedlungen hin, die wenige Jahre bis zur Erschöpfung der beackerten Böden an ein und derselben Stelle verblieben. Die wenigen Gräber an einem Platz unterstreichen diese Annahme. Ob die Maßnahmen zur Bodenaufbesserung in der vorrömischen Eisenzeit bereits auf eine Abkehr von der älteren Siedlungsweise hinweisen, bleibt ungeklärt, solange die Siedlungen selbst oder die zugehörigen zeitgleichen Gräber noch nicht gefunden sind.

Nachchristliche Eisenzeit

Weilerbebauung

Kurz vor Christi Geburt entstand eine ausgedehnte dichte Bebauung von scheinbar längerer Ortskonstanz gegenüber den Wechselsiedlungen früherer Zeit. Auf mehreren durch Plaggenauftrag hervorgehobenen Kuppen und auf höher gelegenen Flächen fanden sich zahlreiche Scherben mit einem charakteristischen, verdickt-facettierten Rand der späten vorrömischen Eisenzeit und der frühen römischen Kaiserzeit. Rund 20 Fundstellen scheinen auf zahlreiche verstreut gelegene Einzelgehöfte oder aber weilerartige Ansiedlungen hinzuweisen, obgleich nur die Weide in der Marsch, nicht

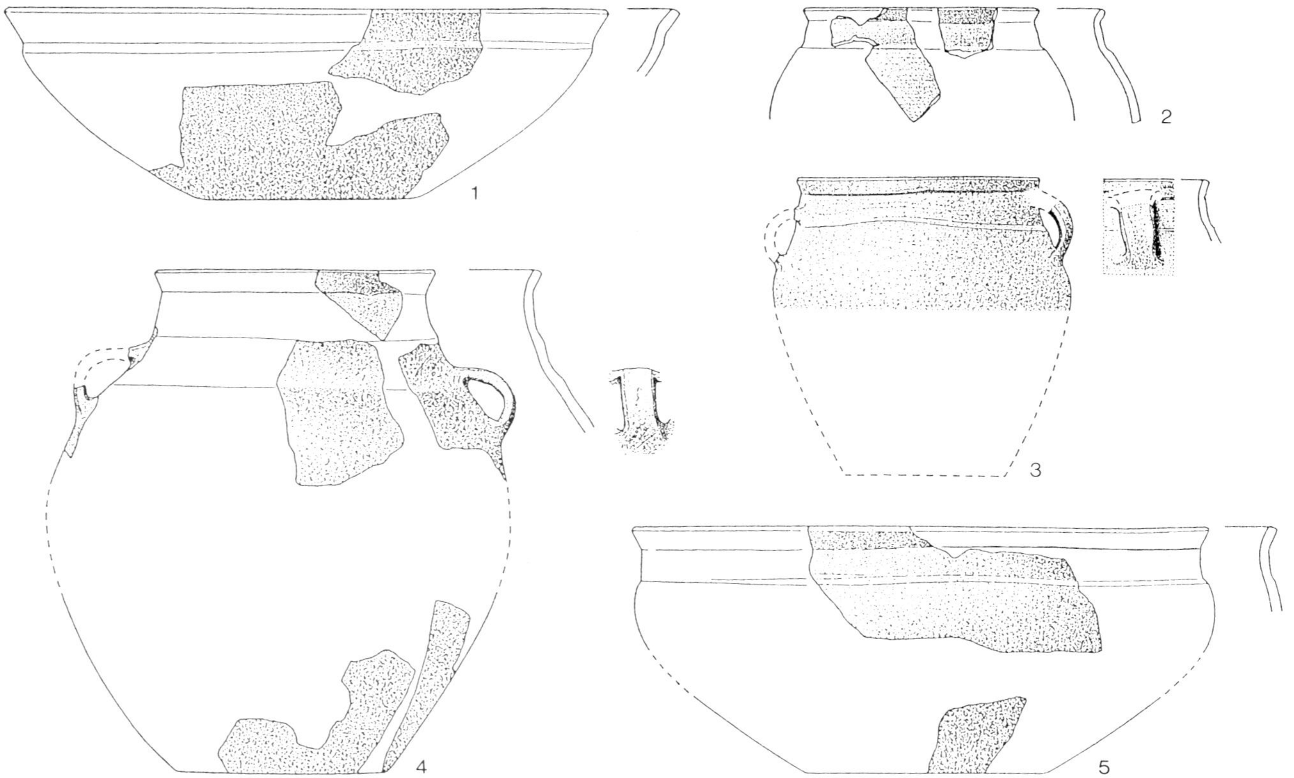

Abb. 10 Archsum. Melenknop. Keramik der vorrömischen Eisenzeit. M. 1:6.

aber der bepflügbare Wirtschaftsraum oberhalb der Sedimentationsgrenze in dieser Regressionsphase erweitert worden war. Die verschiedenen Hausbefunde konnten bisher noch nicht nach übergeordneten Gesichtspunkten ausgewertet werden. Allein vom Melenknop gibt es wichtige Details zur Konstruktion der vor allem Ost-West-orientierten Bauten, vielfach Wohnstallhäuser, ihrer Innenaufteilung und ihrer Lage zueinander. Dank dokumentierter Profilaufschlüsse ließ sich die Bebauung stratigraphisch in mehrere Perioden differenzieren. Untersuchungen an Hausresten belegten außerdem Um- und Ausbauten innerhalb der auf dem vorrömischen Humusauftrag errichteten Gebäude.

Bei sämtlichen Häusern aus dem als Periode A bezeichneten Zeitabschnitt auf dem Melenknop handelt es sich um Kleiwandhäuser. Gegenüber vergleichbaren Bauten aus Heidesoden dürften sie nicht besonders dauerhaft gewesen sein, zumal Klei als Baumaterial kaum als widerstandsfähig gilt. Viele der Wohnstallhäuser waren an ihrer Außenseite von Kiesschüttungen oder Steinpflasterungen begleitet; die sich in den Längsseitenwänden gegenüberliegenden Eingänge zeigten genauso wie die gepflasterten Dielen Steinlagen als

Abb. 11 Archsum. Melenknop. Kleimauer mit Hauseingang aus der frühen römischen Kaiserzeit. Links liegt die Steinpflasterung des Hofes, rechts das Innere des Hauses (Diele). Dargestellt ist der Befund in der Mitte von Abb. 12.

Befestigung; der Nahbereich außerhalb der Mauerdurchlässe war durch Steinzuwegungen verschiedener Breite und Länge gekennzeichnet *(Abb. 11)*. Gruben von dachtragenden Pfosten wurden vielfach eingemessen: Hieraus ergibt sich bei den Wohnstallhäusern eine dreischiffige Innenaufteilung des Grundrisses *(Abb. 12)*. Die Wohnbereiche zeichneten sich durch einen dünnen Lehmestrich aus; hier fand sich zentriert eine verziegelte Herdstelle mit einem Fundament aus Steinen oder Scherben, während eine Jaucherinne die Stallmitte markiert. Reste von Boxen für Vieh, das mit dem Kopf zur Wand stand, sind anhand der Bodenverfärbungen nachweisbar. Bei einer Hausruine östlich des Melenknops gelang es außerdem, im Wohnbereich einen Mahlstein in situ unweit der Herdstelle einzumessen. Weitere Hinweise auf die Ausstattung der Baulichkeiten fehlen. Durch das Keramikinventar eines verbrannten Wohnstallhauses war es möglich, Einblicke in die Geschirrausstattung eines Haushaltes um Christi Geburt zu erhalten: Hierzu zählten bis zu 80 Liter fassende Großbehälter, Gefäße mittlerer Größe mit einem Fassungsvermögen über 20 Liter und zahlreiche Kleingefäße jeweils mit weiter oder enger Mündung; hinzu kamen Schalen, Näpfe, Tassen und Trinkpokale.

Abb. 12 Archsum. Melenknop. Gehöftgruppe der frühen römischen Kaiserzeit.

Eine Besonderheit stellten glockenartige, halbrunde Töpfe mit einer nierenförmigen, verstärkten Mündung und einem bodennahen Bandhenkel dar, die dank entsprechender Keramikformen aus dem Mittelalter und der frühen Neuzeit als Feuerstülper bestimmt werden konnten. Eine Funktionszuweisung dieser Stücke steht daher außer jeder Diskussion. Dies gilt auch für die als Vorratsbehälter oder Kochtöpfe dienenden Gefäße mittlerer und größerer Form; personenbezogen, weil Eß- und Trinkgeschirr, sind demgegenüber Näpfe, Tassen und Schalen. Die pflanzlichen Grundnahrungsmittel, Nacktgerste und Spelzgerste sowie Emmer, sind dieselben wie in der vorrömischen Eisenzeit. Hinzu kommen in der Zeit um Christi Geburt der Leindotter, eine robuste und ertragssichere Ölpflanze, und Lein oder Flachs, der ebenfalls des Saatöls oder der Fasern wegen für Leinenherstellung kultiviert worden ist.

Der aus mehreren gleichzeitig bewohnten und bewirtschafteten Gehöften bestehende Weiler auf dem Melenknop in dieser Zeit gruppierte sich südlich und östlich eines durch seine Größe gegenüber den anderen Hausstellen hervorgehobenen Bauwerkes auf der Mitte der Anhöhe. Da Bauten im Norden fehlen, wird hier eine angrenzende Ackerflur zu suchen sein. Eine Besonderheit dieser Zeit stellt ein Hofkomplex an der Ostseite des Hügels dar: Das ursprünglich 19 m lange, 7 m breite Wohnstallhaus bildete zusammen mit zwei nördlich angrenzenden Nebengebäuden von jeweils 8 m Länge und 6 m Breite eine dreiflügelige Gebäudegruppe um einen gepflasterten Hofplatz *(Abb. 12)*. Aus den Schmalseiten des Langhauses und der Längsseite der Kleingebäude entstanden fast gefluchtete Abgrenzungen einer geschlossenen Wirtschaftseinheit. Die Aufteilung des „Hauptgebäudes" ergab einen zunächst 7,5 m langen, später auf 4 m verkürzten westlichen Wohnteil mit Herdstelle und Lehmestrich, eine 1,5 m breite gepflasterte Diele zwischen den durch Steinzuwegung markierten, von Pfosten im Wandbereich begleiteten Eingängen und einen 8 m langen Stall mit Jaucherinne, die durch die östliche Schmalseitenwand nach außen führte. Hinweise auf eine in anderen Gebäuden vorhandene Trennung zwischen Wohnteil und Diele fehlen. Die Pfosten für die Dachkonstruktion belegten eine dreischiffige Innengliederung, wobei der Längsabstand im Wohnteil und im Dielenbereich rund 3 m betrug, im Stall dagegen bei 1,8 m lag. In beiden Nebengebäuden fehlt jeglicher Hinweis auf eine Herdstelle oder auf Tierbesatz, das Dach wurde von vier wandnah gestellten Pfosten getragen. Während das westliche Bauwerk vom Hofplatz als auch von der gegenüberliegenden Seite zugänglich war, fand sich im östlichen Kleinhaus nur ein hofseitiger Durchlaß. Die Hofeingänge waren durch einen V-förmigen hervorgehobenen Steinweg mit dem Nordeingang des Wohnstallhauses verbunden. Die Kleiwände waren von schmalen Steinpflastern an der Außenseite begleitet, die Nordwand des östlichen Kleinhauses von einem Pflaster, auf dem sich das Haus umgehen ließ.

Um oder kurz nach Christi Geburt wurde die Siedlung aufgegeben, wie sich anhand einer für Schuttdecken charakteristischen mehrjährigen Vegetation bestätigen ließ. Ob alle Siedlungen der älteren römischen Kaiserzeit gleichzeitig abbrachen, dafür gibt es derzeit ebenso noch keine Antwort wie auf die Frage, ob die neue, zweite Bebauung des Platzes, übrigens in ganz anderer Form während oder erst nach dem Verfall und der Planierung des 200 m entfernten Opferplatzes „Archsumburg" zusammenfällt. Ein kleines Gräberfeld der älteren Kaiserzeit im Mittelbereich der Geest wird erst während der jüngeren Bauperiode angelegt worden sein, vermutlich in der zweiten Hälfte des 1. Jahrhunderts n. Chr.

Opferplatz „Archsumburg"

Die seit dem späten Mittelalter bekannte Umwallung wurde zunächst als frühgeschichtliche Anlage gedeutet, zumal sie nach der historischen Überlieferung mit den vergleichbaren, durch archäologische Funde aus den späten vierziger Jahren in die Wikingerzeit datierten

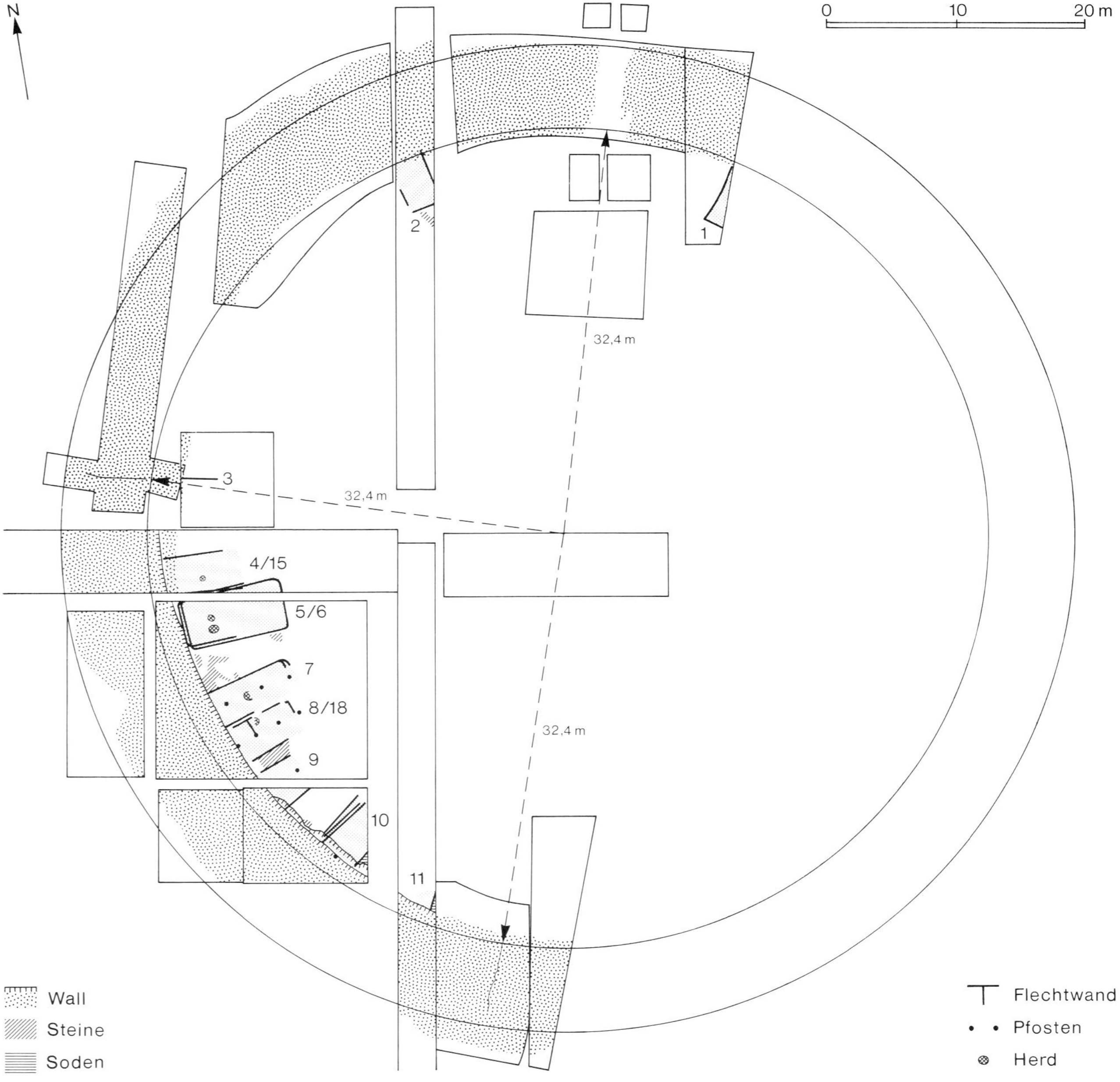

Abb. 13 Archsumburg. Übersichtsplan. M. 1:500.

Beringen Tinnumburg bei Westerland auf Sylt und Lembecksburg auf Föhr in Zusammenhang gebracht wurde. Eine Sondage durch die Archsumer Burgruine im Jahre 1972 kam zu ganz anderen Ergebnissen. Hier, in der Tinnumburg (rund 5 km entfernt) und in der Rundanlage Trælbanken bei Højer (Nordschleswig) lernten wir eine neuartige Denkmalgruppe nicht fortifikatorischen Charakters aus der römischen Kaiserzeit kennen.

Der auf Ödland nördlich des Melenknops errichtete kreisförmige, bis rund 1 m hohe Sodenwall mit einer Basisbreite von etwa 5 m hatte einen Innendurchmesser von ungefähr 64 m *(Abb. 13)*. Spätere Aufhöhungen und Erweiterungen an der Außen- und Innenseite des primären Erdwerkes durch Sodenpackungen unterschiedlicher Konsistenz, Mächtigkeit und Stapelweise schufen einen bis über 10 m breiten Wallkörper unter Einbeziehung keilförmiger, als Mauerstützen dienender Sodenstapel an verschiedenen Stellen vor der Außenfront. Ein mehrperiodiges Tor im Norden der Anlage zeigte zunächst eine einfache Durchlaßmulde, später eine durch Holzpfähle gestützte, etwa 6 m lange und 1 m breite Zuwegung und in der Spätphase der Anlage sowohl Wangen aus Kleisoden an der Innen- und Außenseite des Walles als auch einen etwa 10 m langen, rund 1 m breiten Kriechgang aus großen Findlingen *(Abb. 14; 15)*. Parallel zu den einzelnen Baumaßnahmen am Wallkörper, insgesamt 25 Phasen, und am Tor, mindestens sieben, war man innerhalb des Beringes auf verschiedene Weise tätig: in der Frühphase errichtete man radial zur Beringmitte Hütten aus Flecht- oder Sodenwänden in leichter Bauweise, später hob man Gruben aus, füllte sie mit Steinen oder tiefte Schächte bis in den pleistozänen Untergrund und überdachte sie. Aus dem Gesamtbefund ging ferner hervor, daß man die Böschung der Wallfront außen mehrmals (?) anschüttete, den Wallinnenfuß begradigte und die gesamte Innenfläche mit Erde abdeckte und planierte. Sowohl der Wall, der innerhalb von ein Paar Jahrzehnten immer wieder aufgeschüttet und erweitert wurde,

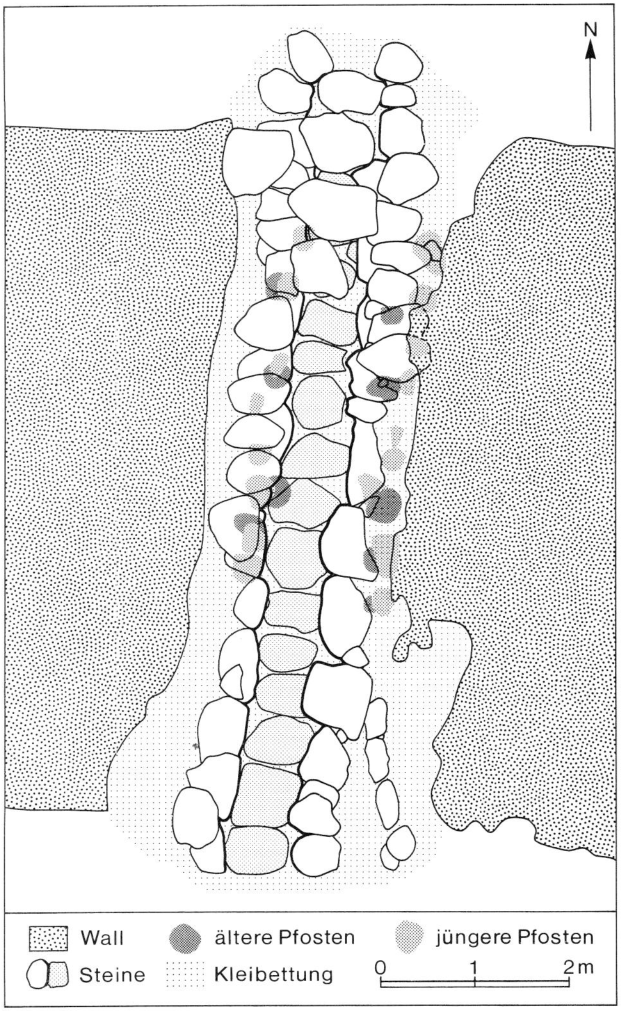

Abb. 14 Archsumburg. Kriechgang im Norden der Wallanlage. M. 1:80.

und sein seltsames, gegen jede Besiedlung der Innenfläche sprechendes Pseudo-Tor als auch die von der traditionellen Hausbauweise abweichende Konstruktionsart der Hütten deuten auf eine besondere Funktion der Anlage hin *(Abb. 16; 19)*: Keine zeitgleiche Umwallung oder Rundsiedlung der gesamten Region enthält ähnliche Baubefunde. Der anscheinend nach einem vorher festgelegten Plan errichtete Wall mit vier, durch eine Trennfuge im Wallkörper markierten Sektionen stellt eine offensichtliche Ingenieurleistung dar, zumal die Trennfugen am Wallfuß innen und der wallseitige Beginn des Tores von einem durch eine Lehmeinfüllung markierten Mittelpunkt übereinstimmend 32,40 m entfernt waren.

Abb. 15 Archsumburg. Kriechgang. Foto des in Abb. 14 dargestellten Befundes.

An den ins Burgzentrum gerichteten Schmalseiten der 2,1 – 4 m breiten Hütten, mit Längswänden zwischen 4 und 8 m, und Grundflächengrößen zwischen 8,4 und 32 m^2, verständlicherweise klein und durch Firstsäulen in zwei Schiffe geteilt, zeichneten sich gelegentlich Eingänge ohne Pfostenverstärkung ab. Die Dielen der Bauten, z. T. mehrschichtige Streulagen aus organischem Material, enthielten einen scheinbar niemals benutzten, kleinen verziegelten Herd. Da Getreide, das in Bauernhäusern ihrer Zeit immer angetroffen wird, innerhalb der Hütten fehlt, scheidet bäuerliche Nutzung aus. Außerhalb der Hütten kamen wenige Herdstellen, Reste eines Stakenzaunes und viele Einzelpfosten unbekannter Funktion zutage. Hinweise auf Einrichtungen für einen längeren oder ständigen Aufenthalt von Mensch und Tier in der Archsumburg, z. B. Steinwege und Brunnen, fehlen. Belege für Tiervertritt blieben gänzlich aus.

Die Fundeinschlüsse bestehen fast allein aus Keramik, zum Beispiel Töpfen, Terrinen, Schalen, Tassen, Näpfen, Feuerstülpern, also Speise- und Trinkgeschirr wie in den zeitgleichen Höfen der nächsten Nachbarschaft, aber auch neues, bisher unbekanntes Inventar mit Bezügen zur Region westlich der Weser: Scherben mit einer an Terpenware erinnernden Magerung, gehenkelte runde Deckel, dreieckige Tongewichte, Wannenteile und Ringuntersätze. Die Tonware konzentrierte sich ohne Dominanz bestimmter Formen in einer 10 m breiten Zone am inneren Wallfuß; das Material, rund 7500 Einzelstücke, zeigte eine geringere Bruchfrequenz als entsprechendes auf den benachbarten Plätzen. Dieses Detail spricht für eine durch die Stratigraphie bestätigte schnelle Baufolge ohne zerstörenden Vertritt, ein Ergebnis, das durch die botanische Analyse bestimmter Schichten bestätigt wird. Der Versuch einer chronologischen Gliederung des Fundgutes scheiterte an der einheitlichen Zusammensetzung von Beginn der Erbauung um die Mitte des 1. Jahrhunderts n. Chr. bis zur Planierung der Anlage wenige Jahrzehnte später.

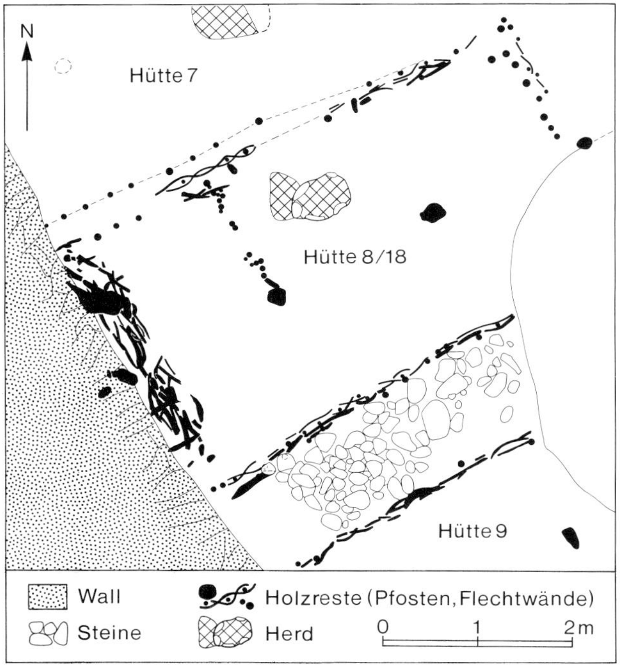

Abb. 16 Archsumburg. Hüttenreste. Lage siehe Abb. 13. M. 1:80.

Baumerkmale an den Hütten und keramische Sonderformen verraten Kontakte mit der Region westlich der Weser; man hatte sie in noch viel höherem Maße mit Nordjütland unterhalten: nordorientierte, kriechgangähnliche „Steinkeller" der späten vorrömischen Eisenzeit, die Verbreitung der „Feuerstülper" und die bäuerliche Siedelweise auf Wohnhügeln in Himmerland, Thy und Westjütland mögen als Belege genügen.
Befunde und Funde aus der Archsumburg sprechen für eine besondere, nur kurze Zeit benutzte Anlage ohne ständige Besiedlung; die bäuerliche Lebenswelt scheint wie kopiert, ohne realen wirtschaftlichen Hintergrund. Das Geschirr, das man in die unbewohnten Hütten gestellt hatte, könnte Opfergaben mit vorgefertigter Nahrung enthalten haben oder beim Speiseopfer zu Bruche gegangen sein. Das Fundbild insgesamt vermittelt den Eindruck eines bislang unbekannten, von außerhalb beeinflußten Opferrituals im 1. Jahrhundert n. Chr.

Wohnhügelbesiedlung

Es läßt sich noch nicht übersehen, ob es durch eine für Archsum verwertbare, verhältnismäßig feingerasterte Scherbendatierung eines Tages gelingen wird, den Beginn bzw. den Abbruch sämtlicher Siedlungen der älteren Kaiserzeit auf dem Geestkern zeitlich einzuengen. Eine erste Durchsicht der bei der Landesaufnahme und den Sondagen gewonnenen Scherben ergab typische Keramik der älteren Kaiserzeit von rund 20 Fundstellen, während charakteristische Ware der jüngeren Kaiserzeit nur von sieben Plätzen stammt. Bisher ließ sich allein auf dem Melenknop eine kontinuierliche Bebauung von der späten älteren Kaiserzeit bis zur frühen Völkerwanderungszeit erkennen. Der schon erwähnte, durch eine charakteristische Vegetation bestätigte Hiatus im 1. Jahrhundert n. Chr. ging auf dem Melenknop außerdem mit einem markanten Wechsel von einer weilerartigen Besiedlung zu einer Großgehöftbebauung einher. Nur allein mit Hilfe keramischer Formenanalyse und ohne Kenntnis des Materials aus der Archsumburg wäre er vermutlich nicht belegbar gewesen. Daher dürften vergleichbare Bebauungslücken auf anderen, allein durch kleine Suchschnitte erschlossenen Siedlungen kaum nachweisbar sein. Als weiterer Beleg eines Einschnittes zwischen den Bauperioden A und B gilt der botanische Befund: Spelzgerste ist das einzige Getreide, das zur Zeit der Bauperiode B gesät und geerntet wird. Daneben haben Leindotter und Lein als Ölsaaten und Flachs als Rohstoff für Leinen einen kleineren Anteil des Pfluglandes beansprucht. Diese Zusammensetzung im Kulturpflanzeninventar trennt die Schichtenfolge B von A, denn Nacktgerste, die A kennzeichnete, fehlt jetzt.
Die Ruinen der älteren Wohnstallhäuser auf dem Melenknop wurden offenbar vor Beginn des neuen Bauab-

Abb. 17 Archsum. Melenknop. Bronzezeitliche Pflugspuren.
Abb. 18 Archsum. Melenknop. Ende eines Langhauses aus der römischen Kaiserzeit.

Abb. 19 Archsumburg. Grabungsflächen mit Resten von Hütten (vgl. Abb.16).

schnittes um die Mitte oder in der zweiten Hälfte des 1. Jahrhunderts planiert und stellenweise durch Auftrag einer Kleiauflage wechselnder Mächtigkeit bedeckt. Der lokalhistorische Hintergrund für die Neubesiedlung auf einer durch Humusauftrag und Bauschutt erhöhten pleistozänen Kuppe ist genau so unbekannt wie für den Wechsel von der Weilerbebauung zu einem einzigen, allerdings dominierenden, mehrere Jahrhunderte hinweg immer wieder erneut umgebauten Langhaus an gleicher Stelle mit verschiedenen Nebengebäuden von kürzerer Verwendungsdauer. Ob diese Langhausbesiedlung auch an anderen Plätzen des Geestkernes, beispielsweise auf sämtlichen Wohnhügelbebauungen am Südrand der Anhöhe, vorausgesetzt werden kann, bleibt eine offene Frage.

Die Errichtung von Siedlungen auf schon vorhandenen Bodenerhebungen der Geestfläche, die sich im Süden Archsums teilweise in Wohnhügelanlagen mit mächtigen Schuttschichten entwickelten, verlief offenbar parallel zum Ausbau sturmflutgeschützter Wurten in Eiderstedt, an der holsteinischen Westküste und zwischen Elbmündung und den Niederlanden. Während diese neuartige Besiedlungsstruktur aber auf die Marsch konzentriert blieb, finden sich mit den Archsumer Wohnhügeln korrespondierende Fundstellen auf Föhr, an der dänischen Westküste, beiderseits des Limfjords, in Thy und Himmerland oberhalb der hochwassergefährdeten Niederungszone. Einen Zusammenhang mit dem beginnenden Meeresanstieg nach Christi Geburt erscheint für diese Fundstellen ausgeschlossen, obgleich es auf dem Melenknop Hinweise für Bodenbildung unter Staunässe durch veränderte Grundwasserhöhe gibt.

Das Langhaus auf dem Melenknop, gegliedert in einen Wohnteil für mehrere Familien oder „Herdgemeinschaften“ im Westen und einen Großstall auf der Gegenseite, nimmt auf dem Hofplatz durch orientierte Lage auf der Hügelkuppe und gleichbleibende Innengliederung eine beherrschende Stellung ein; im Vergleich zum älteren Weiler wirkt auch die Dimensionierung des Zentralbaus neuartig, während die Nebengebäude z. T. in herkömmlicher Bauweise errichtet sind. Am Beispiel eines ins 2. Jahrhundert datierten Siedlungsabschnittes auf dem Melenknop (Schichtfolge B 2) soll im folgenden versucht werden, einzelne Etappen im Werdegang eines Hofplatzes mit zentralem Langhaus zu skizzieren *(Abb. 20)*. Das Hauptgebäude bestand innen aus einem 23 m messenden Wohnteil, der 2 m breiten, teilgepflasterten Diele und einem 22 m langen Stall, den man bald aber auf 25 m erweitert hatte, so daß die Innenlänge insgesamt 50 m, das Außenmaß 53 m betrug. Die Innenbreite lag im Westen bei 4,6 m, im Osten zunächst bei 6,6 m, später bei 5,5 m, die Mittelbreite etwa in Höhe der Diele bei 5,5 m. Gegenüberliegende, durch Außenzuwegung hervorgehobene Eingänge fanden sich in Verlängerung der Dielenpflasterung und während der Spätphase auch im Westviertel des Wohnbereiches, außerdem gehörte ein von Großpfosten gestützter Eingang mit V-förmiger Steinbrücke an der südlichen Längswand in sämtlichen Bauabschnitten zu den Gebäudeöffnungen. Für das Vieh dürfte ein gepflasterter Durchgang an der östlichen Schmalseite ausgereicht haben. Auf einem Lehmestrich, der den ungegliederten Wohnraum begrenzt, fanden sich bis zu drei gleichzeitige Herdstellen unterschiedlicher Größe und Form. Die Dachkonstruktion ruhte im Wohn- und Dielenbereich auf acht, im Stall nach seinem Umbau auf 12 dichtgestellten Pfostenpaaren, wo noch zusätzliche Mittelpfosten den Dachboden stützten.

Von der nördlichen Längswand führte in der Frühphase der Bauperiode ein Sodenwall als Stützmauer um einen terrassenförmigen Vorplatz, im Süden standen zur gleichen Zeit zwei Pfahlspeicher und ein kleines Nebengebäude mit einer Herdstelle *(Abb. 20a)*. Gleichzeitig mit der Verlängerung des Langhauses in Bauperiode B 2.2 entstand nördlich der Stallhälfte ein kleines Wohnstallhaus, südlich des Hauptgebäudes wurde in dieser Phase ein Speicher umgebaut und das bereits vorhandene Kleinhaus erneuert *(Abb. 20b)*. Im dritten

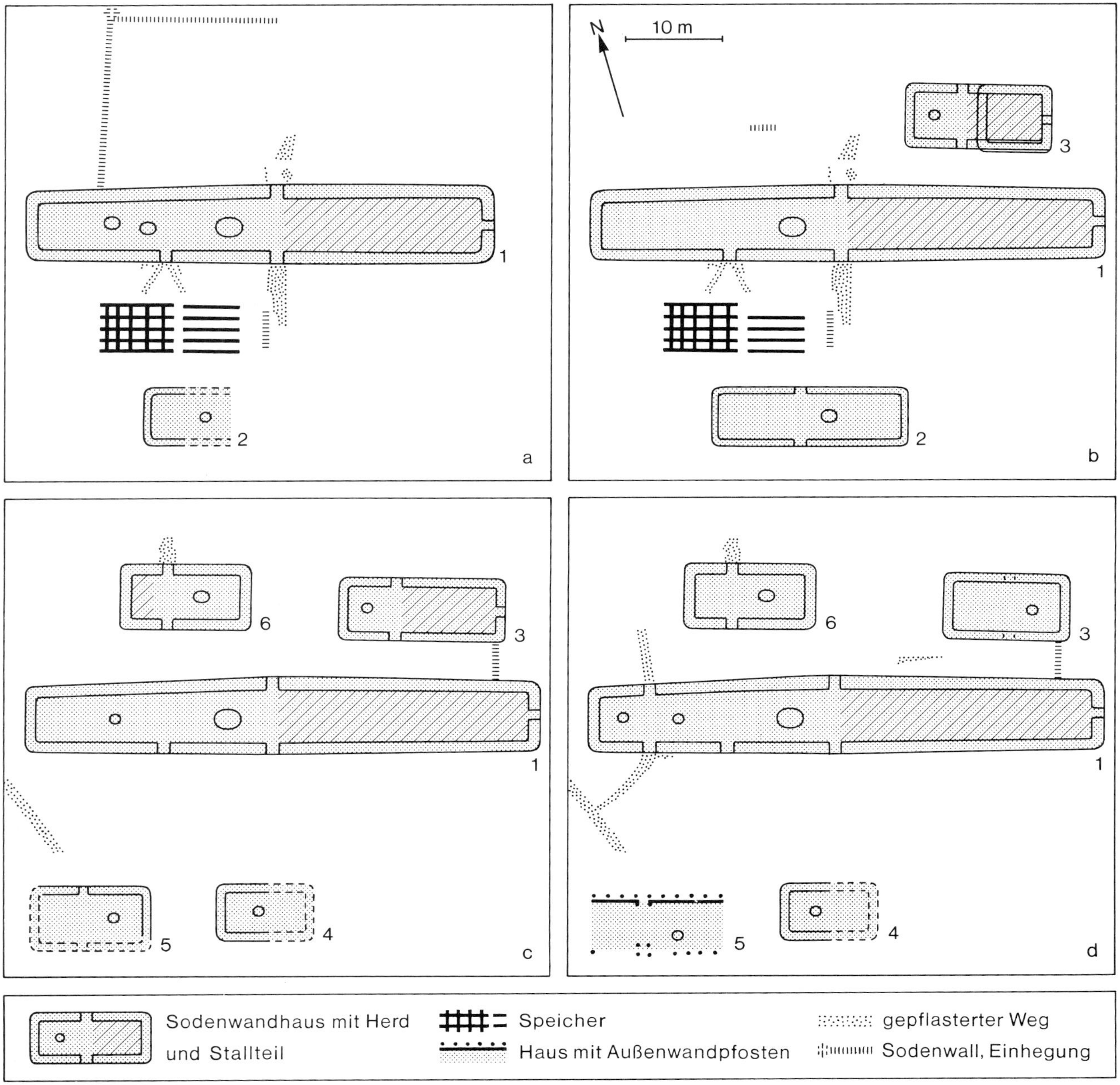

Abb. 20 Archsum. Melenknop. Bauliche Entwicklung eines Großgehöftes mit Nebengebäuden während der römischen Kaiserzeit.

Abschnitt führte der Filiationsprozeß der Familie offenbar zum Bau eines zweiten kleinen Wohnstallhauses im Norden und darüber hinaus zum Abbruch der beiden Speicher und des südlichen Wohnhauses *(Abb. 20c)*. Dafür errichtete man an dieser Stelle zwei kleine Herdhäuser. In der vierten, jüngsten Phase hatte man die Stallung im nordwestlichen Nebengebäude offenbar aufgegeben, das Haus aber ebenso weiter verwendet wie das benachbarte Wohnstallgehöft als verkürztes Herdhaus. Eine gleiche Entwicklung ließ sich für die südlichen Nebenbauten sichern *(Abb. 20d)*.
Der nur in grobem Umriß beschriebene Werdegang des Hofes während der Periode B 2 ist ein begrenzter Ausschnitt aus einer langen Veränderungskette, die mit Hilfe der umfangreichen Dokumentation der Grabungsflächen und Profile erst wiedergewonnen werden muß. Als Ursache für die Aussiedlung von „Herdgemeinschaften" aus dem Hausbau und die Errichtung selbständiger Gebäude auf dem Hofplatz ließe sich eine natürliche Teilung der Stammfamilie vermuten. Die wechselnde Herdzahl in der Bauperiode B 2 (zunächst vier, später drei, anschließend sechs und sieben), gibt jeweils nur Einzelstadien der Siedlungsentwicklung wieder. Sofern die Wirtschaftslage für die Bewohner auf dem Wohnhügel überhaupt durch Baubefunde und Gebäudezahl rekonstruiert werden kann, zeigen die beschriebenen Verhältnisse während der Bauperiode B 2 eine günstige Situation. In den jüngsten Perioden, die dem 4. Jahrhundert zugeordnet werden, haben Erosion der oberen Schichten die Baureste derart zerstört, daß Einzelpläne nicht mehr wiederzugewinnen sind.

Frühgeschichte

Alt-Archsum

Nachdem die Höfe auf den Wohnhügeln Melenknop und Firstklent im Süden Archsums und auf dem „Holm" im Nordosten der Geest während des späten 4. Jahrhunderts aufgelassen waren, fehlt in der archäologischen Überlieferung jeder Hinweis auf eine Siedeltätigkeit. Auch die intensive Landesaufnahme und die ergänzenden Sondagen an vielen Stellen auf der Anhöhe erbrachten keine Klärung dieser Problematik. Die vergleichbar in weiten Teilen Jütlands und Norddeutschlands überlieferte Siedlungslücke zwischen der Völkerwanderungszeit und der Wikingerzeit erscheint nach wie vor als eine Forschungsfrage, obwohl in den letzten Jahren einzelne Wohnplätze dieser Zeitstellung untersucht werden konnten.
Das Durchsieben von Auftragsböden unter dem frühgeschichtlichen Dorf Alt-Archsum im Zentrum der Ortschaft ergab wenige Scherbenreste aus dem 6. Jahrhundert; sie gelangten vermutlich mit Plaggenmaterial von einem bislang unbekannten Wohnplatz auf die sturmflutsichere Hochfläche. Eine Siedelkontinuität zwischen Völkerwanderungszeit und Wikingerzeit belegen sie noch keineswegs. Die Datierung der Scherben aus dem Humuspaket und der Fundstücke aus den frühgeschichtlichen Bauschichten ist noch zu ungenau. Zum Dorfbefund des 8.–10. Jahrhunderts zählen mindestens drei Komplexe beiderseits der heutigen, wahrscheinlich bereits in der Wikingerzeit benutzten Straße über die Archsumer Geest. Sie schneidet so tief in die Siedlungsschichten ein, und die Humusböden außerhalb der Bebauung sind derart homogenisiert, daß es kaum mehr gelingen wird, die einzelnen Dorfteile stratigraphisch miteinander zu verbinden. Auch die Beziehung der Siedlung zu entsprechenden frühgeschichtlichen Befunden rund 300 m südwestlich der Ausgrabungsfläche oder zu zeitgleichen Brandgräbern auf dem Holm im Nordosten der Geestanhöhe blieb ungeklärt; dagegen gelang es, durch eine Kartierung von Streuscherben des 8.–10. Jahrhunderts den Wirtschaftsbereich außerhalb der Hofareale festzulegen, der mit Stallmist und Abfällen des Dorfes gedüngt worden ist.
Die Gebäude innerhalb der Baugruppen zeichneten sich durch Mehrperiodigkeit aus; bis zu vier Hausbö-

den konnten im Einzelfall erkannt werden. Das Langhaus stellt dabei die wichtigste Bauform dar. In seiner Nähe fand sich häufig ein Grubenhaus; beide bildeten offenbar eine Wirtschaftseinheit. Außerdem gibt es Pfahlspeicher und Brunnen. Als Baumaterial für die 0,80 m breiten Wände der dreischiffigen Langhäuser dienten podsolierte Sandsoden; sie sind waagerecht, allerdings ungleichmäßig gepackt. Allein die Eckverbände der Wandstapel sind sorgfältig gearbeitet. Ein Nord-Süd-ausgerichteter Hallenbau von 13 m Außenlänge und 7,6 m Außenbreite (östliche Gehöftgruppe) mag als Muster für Innenaufteilung und -einrichtung dienen *(Abb. 21)*: an der Ostwand im Wohnbereich der gepflasterte Herd, zwischen dem Pfostenpaar im Norden eine 0,40 m tiefe Kellergrube, im Süden ein 5,5 m langer Stall. Ein Eingang mit Türpfosten gegenüber der Herdstelle in der westlichen Längswand diente als Zuweg zum Wohnbereich, ein vergleichbar konstruierter Mauerdurchlaß in der südlichen Schmalwand öffnete den Stall. Einzelheiten im Baubefund der Grubenhäuser lassen sich an einem Beispiel aus der westlichen Baugruppe aufzeigen *(Abb. 22)*: die quadratische Hütte (Seitenlänge 2,80 m) war 0,60 m tief eingegraben, die seitliche Wandverkleidung bestand aus 0,40 m breiten Soden. In der Mitte der Ost- und Westwand standen Firstpfosten für ein zeltartiges Dach. Webgewichte und Scherben erlauben allerdings noch keine präzise Bestimmung der Funktion.

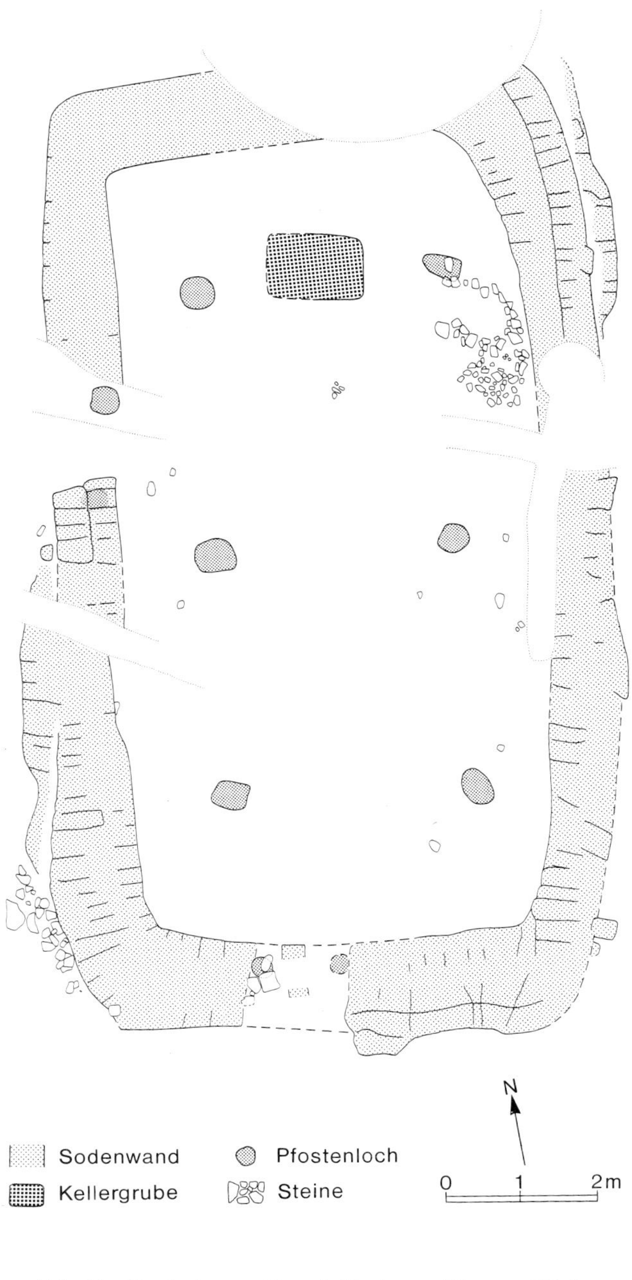

Abb. 21 Alt-Archsum. Grundriß eines wikingerzeitlichen Sodenwandhauses. M. 1:100.

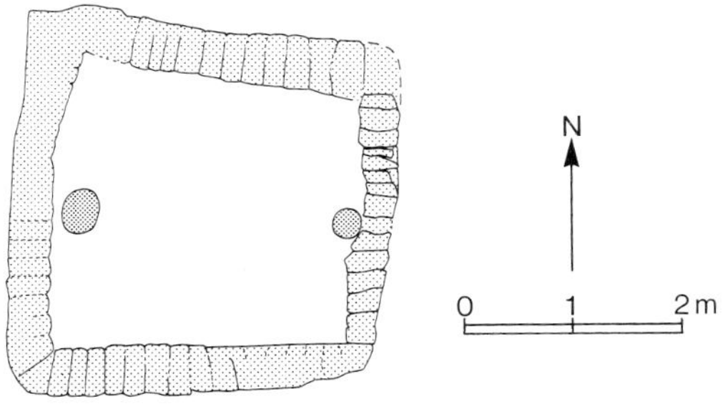

Abb. 22 Alt-Archsum. Grundriß eines wikingerzeitlichen Grubenhauses. M. 1:100.

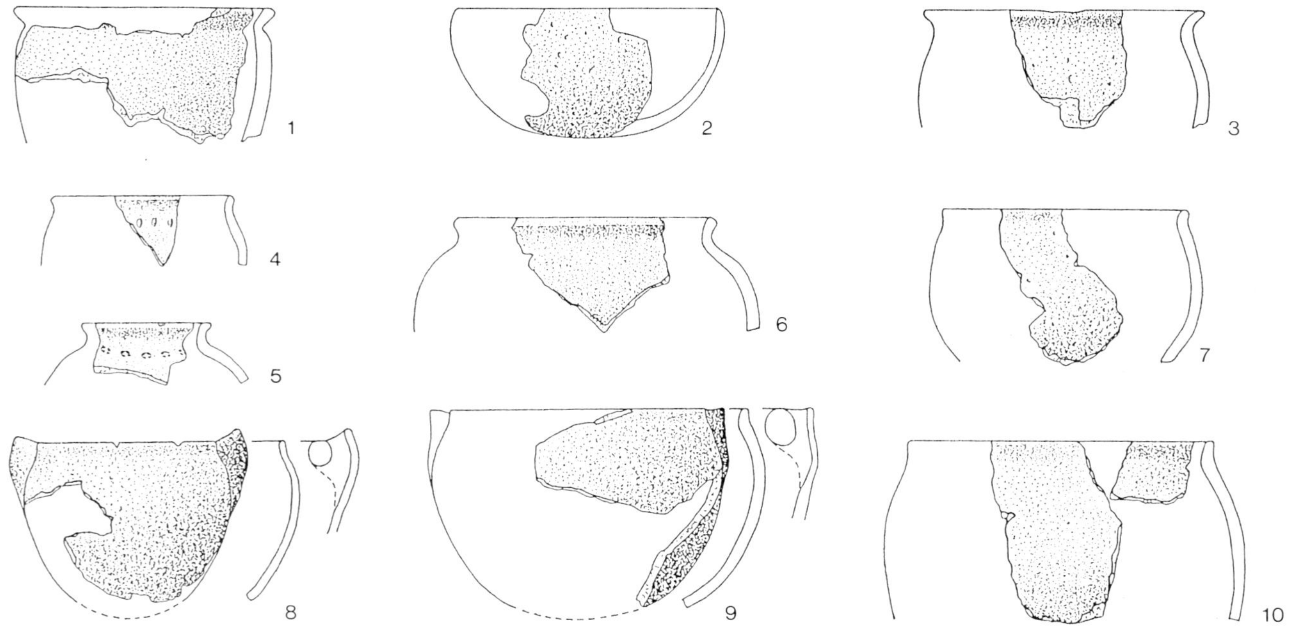

Abb. 23 Alt-Archsum. Wikingerzeitliche Keramik. M. 1:6.

Keramik und Metallschmuck datieren die Siedlung in das 8.–10. Jahrhundert *(Abb. 23)*. Eine detaillierte, stratigraphisch geprüfte Analyse der Befunde und des Fundgutes innerhalb der einzelnen Gebäudegruppen und der Gesamtsiedlung steht noch bevor. Die quantitativ herausragende Fundgruppe, die Keramik, umfaßt vor allem einfache handgemachte Ware, die selten mit Rundstempeln im Innenkreuz oder Fingertupfenreihen verziert ist. Folgende funktionell bestimmte Fundgruppen lassen sich u. a. belegen: Schalen, Töpfe und Kochgefäße. Bei den Töpfen könnten wechselnde Randformen chronologischen Wert besitzen. Unter den Import fallen: Mahlsteine aus Basaltlava vom Bellerberg bei Mayen, Glättsteine aus Glas fränkischer Herkunft, Specksteingefäße aus Norwegen, eine skandinavische Münze des 9. Jahrhunderts und skandinavischer Schmuck. Schiffsteile, sekundär zum Brunnenbau verwendet, z. B. Spanten eines Handelsschiffes des 10. Jahrhunderts, erlauben Rückschlüsse auf überseeische Verbindungen der Archsumer Bauern in dieser Zeit. Die Ausgrabungsbefunde zeugen aber insgesamt von agrarischer Wirtschaftsstruktur. Ob der Import als Beleg eines gelegentlich betriebenen Küstenhandels gilt oder aber einen ständigen Güteraustausch andeutet, diese Frage wird erst bei einem Vergleich mit zeitgleichen Inventaren aus anderen Siedlungen der Insel und des Festlandes beantwortet werden können. Tierhaltung ergibt sich aus dem Baubefund der Langhäuser, ihre Ställe bieten ausreichend Platz für einen relativ hohen Bestand. Als Beleg für Ackerbau gelten die Düngung mit Stallmist, durchsetzt von Abfällen aus der Siedlung oder von Rotasche aus verbranntem Seegras, Bepflügung der Äcker mit einem bis zu 0,10 m breiten Ard und der Auftrag tiefhumoser Böden im Siedlungsumfeld. Man bestellt die Äcker jetzt nicht nur mit Spelzgerste, sondern auch mit Hafer, Roggen, Bohnen und Lein/Flachs; diese Kombination kennzeichnet die Wikingerzeit und das frühe Mittelalter andernorts. Der allein die römische Eisenzeit charakterisierende Leindotter wird nicht mehr angebaut. Zusätzliche Möglichkeiten boten Fischfang – belegt durch Fischschuppenteile – und Sammeln von Meeresmuscheln. Salzproduktion aus Seegras könnte durchaus in Frage kommen.

Holm

Ein Friedhof in Siedlungsnähe fehlt bisher, allein wenige wikingerzeitliche Brandgräber auf der höchsten Erhebung Archsums, am Holm, vertreten diese Befundkategorie. Eine vergleichbare Entfernung bei übereinstimmender topographischer Lage findet sich beispielsweise auf dem ostwärts benachbarten Geestkern Morsum: Die Siedlung liegt hier in der Nähe der mittelalterlichen Kirche, die zeitgleichen Gräber in landschaftlich herausragender Position auf der Halbinsel Nösse. Das von historischer Seite beachtete Problem der ethnischen Zuweisung Sylter Siedlungen aus der Wikingerzeit – Friesen, Dänen oder Sachsen – ist anhand der bisherigen Funde nicht zu klären.

Mittelalter – Neuzeit

Die jüngsten Funde aus der Siedlung Alt-Archsum datieren offenbar ins 10. Jahrhundert, eine kontinuierliche Besiedlung bis in die unmittelbar darauffolgenden Jahrhunderte ist archäologisch noch nicht möglich. Keramik des 13.–14. Jahrhunderts fand sich teils als „Dungzutat" auf fast allen Ackerfluren der Geest, teils in einer Siedlungsschicht (?) unter einem alten Sommerdeich am Südrand der Archsumer Höhe. Auch westlich der Archsumburg kam diese Ware zutage; eine Planierschicht, durchmengt mit Siedlungsschutt, konnte schließlich am steilgeböschten Südrand der frühgeschichtlichen Dorfanhöhe eingemessen werden. Die frühe Neuzeit erscheint durch Einzelstücke im bisher noch nicht aufgearbeiteten Fundgut der Landesaufnahme enthalten; die Bebauung, nach 1611, als man das erste Verzeichnis aller Land- und Hofbesitzer in Archsum angelegt hatte, wurde teilweise archäologisch erschlossen oder anhand von Urkunden und Vermessungsplänen (seit 1787) nachgezeichnet.

Zusammenfassung

Die für Archsum beschriebene Siedlungsentwicklung vom Neolithikum bis in die Gegenwart ist kein Sonderfall. Vielerorts auf den Inseln und auf dem Festland dürfte es möglich sein, vergleichbare, unterschiedlich intensiv genutzte Wohnplätze nachzuweisen, sie besser als in Archsum durch Grabfunde zu ergänzen, sie noch genauer zu datieren und sie unter soziologischen und wirtschaftshistorischen Gesichtspunkten zu gliedern. Wechselsiedlungen in der Zeit der ältesten Bebauung, Wohnplatzkonstanz in den nachchristlichen Jahrhunderten, mehrfacher Neubeginn an Plätzen, die im besonders hohen Maße von den Gewalten der Natur beeinflußt wurden, Weiler, Großgehöfte oder geschlossenes Dorf, alle diese Siedelformen spiegeln bestimmte Episoden in der langen Geschichte Archsums wider. Der wissenschaftliche Gewinn liegt vor allem in der Überschaubarkeit der Siedelvorgänge in einer natürlich umgrenzten Wirtschaftsfläche. Dies ist eine besondere Situation, sie bestimmt nicht nur den historischen Ablauf, sondern auch das soziale und wirtschaftliche Gefüge der Gemeinschaft und, hierdurch bedingt, auch die Existenz ihrer kleinsten Einheit, der Familie.

Weiterführende Literatur zur vor- und frühgeschichtlichen Besiedlung von Archsum, auf die sich auch dieser Beitrag stützt, ist in der Bibliographie unter folgenden Nummern zu finden: 5, 13, 19, 47, 48, 49, 50, 51, 57, 72.

Landschafts- und Siedlungsgeschichte im südlichen nordfriesischen Marschengebiet und Wattenmeer

Warum ging Rungholt unter?

Von Dietrich Hoffmann

Einleitung

Der Name „Rungholt“, bekannt geworden durch ein Gedicht von Detlev von Liliencron („Heut bin ich über Rungholt gefahren, die Stadt ging unter vor 600 Jahren“), steht heute stellvertretend für eine an der nordfriesischen Küste im Spätmittelalter durch Sturmfluten zerstörte Kulturlandschaft. Mag der Autor des Gedichtes die Ursachen dieser Katastrophe in dichterischer Freiheit dem unangemessenen Übermut der Bewohner, der Nordsee trotzen zu können, zugeschrieben haben, die moderne Landschafts- und Siedlungsforschung sieht das weniger emotional und die Ursachen dieses Geschehens keineswegs als geklärt an: Sie betrachtet die Marschen als einen Lebensraum, der sich landwirtschaftlich optimal nutzen läßt, in dem die Menschen aber in besonderem Maße gefordert sind, sich zur Sicherung ihrer Existenz ständig mit der Umwelt auseinanderzusetzen. Daß sie in diesem Kampf, den sie gegen die Natur führten, häufig unterlagen, ist sowohl historisch überliefert als auch im südlichen nordfriesischen Wattenmeer durch Relikte jener ehemaligen Besiedlung, darunter auch denen von Rungholt, dokumentiert. Schon seit über hundert Jahren haben sich Forscher bemüht, die Entstehung dieser Landschaft, ihre Besiedlung, ihren Ausbau zur wirtschaftlichen Nutzung und schließlich ihre Zerstörung durch Einbrüche des Meeres nachzuzeichnen sowie die Ursache dieses Geschehens, das nur einen Teil der schleswig-holsteinischen Westküste so schwer getroffen hat, herauszufinden. Zuletzt hat das „Norderhever-Projekt“ diese Fragestellung aufgegriffen. Namengebend ist der zentrale Wattstrom im Untersuchungsgebiet. Seine Eintiefung steht im unmittelbaren Zusammenhang mit der jüngsten Erdgeschichte.

Die Marschen und Watten an der Nordseeküste entstanden während der Nacheiszeit, die durch einen Anstieg des Meeresspiegels geprägt ist. Ursache dafür war das Schmelzen von Gletschern der Weichsel-Kaltzeit, die vor ungefähr 20 000 Jahren bis nach Schleswig-Holstein vorgedrungen waren; damals lag der Meeres-

Abb. 1 Lage des Untersuchungsgebietes.

spiegel etwa 100 m tiefer als heute, und die Nordsee war weitgehend landfest. Um etwa 6000 v. Chr. drang das Meer in das heutige Küstengebiet vor und transportierte seitdem Ton, Schluff und Sand aus der offenen See heran. So entstanden bis heute stellenweise bis zu 30 m mächtige Schichtenfolgen. Nach und nach verlangsamte sich der Meeresspiegelanstieg, und während der letzten 5000 Jahre sind nur noch geringe Schwankungen in Form von Meeresvorstößen (Transgressionen) und Meeresrückzügen (Regressionen) festzustellen. Diese Vorgänge sind in den Sedimenten der Marsch durch Kleischichten (Anzeiger einer Transgression) und Marschoberflächen in Form dünner, humoser Schichten (Regressionen) dokumentiert. Gelingt es, deren Alter zu bestimmen, läßt sich der zeitliche Ablauf der Meeresspiegelschwankungen festlegen.

***Abb. 2** Brunnenring im Watt: Letztes Zeugnis einer ehemaligen Siedlung.*

Großflächige Marschen sind wohl erst während der letzten 4–5 Jahrtausende entstanden. Sie boten bäuerlichen Siedlern durch weitläufige Wiesen, stellenweise fruchtbares Ackerland und Wasserläufe als Verkehrswege günstige Existenzbedingungen. Da die Landoberflächen jedoch nur wenige Dezimeter über dem Niveau des Mittleren Tidehochwassers lagen, wurden die Menschen von den Einflüssen des Gezeitenmeeres, vor allem von Sturmfluten, in besonderem Maße bedroht. Nach bisheriger Kenntnis war das Gebiet des heutigen südlichen nordfriesischen Wattenmeeres erstmals im Mittelalter von einer bäuerlichen Bevölkerung in Besitz genommen worden, erst 1000 Jahre später als andere Marschengebiete an der Westküste. Schon im 14. und noch einmal im 17. Jahrhundert brachen Sturmfluten in weite Teile der dort inzwischen entstandenen Kulturlandschaft ein, zerstörten die Deiche soweit, daß sie nicht mehr zu erneuern waren, und bezogen diese Bereiche wieder in das Wattenmeer ein. Der Mensch mußte die Gebiete aufgeben. Zeugen dieser Ereignisse sind die noch heute an zahlreichen Stellen auf der Wattoberfläche erkennbaren Reste der Landeserschließung, die Kulturspuren. Das sind beispielsweise parallel verlaufende, zugeschlickte Gräben, mit Torfstücken gefüllte Grubenreihen, gelegentlich Weg- oder Deichtrassen, Brunnenringe aus Torf- oder Grassoden, Abdrücke von Warften oder auch heute nicht mehr deutbare Relikte irgendwelcher von Menschen gebauter Anlagen. Sichtbar werden diese Spuren im Wattenmeer bei Niedrigwasser *(Abb. 2–4)*. Sie sind häufig konkav oder konvex an der Oberfläche herauspräpariert, weil sie der erodierenden Kraft des Wassers anderen Widerstand entgegensetzen als das natürlich abgelagerte Sediment, in das sie eingebettet sind. Im Laufe der Zeit werden sie entweder völlig abgetragen oder aber von jungem Schlick überdeckt und so wieder für einige Zeit konserviert.

Abb. 3 Entwässerungsgräben im Watt: Reste der Kulturlandschaft.

Abb. 4 Alte Deichtrasse im Watt.

Ältere Forschungsergebnisse und ungeklärte Fragen

Schon im vorigen Jahrhundert hatte man erkannt, daß die Kulturspuren Dokumente der Nordsee-Küstenentwicklung sind und hatte sie vereinzelt kartiert. Ihre tiefe Lage unter dem Mittleren Tidehochwasser wurde zunächst nur mit Erstaunen vermerkt. Erst seit etwa 1925 begann man mit der wissenschaftlichen Auswertung und deutete sie als augenfällige Zeugen für eine bis in die Gegenwart andauernde Küstensenkung (heute wissen wir, daß es sich um einen Meeresspiegelanstieg handelt). Darüber hinaus versuchte man, die Vorgänge der Besiedlung und wirtschaftlichen Erschließung des Landes zu rekonstruieren. Kennzeichnend für diese Zeit war, daß man meinte, an Einzelbefunden die Gesamtentwicklung erklären zu können, und kam deshalb durch widersprüchliche Erkenntnisse bald zu tiefgreifenden Meinungsverschiedenheiten.

Die in früherer Zeit durchgeführten siedlungs- und landschaftsgeschichtlichen Forschungen hatten sich vorwiegend auf die Wattgebiete konzentriert, weil dort die Befunde meistens an der Oberfläche lagen und der Untersuchung sofort zugänglich waren. Zwangsläufig mußten diese ersten Ergebnisse unvollständig bleiben, weil sie von Zufälligkeiten abhängig waren. Zu Fragen der Besiedlung gaben in erster Linie die im Watt aufgesammelte Keramik sowie die Kulturspuren, unter denen eindeutige Relikte von Wohnplätzen allenfalls in Form von Brunnen erhalten sind, Auskunft. Diese lassen zwar den ehemaligen Standort erkennen, geben jedoch kaum weitergehende Informationen über deren Art. Nach der bisher bekannten Keramik war das Gebiet frühestens seit dem 13. Jahrhundert besiedelt, nach historischer Überlieferung bereits im 12. Jahrhundert. Dafür spricht auch die Errichtung der Pellwormer Alten Kirche um diese Zeit *(Abb. 17)*; sie ist sicherlich nicht in unbewohntem Gebiet erbaut worden; dennoch hatte der archäologische Nachweis einer so frühen Landnahme bisher nicht erbracht werden können.

So war man bei der Rekonstruktion der jüngeren Landschafts- und Siedlungsgeschichte immer wieder auf Probleme und Widersprüche gestoßen. Diese Erkenntnis machte die Notwendigkeit deutlich, weitere Untersuchungen zu den angeschnittenen Problemen durchzuführen. Da gerade in diesem meeresbeeinflußten Gebiet Natur- und Kulturgeschichte in engem Zusammenhang stehen, war es erfolgversprechend, fachübergreifend zusammenzuarbeiten, aufeinander abgestimmte Forschungsziele zu formulieren, die erforderlichen Arbeiten durchzuführen und die Ergebnisse gemeinsam auszuwerten.

Das Resümee des damals aktuellen Forschungsstandes gab die Ziele vor: Die Archäologie befaßte sich mit der Besiedlung und Landnahme und legte dabei einen Schwerpunkt auf den Zeitraum des frühen und hohen Mittelalters, der bisher archäologisch nicht nachgewiesen war. Im einzelnen war zu klären, wo die ältesten Siedlungen lagen, wie alt sie sind, wie gesiedelt wurde. Welche Rolle spielte der Meereseinfluß? Wann begann der Warften-, wann der Deichbau?

Für die Geowissenschaften stellten sich folgende Fragen: Wie war die besiedelte Landschaft entstanden? Hatte die natürliche Entwicklung eine frühere Besiedlung verhindert? Wie sah die Landschaft zu Beginn der Besiedlung aus? Welche Ursachen hatten die Meereseinbrüche im Mittelalter, die eine weitere Besiedlung schon erschlossener Flächen unmöglich machten? Wie haben sich Schwankungen des Meeresspiegels ausgewirkt?

Die Geographie befaßte sich mit der jüngsten Landschafts- und Siedlungsgeschichte. Auf der Basis des derzeitigen Landschaftsstatus sollten durch Heranziehung alter Landkarten, sonstiger historischer Quellen und Geländeaufnahmen schrittweise immer ältere Zustandsbilder bis in das hohe Mittelalter entworfen und so der Zeitraum abgedeckt werden, der mit archäologischen und geologischen Methoden nicht mehr zu erfassen ist. Ziel dabei war es, Karten mit einer hohen Genauigkeit herzustellen, um sie mit modernen vergleichbar machen zu können. In dieses Vorhaben mußten vor allem die einst besiedelten Wattflächen mit einbezogen werden.

Neue Antworten auf alte Fragen

Die Forschungsarbeiten und ihre Ergebnisse

Nachdem die bisher geleistete Forschungsarbeit weitgehend im Wattenmeer durchgeführt worden war, lag es nahe, nunmehr mit den archäologischen und geologischen Arbeiten schwerpunktmäßig im Bereich der Inseln und Halligen anzusetzen. Um zunächst eine Übersicht über den aktuellen Bestand an Siedlungen, Deichen, Deichbruchstellen und Prielen zu bekommen, wurden auf den Inseln Pellworm und Nordstrand sowie den Halligen Langeneß und Hooge alle an der Oberfläche sichtbaren besiedlungs- und erdgeschichtlich wichtigen Funde und Befunde kartiert *(Abb. 5; 11)*. Diese Unterlagen dienten für die Planung der weiteren archäologischen Untersuchungen und waren gleichzeitig für den Geographen die Basis zur Rekonstruktion historischer Zustandsbilder der Landschaft.

Archäologie

Pellworm – Ältere Besiedlung als bisher bekannt

Größte Chancen, die früheste Besiedlung dieses Bereiches zu entdecken, schienen auf Pellworm in der Umgebung der Alten Kirche zu sein. Ihr ältester Teil ist ein romanisches Bauwerk mit rechteckigem in einer halbkreisförmigen Apsis endenden Chor, der – 1913 völlig erneuert – aus Sandstein und Tuff besteht. Die ältesten Teile stammen aus der Zeit um 1180, der westliche Turm – 1611 eingestürzt – und Teile des Längsschiffes sind aus dem 13. Jahrhundert *(Abb. 17)*. Die heute exzentrische Lage der Kirche zum Umland kam durch

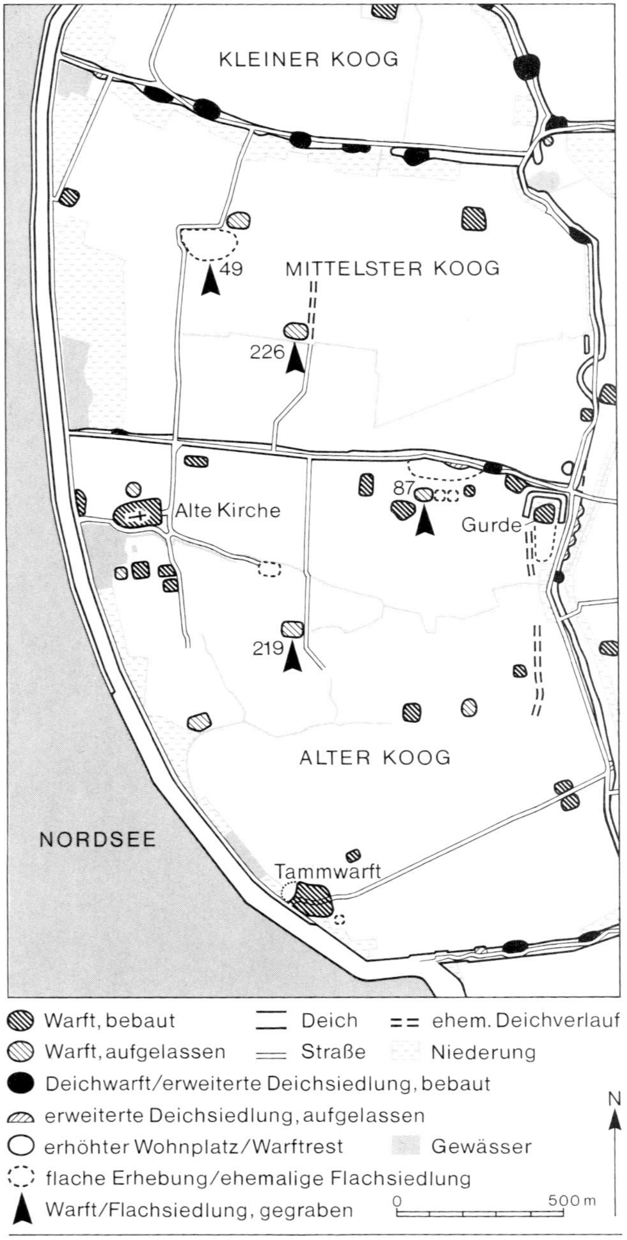

Abb. 5 Pellworm. Archäologische Karte vom Westteil der Insel.

die mehrfache Zurückverlegung von westlich gelegenen Deichlinien, zuletzt 1795, zustande. Die Kartierung in diesem Bereich läßt kein systematisches Siedlungsmuster erkennen *(Abb. 5)*. Die alten Höfe, auf teilweise hohen Warften gelegen, sind unregelmäßig verteilt. Für die geplanten siedlungsarchäologischen Untersuchungen boten sich hier günstige Voraussetzungen, weil es zahlreiche unbebaute Warften gab, die für eine genauere Untersuchung in Frage kamen. Um weitere Kriterien für die Auswahl geeigneter Grabungsobjekte zu bekommen, wurden auf einigen Plätzen Bohrungen durchgeführt. Dabei zeigte sich, daß einige Warften noch auf Torf standen, andere jedoch nicht. Offenbar war also ein Teil der Warften schon vor der Abgrabung des Torfes errichtet und daher älter.

Eine Bohrung auf der Kirchwarft traf nur noch Relikte des Torfes an. Ob er bewußt vor dem Bau der Warft beseitigt oder schon bei der systematischen Landeserschließung abgegraben worden war, läßt sich nicht beantworten. Die Warft selbst ist aus reinem Klei aufgebaut, in den in engen Abständen Muschelschichten eingelagert sind. Welchem Zweck diese dienten, ist unklar. Sollten sie den Warftkörper möglichst schnell entwässern und so zu dessen schneller Konsolidierung beitragen, um unkontrollierte Setzungen nach dem Bau der Kirche zu verhindern? Diese Frage läßt sich nicht beantworten. Ein ähnlicher Warftaufbau ist bisher von anderen Stellen nicht bekannt geworden. Auf der Basis der Bohrergebnisse von vielen Warften wurden auf Pellworm vier für eine genauere Untersuchung ausgewählt, zwei ältere und zwei jüngere.

Eine vollständige Abgrabung der Warften war für den Zweck der Untersuchungen zu aufwendig. Deshalb wurde durch die Mitte der Warften ein etwa 4 m breiter, nach unten schmaler werdender Graben gezogen, der bis in die natürlich abgelagerten Schichten reichte. Die Profile an den Seiten des Suchgrabens wurden maßstabsgerecht gezeichnet und die Höhen zu Normalnull (NN) bestimmt. Aus deren Interpretation konnte mit Hilfe der aus den Grabenwänden geborgenen Keramik und des sonstigen Fundgutes das Alter der Warft und ihr weiterer Ausbau ermittelt werden.

Die älteste Warft lag im Mittelsten Koog *(Abb. 5, Nr. 226)*. Aus dem Profil ließ sich erkennen, daß sie erst nach mehreren Aufhöhungen ihr heutiges Aussehen erreicht hatte *(Abb. 7)*. Der Kern bestand weitgehend aus Klei- und Torfstücken, die auf der einen Seite durch eine Sodenwand, auf der anderen durch einen Kleiwall vor Abrutschen gesichert waren. Die Basis des ersten Siedlungsniveaus bildete eine Lage aus Grassoden. Nach der gefundenen Keramik war diese Warft im 12./13. Jahrhundert gebaut worden *(Abb. 9, 9–13)* und ist damit etwa ebenso alt wie die Alte Kirche. Der Untergrund der Warft enthielt wichtige Informationen zur jüngeren Erdgeschichte: Die älteste Schicht war ein mit Schilf durchsetzter Klei unter einer einige Dezimeter mächtigen Torfschicht *(Abb. 8)*, die etwa in die Mitte des letzten vorchristlichen Jahrtausends zu datieren ist. Darüber lag eine etwa 10 cm mächtige, möglicherweise von den Bewohnern der Flachsiedlung gepflügte Kleilage. Ehe die Warft gebaut wurde, sind diese Äcker noch einmal mit etwa 20 cm sturmflutgeschichtetem Klei, dessen Gefüge ungestört war, bedeckt worden. Zweifellos stellte also die Warft noch nicht die älteste Besiedlung dar.

Die Warft 219 lag 900 m südlicher im Alten Koog *(Abb. 5)*. Bohrungen hatten bereits gezeigt, daß der Torf hier wesentlich tiefer lag als unter der Warft 226. Sie hatte einen zwiebelförmigen Innenaufbau aus zahlreichen verschiedenen Kleilagen. Nach der gefundenen Keramik war diese Warft erst im 14. Jahrhundert erbaut. Die Basis lag im Gegensatz zur gerade behandelten Warft über 2,5 m mächtigem, natürlich entstandenem Klei, unter dem erst der Torf lag *(Abb. 6)*. Offenbar sind hier nach der Torfbildung stärkere Meereseinflüsse auf einem niedrigeren Höhenniveau wirksam geworden als bei der 900 m entfernten Warft 226.

Außer den Warften waren auf Pellworm noch mehrere flache Erhebungen in der Marsch kartiert worden, die, nach Höhe und äußerer Form zu urteilen, nicht natür-

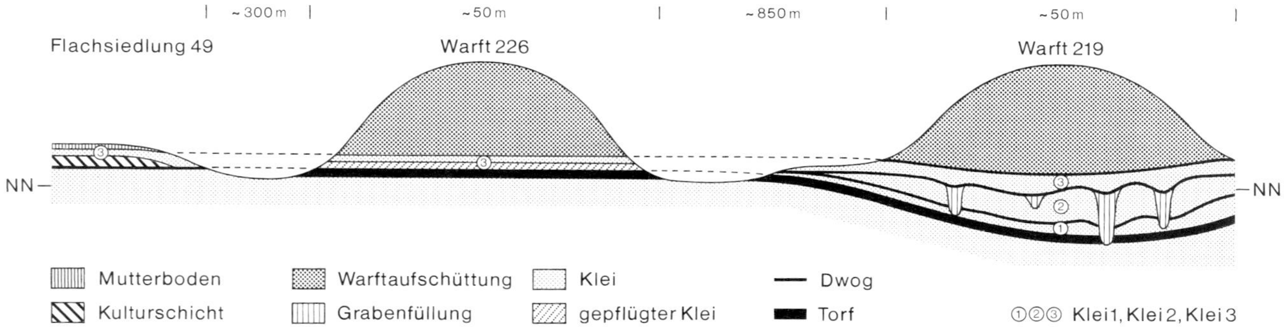

Abb. 6 Pellworm. Aufbau der jüngeren Schichten im Westen der Insel.

Abb. 7 Pellworm. Schnitt durch Warft 226.

Abb. 8 Pellworm. Untergrund der Warft 226: Im Mittelalter gepflügter Klei über etwa 2500 Jahre altem Torf.

licher Entstehung sein konnten, aber wegen ihrer geringen Höhe auch nicht als Warften anzusehen waren. Bohrungen hatten humoses Material erfaßt, das auf eine Siedlung hindeuten konnte. Erfolgversprechend schien eine nähere Untersuchung einer als Wohnplatz vermuteten Erhebung im Mittelsten Koog *(Abb. 5, Nr. 49)*. Wie bei den anderen Warften wurde ein Suchgraben angelegt. Über den Resten des verwitterten Torfes lag eine Kulturschicht mit Scherben des 9./10. Jahrhunderts *(Abb. 9, 1–5; 10)*. Es handelte sich hier also um eine Flachsiedlung, die im Gegensatz zu den Warften unmittelbar auf der Marschoberfläche erbaut war. Darin kamen die Reste von Grassodenwänden eines Haues zum Vorschein, die auf einem Niveau von NN +0,4 m lagen. Sturmflutschichten hatten diese Siedlungsschicht später überdeckt; sie enthielten einzelne Scherben des 11./12. Jahrhunderts, jedoch keine Siedlungsspuren *(Abb. 10)*. Die Scherben waren kaum abgerundet, so daß sie allenfalls geringfügig verlagert waren. Daraus läßt sich schließen, daß sie auch in der genannten Zeit in diese Schichten gelangt sind; demnach müßte diese Siedlung schon bald nach ihrer Errichtung wieder zerstört worden sein.

Die jüngste untersuchte Warft lag im Zentrum des Großen Kooges und stammte aus dem 16. Jahrhundert. Sie steht auf einer mehrere Dezimeter mächtigen Kleischicht, die mit Torf verfüllte Gruben überlagert. Der natürlich entstandene Torf war an dieser Stelle abgegraben, bevor sich die Kleischicht unter der Warft bildete. Aus diesen Befunden ließen sich erste Antworten auf die anfangs gestellten Fragen geben. Die Besiedlung hatte also schon wesentlich eher begonnen, als man aus der bisher in diesem Bereich gesammelten Keramik erkennen konnte, sogar noch eher als nach den historischen Quellen zu erwarten war. Die Menschen ließen sich noch vor der letzten Jahrtausendwende in einer Marsch nieder, deren Oberfläche damals nicht oder nur sehr selten von Überflutungen des Meeres betroffen gewesen sein kann. Erste Meereseinflüsse wurden auf Pellworm unmittelbar nach der letzten Jahrtausendwende deutlich, angezeigt durch Sturmflutschichten über der Flachsiedlung. Spätestens im 12./13. Jahrhundert siedelte man auf erhöhten Niveaus über der Marschoberfläche, um sich vor Überflutungen zu schützen. Im 14. Jahrhundert waren Siedlungen über den gesamten Bereich verteilt; so existierte auch Rungholt schon, das bei der heutigen Hallig Südfall gelegen hat, wie dort aufgesammelte Keramik und beobachtete Siedlungsreste erkennen lassen.

Abb. 9 Pellworm. Mittelalterliche Keramik aus dem Mittelsten Koog: 1—8 Flachsiedlung 49, 9—15 Warft 226. 1—2 Weiche Grauware, 3—4 Muschelgrusware, frühmittelalterlich; 5 Pingsdorfer Ware, früh-/hochmittelalterlich; 6 Paffrather Ware und 7—8 weiche Grauware, hochmittelalterlich; 9—13 harte Grauware und 14—15 glasierte Irdenware, spätmittelalterlich. M. 1:3.

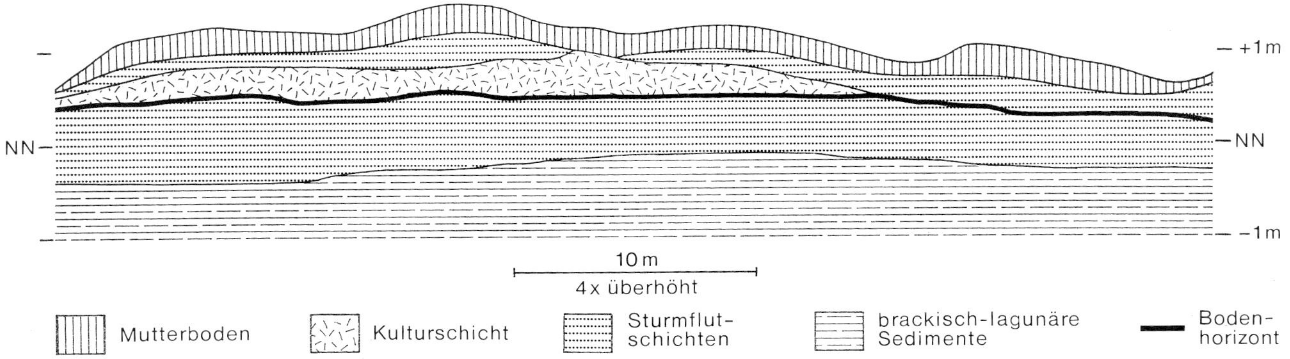

Abb. 10 Pellworm. Profil der Flachsiedlung 49.

Die natürlich entstandenen Schichten unter den Warften geben uns Auskunft über die Landschaftsentwicklung; denn teilweise waren hier noch Schichten konserviert, die um die Warften herum abgetragen waren. Ausgangspunkt für die Rekonstruktion der jüngeren Landschaftsgeschichte war die Torflage, die teils noch ungestört, teils auch nur reliktweise sowohl auf Pellworm als auch im angrenzenden Wattenmeer an der Oberfläche oder in größerer Tiefe zu finden ist. Pollenanalytische Untersuchungen an mehreren Proben hatten ergeben, daß das Moor dicht unter der Grundwasseroberfläche gewachsen ist und im letzten vorchristlichen Jahrtausend entstanden war. Radiokohlenstoffdatierungen präzisierten dieses Datum auf die Mitte des genannten Zeitraumes.

Die erwähnte Flachsiedlung des 9./10. Jahrhunderts liegt unmittelbar über den Resten des Torfes auf einer leichten Erhöhung. Demnach ist seit der Torfbildung bis zur Anlage der Siedlung auf diesem Niveau in einem Zeitraum von fast 1500 Jahren keine Kleiablagerung mehr erfolgt. Unter der Warft 226 *(Abb. 5; 7)*, deren Basis in vergleichbarer Höhe lag, war der Torf wahrscheinlich durch eine dünne Kleischicht konserviert und deshalb erhalten geblieben. Sie verbirgt sich in einer dünnen, humosen Lage über dem Torf. Die darüber liegende, gepflügte Kleischicht konnte nicht datiert werden. Der obere Teil dieser Kleischicht ist ungestört und mit Sicherheit nach dem Beginn der Besiedlung, jedoch vor dem 12./13. Jahrhundert, entstanden.

Weitere Informationen gibt uns der Untergrund der Warft 219 im Alten Koog *(Abb. 5; 6)*, die im 14. Jahrhundert gebaut wurde. Der Torf liegt hier, nur 900 m entfernt von der Warft 226, 2 m niedriger. Diese Höhendifferenz kann ursprünglich nicht vorhanden gewesen sein, als sich der Torf bildete, da die Oberfläche des Moores, solange es noch wuchs, dicht unter dem wohl im gesamten Gebiet auf gleichem Niveau liegenden Grundwasserspiegel war. Demnach ist der Torf erst nach seiner Entstehung in die heutige Lage gekommen. Die Ursache dafür sind kleinräumige unterschiedliche Setzungen des älteren Untergrundes. Dadurch entstand eine Mulde, in der dann in drei Phasen Sedimente abgelagert wurden. Altersbestimmungen haben gezeigt, daß die zweite der drei Kleischichten am Ende der römischen Kaiserzeit entstanden war. In deren Oberfläche hatten sich mehrere Rinnen eingetieft, die offenbar als Folge eines dichten Schilfbewuchses allmählich zugeschlickt waren. Wahrscheinlich ist die dritte Schicht erst nach dem Beginn der Besiedlung

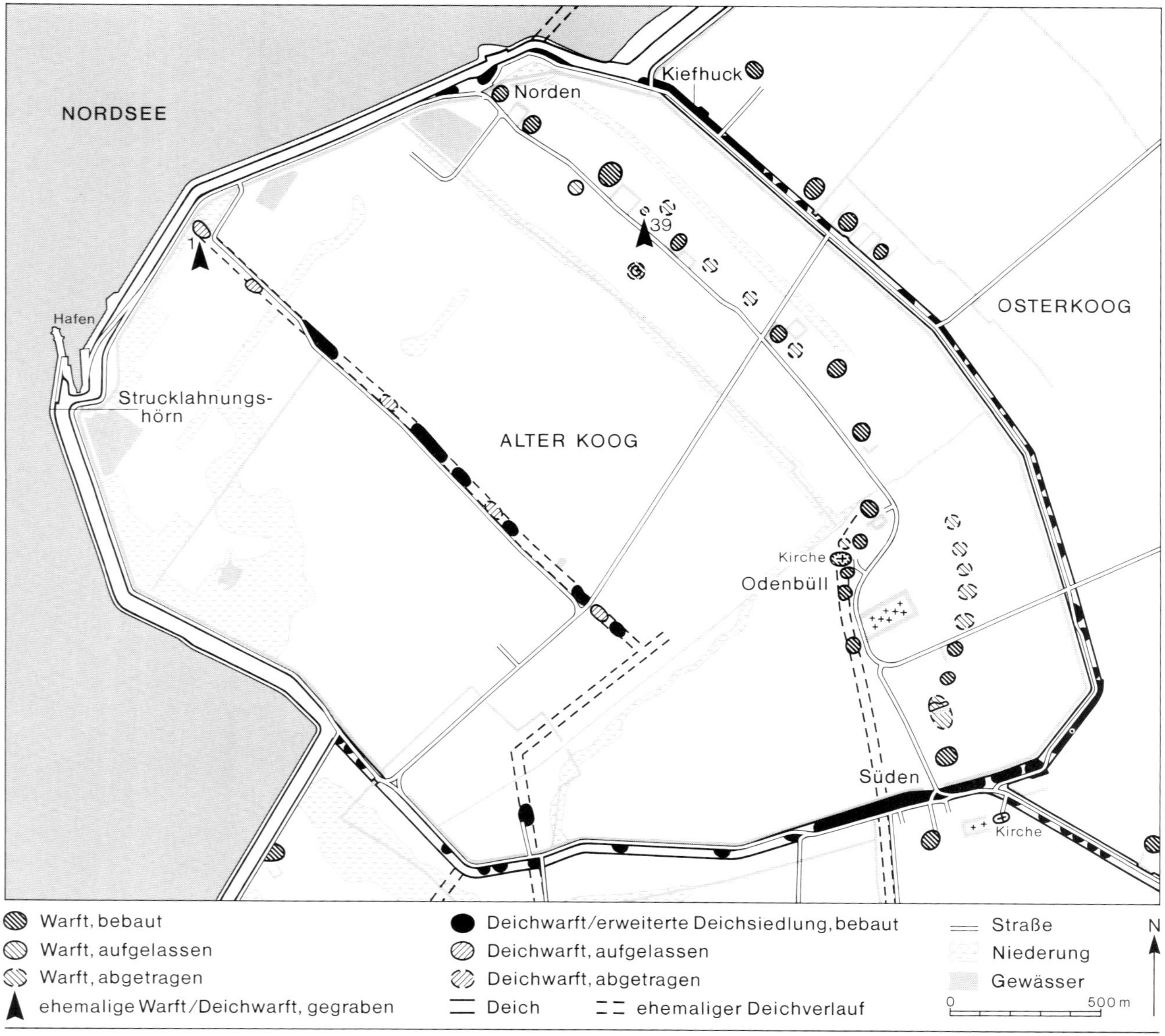

Abb. 11 Nordstrand. Archäologische Karte des Alten Kooges.

entstanden und der obersten unter der Warft 226 gleichzusetzen. Daß sie hier soviel mächtiger ist, mag an der niedrigeren Oberfläche zu Beginn der Sedimentation gelegen haben.

Als die ersten Siedler kamen, hatte offenbar das Mittlere Tidehochwasser niedrig gelegen, und die Marsch war weitgehend von Sturmfluten verschont; ihr Oberflächenrelief war deutlich in Senken und erhöhte Flächen gegliedert. Stellenweise lag Moor dicht unter der Oberfläche in bis zu einigen Dezimetern Mächtigkeit und war so für sumpfige Wiesen verantwortlich; andernorts gab es Kleiböden, die besser zu bewirtschaften waren. Die Landschaft war also kleinräumig gegliedert, sowohl hinsichtlich der Oberflächenhöhen als auch der Bodenqualität.

Nordstrand – Siedlungen in Moor und Marsch

Deutete auf Pellworm die Streulage der Höfe in den alten Kögen auf eine halligartige Siedlungsweise hin, zeigte sich auf Nordstrand ein reihenartiges Siedlungsmuster *(Abb. 11)*. Viele unbebaute Warften waren hier zum Verfüllen von Gräben und für Deichabdeckungen schon abgetragen worden, ohne daß archäologische Untersuchungen stattgefunden hatten. Lediglich bei der Abgrabung der Warft Forsbüll im Trendermarschkoog war Keramik gesammelt *(Abb. 12,1)* und ein schematisches Profil aufgenommen worden. Danach stammt die Warft aus dem 12. Jahrhundert. Neue Untersuchungen ließen sich auf Nordstrand nur an zwei vollständig und zwei teilweise erhaltenen Warften vornehmen. Kleinere Schnitte an weitgehend zerstörten Siedlungsstellen brachten noch ergänzende Informationen.

Einer der ältesten Wohnplätze auf Nordstrand wurde unter einer Warft (Evensbüll) im Neukoog entdeckt *(Abb. 13)*. Es war eine Flachsiedlung des frühen hohen Mittelalters, sie war auf Hochmoortorf angelegt und dürfte daher weit über dem Niveau der Marschoberflächen dieser Zeit gelegen haben, also auch ziemlich sturmflutsicher gewesen sein, so daß eine Aufwarftung nicht erforderlich war. Daß die Marschen zur gleichen Zeit schon von Überschwemmungen bedroht waren, zeigt die bereits erwähnte weiter westlich liegende Warft Forsbüll, die ebenso alt ist. Ihre Basis liegt bei NN +0,2 m. Hier war zu dieser Zeit bereits kein Torf mehr vorhanden. Daher schuf man sich ein Wohnniveau hoch über der Marschoberfläche.

Der Schnitt durch die Warft 1 im Alten Koog *(Abb. 11)* bestätigte diese Vorstellung. Unter dem Warftkörper waren noch Torfreste mit Abgrabungsspuren erhalten. Darüber lagen zwischen NN +0,2 und +0,7 m Sturmflutschichten, die den Meereseinfluß augenfällig dokumentieren. Ein Deich, bald nach 1362 errichtet, sollte weitere Überflutungen verhindern. Er verlor seine Bedeutung, als weiter westlich ein neuer Koog entstand, rückte daher in die zweite Deichlinie und konnte bebaut werden. Im Laufe der Zeit wurde diese Siedlung – und das gilt sicherlich auch für andere – mit Deichmaterial vergrößert und zu einer erweiterten Deichsiedlung ausgebaut. Die unbebauten Deichstücke verschwanden nach und nach. So entstanden Reihensiedlungen, die nicht mit dem Typ der Marschhufensiedlung, trotz des ähnlichen Erscheinungsbildes, zu verwechseln sind. Die Nordstrander Untersuchungen zeigen ein ganz anderes Bild der früh- und hochmittelalterlichen Siedlungsbedingungen als auf Pellworm. Das weitgehend von Hochmooren eingenommene Areal Nordstrands war zunächst wohl nicht das Ziel der frühen Siedler, sondern eher das weiter westlich gelegene, wo der Torf des Untergrundes wegen seiner geringeren Mächtigkeit die Landwirtschaft nicht oder nicht wesentlich beeinflußte und gegebenenfalls abgegraben werden konnte. Das war im Nordstrander Bereich nicht so einfach möglich. Erst als sich im Pellwormer Bereich zunehmend Meereseinfluß bemerkbar machte und Warften gebaut wurden, lernte man die Vorteile des Hochmoores (de Hooge Moor) schätzen und legte auf dessen Oberfläche Wohnplätze an, die nicht erhöht zu werden brauchten, weil das Niveau weit genug über

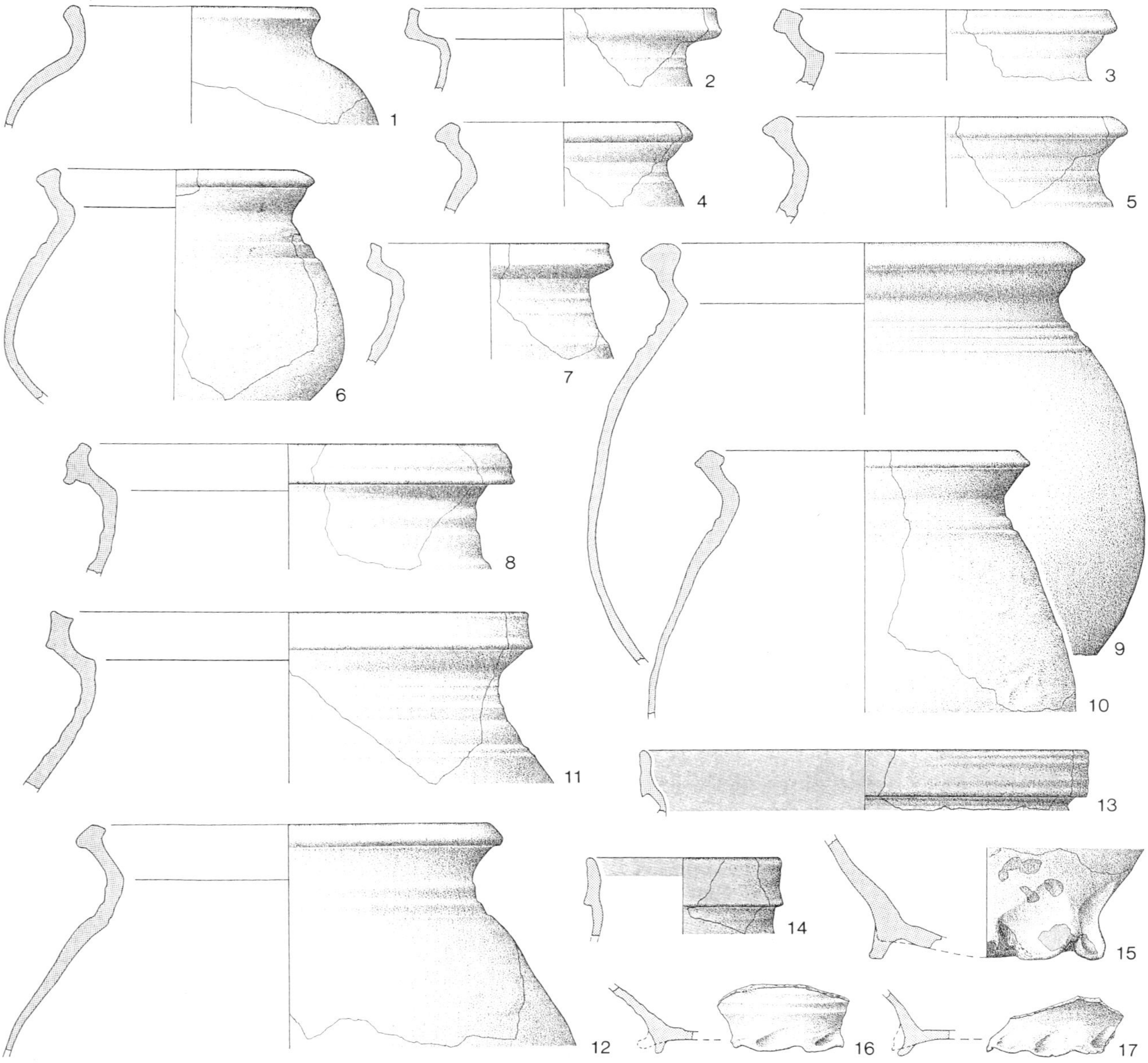

Abb. 12 Nordstrand. Trendermarschkoog. Mittelalterliche Keramik: 1 Warft 46 (Forsbüll), 2—17 Warft 70. 1 Paffrather Ware, hochmittelalterlich; 2—12 harte Grauware, 13—15 glasierte rote Irdenware und 16—17 Steinzeug, spätmittelalterlich. M. 1:3.

Abb. 13 Nordstrand. Evensbüll, eine der ältesten Siedlungen der Insel, auf Hochmoor angelegt.

dem Mittleren Tidehochwasser lag. In abgetorften Gebieten mußte man sich jedoch auch hier frühzeitig gegen Sturmfluten schützen, wie die Warft Forsbüll zeigt.

Die Halligen – Jüngste und älteste Besiedlung

Bei dem Versuch, die frühe Besiedlungsgeschichte der Halligen zu klären, stellte sich erneut das auf Nordstrand aufgetretene Problem, geeignete Grabungsobjekte zu finden. Eine Auswahl verschiedener Grabungsobjekte war gar nicht möglich, weil sowohl auf Hooge als auch auf Langeneß nur je eine unbebaute Warft für eine genauere Untersuchung zur Verfügung standen. Die aus den Suchschnitten geborgene Keramik ergab, daß beide Warften erst im 17. Jahrhundert entstanden sind und somit zur Lösung der Frage nach der ältesten Besiedlung dieses Gebietes nicht beitragen können. Beide Warften stehen auf mächtigen Sturmflutschichten, die nach dem hier zumindest teilweise abgetragenen Torf entstanden waren.

Besondere Aufmerksamkeit wandte sich allerdings Keramikfunden aus dem Hooger Watt zu, die in einem Torfabbaufeld gefunden worden sind. Sie stammen aus dem 9.–10. Jahrhundert und sind wahrscheinlich aus dem ursprünglich über dem Torf abgelagerten Sediment ausgewaschen worden. Da sie keine Transportspuren aufweisen, müssen sie aus unmittelbarer Nähe stammen. Sie belegen zusammen mit der Flachsiedlung auf Pellworm einen großflächigen Siedlungsbeginn im südwestlichen Nordfriesland zu einer früheren Zeit, als man bisher wußte.

Neue Methoden des Wasserbaus im Mittelalter – Großflächiger Küstenschutz durch Deiche

Unverzichtbares Element des mittelalterlichen Landesausbaus war nach der letzten Jahrtausendwende die Sicherung der Wohnplätze vor dem Meereseinfluß. Das geschah durch den Bau von Warften. Von vergleichbarer Bedeutung war es aber auch, wenn man überleben wollte, die Wirtschaftsflächen vor dauernden Überflutungen zu sichern. Das konnte nur durch Deiche geschehen. Hinweise auf solche Aktivitäten enthält zwar schon die historische Überlieferung aus dem 12. Jahrhundert; aber der archäologische Nachweis für die Existenz derart alter Deiche ist bisher nicht erbracht worden. Das mag auch mit deren besonders schwieriger Datierung zusammenhängen, da sie keine Keramik enthalten und meistens kein humoses Material, das eine zuverlässige Altersbestimmung mit der Radiokarbonmethode gestattet. Auch mit Holzeinbauten aus Eichen, die sich dendrochronologisch (Baumringmethode) datieren lassen könnten, ist bei so alten Deichen nicht zu rechnen.

Trotz dieser Schwierigkeiten gestatten Befunde von der Hallig Hooge einige Aussagen zum frühen Deichbau in Nordfriesland. Aus Grabungen und Flurnamen ließen sich auf Hooge mindestens fünf Kleinköge lokalisieren, die bis zu 9 ha groß sind. Die geringe Höhe der sie einschließenden „Wälle" deutet darauf hin, daß man zunächst nur die sommerlichen Überflutungen des Landes verhindern wollte. Man wird zu Recht davon ausgehen, daß solche kleinräumigen Bedeichungen am Anfang der Landsicherung gestanden haben, bevor man dazu überging, gemeinschaftlich größere Flächen einzudeichen. Das frühe Alter dieser Hooger Deiche konnte durch einen Geländebefund zumindest wahrscheinlich gemacht werden. Denn die Basis eines solchen Deiches liegt bei NN +0,4 m bis +0,5 m. Dieses Niveau entspricht der Höhe der Flachsiedlung auf Pellworm. Demnach müßte man davon ausgehen, daß man bald nach der Jahrtausendwende bereits kleine Flächen schützen mußte. Vergleichbar kleine Köge sind von Pellworm nicht bekannt. Als älteste Köge gelten auf Pellworm der Alte Koog, der Mittelste Koog und der Große Koog. Als der Schardeich, der den Großen Koog im Norden begrenzt, abgetragen wurde, konnte dort ein Deichprofil aufgenommen werden *(Abb. 14)*. Daraus ließen sich mindestens drei verschiedene Bauphasen erkennen. Der älteste Teil des Deiches stand auf Sturmflutschichten, die auf Resten des Torfes lagen. Eine vergleichbare Beobachtung konnte am nördlichen Deich des Mittelsten Kooges gemacht werden. Hier waren in einem Grabenprofil unmittelbar nördlich des Deiches Profile von Torfgruben zu erkennen. Daraus läßt sich schließen, daß diese Deiche erst nach Beginn der Torfabgrabungen gebaut worden sind. Unterstellt man, daß das von der Warft 226 aus erfolgte, sind diese Deiche frühestens im 12. Jahrhundert gebaut worden und gehören mithin nicht zu den ältesten.

Geographie

Abtragung und Ablagerung im Wattenmeer heute – Alte Landkarten werden korrigiert

Bei den Untersuchungen durften allerdings die Wattgebiete nicht vollständig außerhalb der Betrachtungen bleiben. In diesen durch die Gezeitenströme morphodynamisch besonders aktiven Gebieten treten ständig

Abb. 14 Pellworm, Großer Koog. Profil des Schardeiches.

Veränderungen ein. So werden auf niedrigem Niveau in Prielverlagerungsbereichen ständig Kulturspuren zerstört, auf höherem Niveau nach Abtragung einer schützenden, jungen Schlickdecke neue freigelegt. Sie aufzunehmen und auszuwerten, war ein Schwerpunkt der geographischen Arbeiten. Um das möglichst rationell planen zu können, mußte man die Gesetzmäßigkeiten von Sedimentabtragung und -ablagerung entschlüsseln. Dazu wurden Watthöhenkarten verschiedener Jahrgänge miteinander verglichen und daraus in 100-m-Abständen die Höhendifferenzen ermittelt, benachbarte rechnerisch zusammengefaßt und im Abstand von 200 m in Karten eingetragen. Mit dieser Methode konnten Zufälligkeiten weitgehend ausgeschaltet werden. Aus den Ergebnissen ließen sich Erosion und Sedimentation nicht nur qualitativ, sondern auch quantitativ erfasssen und kartographisch darstellen. Ergänzend zu diesen Arbeiten wurden neueste Luftbildsenkrechtaufnahmen herangezogen, und die darauf sichtbaren Oberflächenformen ausgewertet *(Abb. 16)*. Darin spiegelt sich das aktuelle Sedimentationsgeschehen zum Zeitpunkt der Aufnahme wider und konnte mit den Ergebnissen aus den Kartenvergleichen auf seine Übereinstimmung überprüft werden. Mit Hilfe dieser neu erstellten Karten ließen sich die Stellen, an denen bisher nicht erfaßte Kulturspuren, die in jüngster Zeit zum Vorschein gekommen waren oder demnächst zu erwarten sind, festlegen.

In einem weiteren Arbeitsgang wurden Kulturspuren in geeigneten Gebieten beobachtet und kartiert, um ehemalige Siedlungsflächen zu erkennen und außerdem solche Punkte zu finden, die auch auf historischen Karten abgebildet sind. Dazu gehören Siedlungsstellen (oft nur noch durch einzelne Brunnen dokumentiert), Kirchenfundamente, Deich- und Wegstrecken oder Sielbauwerke. Solche Funde mußten im Gelände ge-

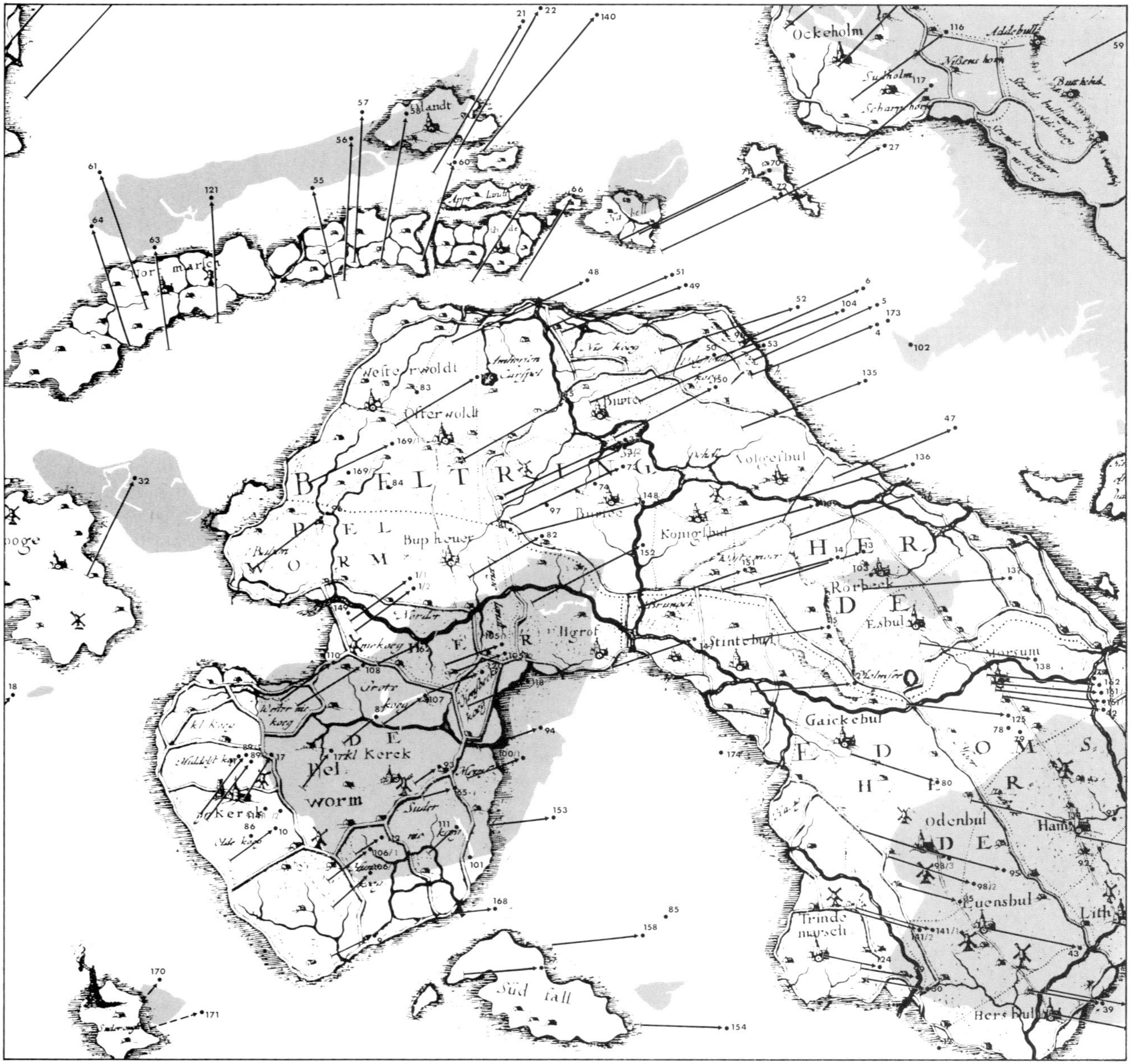

Abb. 15 Korrigierte historische Karte von J. Mejer (1634). Die Pfeile weisen auf den korrekten Lagepunkt des Objektes hin. M. 1:100 000.

nau eingemessen und für die weitere Auswertung auf historischen Karten identifiziert werden. Aus dem Lagevergleich verschiedener Punkte zu einem Bezugspunkt auf einer modernen und einer historischen Karte läßt sich die Abbildungsungenauigkeit letzterer sowohl nach Richtung als auch nach Entfernung festlegen *(Abb. 15)*. Mit Hilfe von über 200 Punkten wird es möglich sein, die Netze historischer Karten zu entzerren und die Topographie zurechtzurücken. Aus den so bearbeiteten alten Karten kann man die Lage heute nicht mehr bekannter Örtlichkeiten im Gelände neu ermitteln.

Diese Karten dienen auch als Grundlage der Rekonstruktion von Landschaftsbildern für die Zeit um 1240, 1600, 1650, 1700, 1800 und 1900. Dabei werden nicht nur die landfesten Gebiete berücksichtigt, sondern auch die Wattbereiche mit ihren Wasserläufen, deren Entstehung und weitere Entwicklung mit erfaßt wird und so ein anschauliches Bild der gerade in diesem Bereich besonders aktiven dynamischen Vorgänge ergibt. Dieser Erkenntnis wird dadurch Rechnung getragen, daß vor allem für die Norderhever und ihre Seitenarme die Verlagerungen der Mittleren Tideniedrigwasserlinie seit 1841 in engem zeitlichen Abstand dank des vorhandenen Kartenmaterials verfolgt wird. Die entstandenen Karten ergänzen die Watthöhendifferenzen-Karten in die Vergangenheit.

Geologie

Die Ursachen der Sturmflutkatastrophen

Bereits bei den archäologischen Untersuchungen auf Pellworm war die wechselnde Höhenlage des Torfes erkannt und als Folge von Setzungen erklärt worden. Um deren Ursache zu klären, mußte der Aufbau der gesamten, in der Nacheiszeit abgelagerten Sedimente erkundet werden. Zu diesem Zweck wurden Bohrungen auf Pellworm und im angrenzenden Wattenmeer durchgeführt. Zwangsläufig blieb die Anzahl der Bohrungen im Wattenmeer gering, weil nur selten die geeigneten Voraussetzungen, wenig Seegang und gute Sicht zur topographischen Einmessung der jeweiligen Bohrungen, gegeben waren. Die ausgewählten Punkte wurden mit einem kleinen Motorboot erreicht. Es wurde in der Nähe des Bohrpunktes verankert, das Gerät mit einem kleinen Beiboot auf das eben trockenfallende Watt gebracht und dann die Bohrung durchgeführt. Wenn das auflaufende Wasser kam, mußte die Arbeit ohne Rücksicht darauf, ob das Ziel erreicht war – und das war durchaus nicht immer der Fall – beendet werden. Wir benutzten ein Kernbohrverfahren, das mit relativ wenig und leichtem Gerät auskam, und konnten deshalb die Bohrkerne mit an Land nehmen und dort auswerten *(Abb. 18; 19)*.

Tatsächlich bestätigte sich der erwartete, kleinräumig wechselnde Aufbau der älteren nacheiszeitlichen Schichten. Mit den neuen Bohrergebnissen und denen älterer, schon bekannter Bohrungen konnte zunächst eine Karte entworfen werden, die das Relief des vom Meer in der Nacheiszeit überfluteten Gebietes darstellt *(Abb. 20)*. Liegt diese Fläche sehr tief, ist die Mächtigkeit der Meeresablagerungen groß, entsprechend ist es umgekehrt. Die Inseln und größeren Halligen liegen dort, wo die Meeresablagerungen weniger mächtig sind; die großen Wattströme folgen weitgehend den Mulden des Untergrundes. So paust sich also die Morphologie der Landschaft vom Ende der Eiszeit in der Gegenwart wieder an die Oberfläche durch, indem die Inseln die ehemaligen Hügel und die Wattströme die Niederungen anzeigen.

Weiterhin ergaben die Bohrungen, daß im Gebiet Nordstrand – Pellworm – Südfall die nacheiszeitlichen Meeresablagerungen nicht nur besonders mächtig, sondern auch fast durchweg aus Ton bestehen. Dort hatte nämlich schon in einem frühen Stadium der Transgression eine Bucht gelegen, in der ruhiges Wasser gestanden hatte, aus dem sich nur noch feinstkörniger Schlick ablagerte. Lediglich an den Seiten der großen Wattströme sind grobkörnigere, jüngere Wattrin-

Abb. 16 Watt bei Pellworm mit Rippeln am Prielrand.

Abb. 17 Pellworm. Die Alte Kirche, um 1180 gegründet.
Abb. 18 Bohrung im Wattenmeer. Abb. 19 Bohrkerne je 1 m lang; sandige Schichten (hell) und tonige Schichten (dunkel) spiegeln den Ablauf der Landschaftsgeschichte wider.

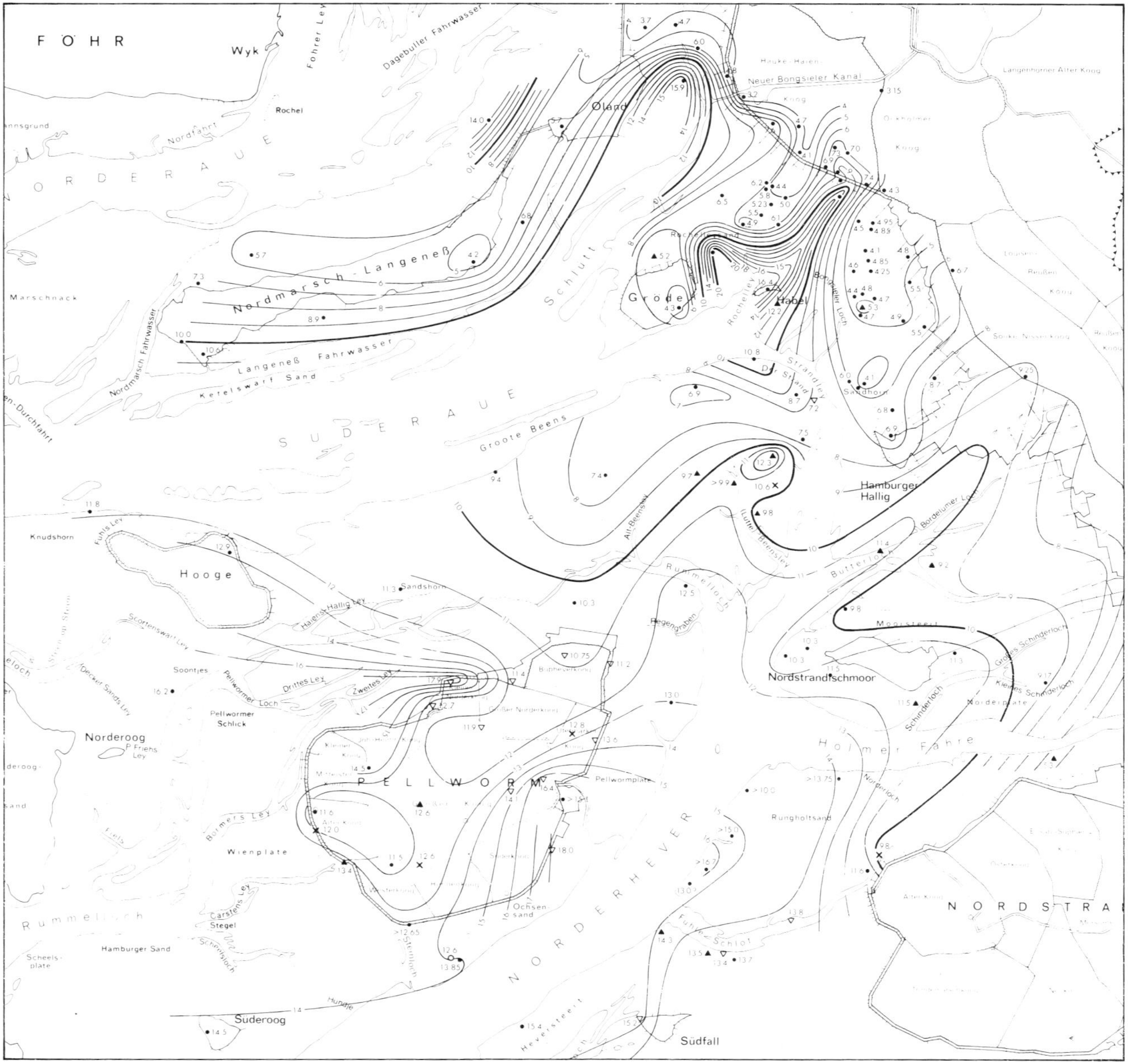

Abb. 20 Südwestliches Nordfriesland. Topographie vor etwa 10 000 Jahren.

nensedimente zu finden, die die maximalen seitlichen Verlagerungen der Rinne anzeigen. Außerhalb davon findet man stellenweise Kulturspuren, die Reste der ehemaligen Besiedlung. Eine ähnliche, kleinere Mulde liegt nördlich Pellworm und reicht bis an den Norderkoog heran. Auch hier sind die älteren Meeresablagerungen auffallend mächtig und fast durchweg aus Ton aufgebaut. Historische Karten, die den Zustand des Landes vor dem Eintritt der Sturmflut des Jahres 1634 wiedergeben, lassen trotz aller Ungenauigkeit der Darstellung erkennen, daß diese gerade beschriebenen Bereiche um diese Zeit nicht mehr besiedelt, sondern schon Teil des Wattenmeeres waren. Demnach müssen sie mindestens größtenteils bereits 1362 „untergegangen" sein.

Im Gegensatz zu diesen Muldenbereichen, die heute weitgehend vom Wattenmeer eingenommen werden, liegen unter der Insel Pellworm überwiegend aus Sand bestehende nacheiszeitliche Meeressedimente. Die genauere Betrachtung der Ablagerungen auf Pellworm läßt auch hier noch eine Differenzierung erkennen, die allerdings kleinräumiger ist *(Abb. 21)*. Ein Beispiel dafür ist der Bereich zwischen der Warft 226 und der Warft 219 auf Pellworm. Unter letzterer sind unter dem auffallend tief liegenden Torf etwa 5 m tonige Sedimente, unter der anderen beginnt der Sand schon 1 m unter dem Torf *(Abb. 6)*.

Wie erklären sich die vermuteten Setzungen des Untergrundes? Man kann in grober Vereinfachung sagen, daß Sand weniger zur Setzung neigt als Ton und dieser wieder weniger als Torf. Ton wird im allgemeinen als ein sehr wasserhaltiger Schlick abgelagert. Dieses Wasser wird dem Sediment nach und nach entzogen. Je nachdem wieviel Druck, beispielsweise durch überlagerndes Sediment, ausgeübt wird, geht dieser Prozeß schneller oder langsamer vor sich. Dadurch tritt ein Volumenverlust ein, das verbleibende Sediment „sackt" in sich zusammen und die Oberfläche wird tiefer gelegt. Damit ein solcher Vorgang stattfinden kann, muß das Wasser aus dem Sediment eine Abflußmöglichkeit finden. Dazu ist eine gewisse Durchlässigkeit der angrenzenden Gesteine notwendig. Ein Abfallen des Meeresspiegels kann ebenfalls den Setzungsprozeß fördern, weil dann der Auftrieb der Sedimente wegfällt, die bisher noch unterhalb der Wasseroberfläche gelegen haben. So wird ein höherer Druck auf den Untergrund ausgeübt, der langfristig zu einer Verdichtung des Sedimentes führt. Landschaftsgeschichtlich relevant sind Setzungen nur dann, wenn der Mächtigkeits-

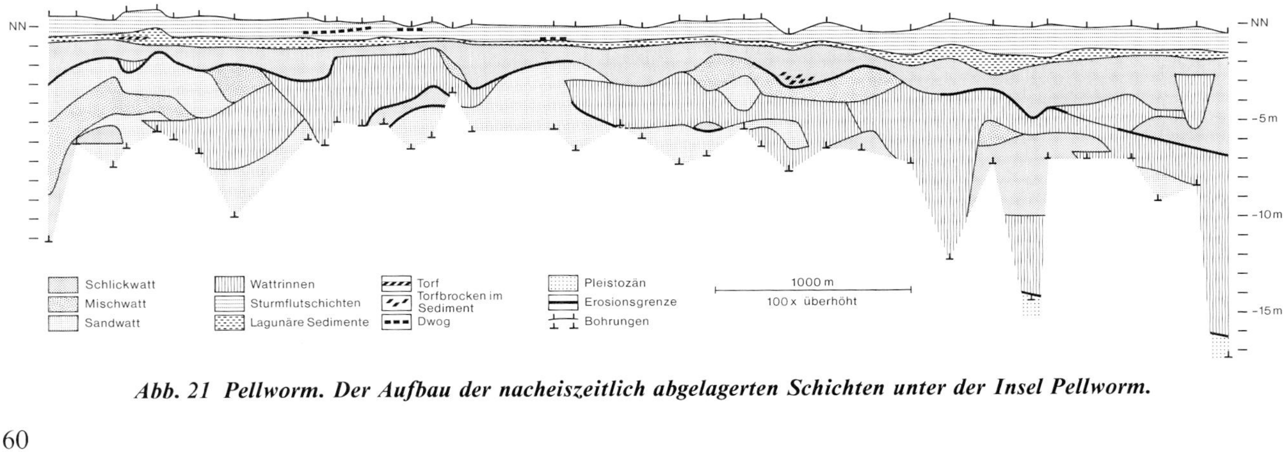

Abb. 21 Pellworm. Der Aufbau der nacheiszeitlich abgelagerten Schichten unter der Insel Pellworm.

schwund nicht durch Ablagerung neuen Materials ausgeglichen wird.
Wie weit liegen solche Gegebenheiten hier vor? Die Untersuchung der oberen Schichtenfolge auf Pellworm hatte gezeigt, daß im ersten nachchristlichen Jahrtausend Sedimentation nur auf besonders niedrigem Niveau erfolgt ist. Demnach muß der Meeresspiegel abgesunken sein. Wir wissen zwar nicht um welchen Betrag, aber mit dieser Feststellung waren bereits zwei wichtige Voraussetzungen für Setzungen des Untergrundes erfüllt: Eine Wasserspiegelabsenkung und eine Sedimentationspause auf den hohen Niveaus. Erst nach Beginn des zweiten nachchristlichen Jahrtausends setzte die Sedimentation großflächig wieder ein, wie die Sturmflutschichten über der Pellwormer Flachsiedlung zeigen. Daraus ergibt sich, daß in einem Zeitraum von über 1000 Jahren weiträumig keine Sedimentation erfolgte. Setzungen, die in dieser Zeit stattfanden, bewirkten die Entstehung von Mulden an der Geländeoberfläche. Entsprechend dem unterschiedlichen Aufbau der älteren nacheiszeitlichen Schichten bildete sich ein neues Oberflächenrelief heraus. Der Bereich zwischen Pellworm und Nordstrand sowie auch der nördlich von Pellworm dürften sich so zu Depressionen entwickelt haben. Als dann 1362 Sturmfluten in diese Bereiche einbrachen, waren diese niedrig liegenden Flächen zuerst betroffen.
Für das Gebiet, das 1634 von den Sturmfluten erfaßt wurde, lagen die Ursachen anders. Hier muß man davon ausgehen, daß die Abgrabungen von Torf und Entwässerungen soweit vorangetrieben waren und dadurch die Landoberflächen soweit erniedrigt waren, daß schließlich das Mittlere Tidehochwasser höher stand als die geschützten Ländereien und diese daher nur noch durch Deiche vor Überschwemmungen bewahrt werden konnten.

Archäologie – Geographie – Geologie: Ergebnisse zusammengefaßt

Zur Frage nach der Veränderung des Mittleren Tidehochwassers zeigen unsere Untersuchungen, daß dieses im letzten vorchristlichen Jahrtausend, als der Torf entstand, etwa in einer Höhe um NN +0,6 m lag. Danach fiel es ab und blieb, wenn auch mit einigen geringeren Schwankungen, bis zum Ende des ersten nachchristlichen Jahrtausends niedrig. In dieser Zeit erfolgten vor allem Setzungen des Untergrundes, so daß sich an der Oberfläche ein deutliches Relief herausbildete, das teilweise durch Sedimentation auf niederem Niveau wieder leicht ausgeglichen wurde. Im Bereich zwischen Eiderstedt im Süden und den heutigen Inseln Föhr und Amrum im Norden hat in dieser Zeit wohl eine ausgedehnte Marsch gelegen. Stellenweise war die Oberfläche moorig, großenteils aber wohl trocken. Allerdings unterschied sich diese Landschaft erheblich von der heutigen kultivierten Marsch: Priele durchzogen in mehr oder weniger engen Mäandern das Land. Diese großen ungenutzten Flächen haben kurz vor der letzten Jahrtausendwende die Siedler angelockt, sich zunächst in den westlicher liegenden, höher aufgelandeten Bereichen niederzulassen. Die Moore wurden anfangs gemieden, weil der Spiegel des Mittleren Tidehochwassers noch niedrig war und daher die Marschen selten, wenn überhaupt, von Sturmfluten überschwemmt wurden.
Bald nach der Jahrtausendwende verstärkte sich der Meereseinfluß. Es kam zu häufigeren Überflutungen der Marschen im Westen, so daß man nicht mehr auf der flachen Marsch siedeln konnte, sondern Warften baute, oder sich in das weniger siedlungsfreundliche Hinterland mit Hochmooren im Bereich des heutigen Nordstrands zurückzog, wo Flachsiedlungen noch bis in das 14. Jahrhundert existierten. Wann man genau anfing, die Gebiete großflächig einzudeichen, ließ sich nicht feststellen; dazu reichten die vorhandenen Informationen nicht aus. Nach den vorliegenden Ergebnis-

sen kann man davon ausgehen, daß die großen Deiche im südlichen Nordfriesland nicht zu den ältesten gehören. Allenfalls könnten dazu diejenigen um die Kleinköge auf Hooge gehören.
Die Ursachen der beiden großen Meereseinbrüche in die besiedelten und wirtschaftlich erschlossenen Gebiete des südlichen Nordfriesland muß man sehr viel differenzierter betrachten, als das bisher getan wurde. Für die Sturmflutkatastrophe von 1362 kann man nicht die Aktivitäten der Siedler zur wirtschaftlichen Erschließung des Landes verantwortlich machen und schon gar nicht den Übermut der Bewohner Rungholts, der Nordsee trotzen zu können, wie es Detlev v. Liliencron in dem eingangs erwähnten Gedicht tat. Es war vielmehr ein ungünstiges Zusammentreffen von Vorgängen der erdgeschichtlichen Entwicklung; dazu gehören in erster Linie die morphologische Ausbildung der nacheiszeitlichen Landoberfläche vor Beginn der Meerestransgression, die Sedimentation mächtiger, setzungsfähiger Tonschichten in einigen Gebieten sowie die Schwankungen des Mittleren Tidehochwassers. Die Siedler nahmen das Land während der Wikingerzeit in Besitz, als der Meeresspiegel so niedrig lag, daß es offenbar keine Rolle spielte, ob man auf hohem oder niedrigerem Niveau siedelte. Erst nach einer gewissen Zeit änderte sich das. Schließlich setzte das Meer mit den Sturmfluten 1362 einen ersten dramatischen Höhepunkt in der hochmittelalterlichen Siedlungsgeschichte, indem es große, kultivierte Flächen erneut eroberte und machte so nachdrücklich die Abhängigkeit des Menschen an der Küste von den Naturgewalten deutlich.
Der zweite Meereseinbruch im Jahre 1634, ebenso folgenreich für die Küstenbewohner wie der von 1362, unterstrich diese Tendenz. Bei der Beurteilung der Ursachen kann man sich allerdings nicht auf die Verkettung ungünstiger Vorgänge in der Landschaftsentwicklung berufen. Hier wird man in stärkerem Maße die Ursachen in den Aktivitäten des Menschen, die Landschaft für seine eigenen Bedürfnisse umzugestalten, suchen müssen. Besonders nachteilig haben sich die Abgrabung von Torf auf großen Flächen ausgewirkt, die zu einer Tieferlegung der Landoberflächen führten, ferner die Drainage großer Flächen, die in ihren Auswirkungen ähnlich sind wie das Abfallen des Wasserspiegels, also Setzungen des Untergrundes auslösen können, wenn dieser entsprechend ausgebildet ist. Hinzu kam, daß während dieser Eingriffe in die Naturentwicklung durch den Bau von Deichen die Marschen nicht mehr überschwemmt und deshalb auch nicht mehr aufgehöht wurden. Das wirkte sich umso schwerwiegender aus, als offenbar mit Beginn des letzten Jahrtausends der Spiegel des Mittleren Tidehochwassers angestiegen war, so daß die Höhendifferenz zwischen Marschoberfläche und Höhe des Wasserspiegels sich allmählich immer mehr verringerte. Wurden jetzt bei Sturmfluten die nun verstärkt beanspruchten Deiche zerstört, kam es zu so häufigen Überschwemmungen dieser Köge, daß eine Reparatur der Deiche nicht mehr möglich war. Eine Konsequenz dieser Vorgänge war schließlich der Meereseinbruch im Jahre 1634, als fast das gesamte südwestliche Nordfriesland überflutet wurde und erst allmählich ein Koog nach dem anderen wieder neu eingedeicht werden konnte. Ein großer Teil der bis 1634 eingedeichten Marsch ist allerdings bis heute Teil des Wattenmeeres geblieben. Unzweifelhaft hat Detlev von Liliencron die letzte Zeile seines zitierten Gedichtes „Trutz blanke Hans?“ zu Recht mit einem Fragezeichen versehen, das auch uns auffordert, heute darüber nachzudenken, welche Folgen künstliche Eingriffe in die Naturentwicklung der Küste nach sich ziehen können.

Weiterführende Literatur zur Landschafts- und Besiedlungsgeschichte Nordfrieslands, auf die sich auch dieser Beitrag stützt, ist in der Bibliographie unter folgenden Nummern zu finden: 5, 22, 23, 24, 36, 38, 39, 40, 49, 52, 55, 56, 57, 58, 72, 87, 121.

Archäologie in den Nordseemarschen

Untersuchungen an Warften und Deichen in Norderdithmarschen und Eiderstedt

Von Dirk Meier

Einleitung

Als „ein elendes Volk auf hohen Hügeln . . .“ beschrieb in der Mitte des 1. Jahrhunderts n. Chr. der römische Schriftsteller Plinius die Bewohner der Nordseemarschen, ihre Siedlungs- und Wirtschaftsweise. Nach den Ergebnissen der seit vielen Jahrzehnten an der Westküste durchgeführten archäologischen Untersuchungen scheinen Zweifel an diesem Bericht durchaus begründet. Bei den ersten umfassenderen Untersuchungen von vor- und frühgeschichtlichen Siedlungen im Küstengebiet von Dithmarschen und Eiderstedt durch das Landesmuseum Hannover in den 1930er Jahren stand allerdings zunächst weniger die Frage nach den Lebensbedingungen der frühen Marschsiedler im Vordergrund als die Frage nach dem Verlauf der Meeresspiegelschwankungen während der letzten Jahrtausende. Dazu wurden an zahlreichen Siedlungsplätzen Sondiergrabungen durchgeführt, um Alter und Höhenlage der Wohnplätze zu ermitteln und daraus ehemalige Wasserstandshöhen abzuleiten. Diese Arbeiten führte später die Abteilung Marschen- und Wurtenforschung in Schleswig weiter, wobei nun auch verstärkt archäologische und geographisch-historische Fragestellungen in den Blickpunkt rückten. Nach einer Unterbrechung von einigen Jahrzehnten werden diese Arbeiten jetzt von der im Jahre 1989 vom Institut für Ur- und Frühgeschichte gegründeten Arbeitsgruppe Küstenarchäologie am Forschungs- und Technologiezentrum der Universität Kiel in Büsum fortgesetzt.

Die älteste Marschenbesiedlung in Norderdithmarschen

Gestützt auf kleinere archäologische Sondagen *(Abb. 2)*, lokal begrenzte Geländebegehungen und eine gerade begonnene archäologische Erfassung von Fundstellen läßt sich ein ungefähres Muster der kaiserzeitlichen Besiedlung in den Marschgebieten Norderdithmarschens erkennen. Die Siedlungsplätze sind in zwei parallel, von Norden nach Süden verlaufenden Reihen angeordnet *(Abb. 3)*. Sie wurden offenbar auf leicht er-

Abb. 1 Lage des Untersuchungsgebietes.

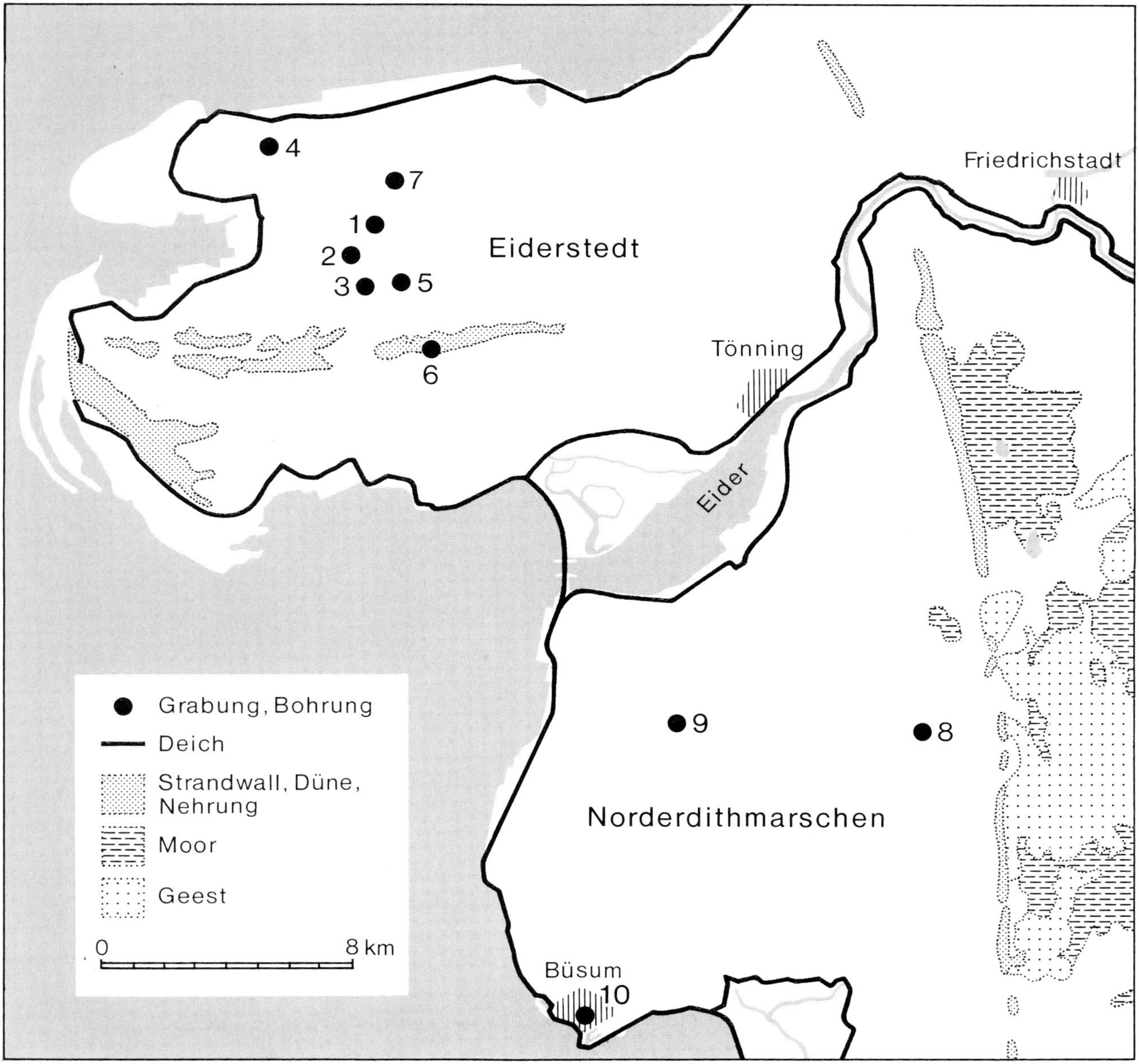

Abb. 2 Untersuchungen der Arbeitsgruppe Küstenarchäologie am FTZ-Westküste. 1–2 Deichschnitt St. Johannis-Koog 1989; 3 Deichschnitt Grudenkoog 1989; 4 Notuntersuchung Westerhever Deich 1990; 5 Warftschnitt Hundorf; 6 Notgrabung Marktplatz Garding 1991; 7 Deichschnitt Osterhever-Koog 1991; 8 Ausgrabung kaiserzeitliche Flachsiedlung Tiebensee 1991; 9 Profilaufnahme Norddeich 1991; 10 Bohruntersuchungen und Baustellenbeobachtungen Büsum 1991/1992.

höhten Flächen der alten Marsch, zum Beispiel an den Ufern von Prielen, angelegt. Geologische Untersuchungen deuten darauf hin, daß sich die alte Marsch hier nicht langsam nach Westen vorgebaut hat, sondern als ganze Fläche über das Mittlere Tidehochwasser aufwuchs. Als der Meeresspiegel kurz vor Christi Geburt abfiel, wurde die Marsch nur noch selten überflutet und damit besiedelbar; wie weit sie sich zu dieser Zeit noch nach Westen erstreckte, läßt sich heute nicht mehr feststellen. Die Dithmarscher Nordermarsch ist, wenn es auch auf den ersten Blick so scheinen mag, keine gleichmäßig flache Ebene, die nur nach Westen, zur ehemaligen Küstenlinie des Wattenmeeres ansteigt, sondern weist auch in den geestnahen Gebieten Höhenunterschiede von einigen Dezimetern auf. Natürlich wurden die höher gelegenen Plätze in den ersten nachchristlichen Jahrhunderten bevorzugt bebaut. Denn diese boten bei, wenn auch nur noch vereinzelt auftretenden, besonders hohen Sturmfluten zusätzlichen Schutz.

Die Verteilung der Siedlungsplätze in der Marsch von Norderdithmarschen *(Abb. 3)* läßt den Schluß zu, daß Menschen hier zunächst nahe dem Geestrand siedelten und dann weiter nach Westen vordrangen. Über den tatsächlichen Ablauf dieser Landnahme ist noch wenig bekannt. Offenbar sind viele Siedlungen bereits im 1. Jahrhundert n. Chr. angelegt worden. Die Größe der unmittelbar in Sichtweite der Geest angelegten Wohnplätze macht wahrscheinlich, daß die Besiedlung mit einzelnen Gehöftgruppen begann.

Aus den Ergebnissen der archäologischen Kartierung wurde für eine genauere Untersuchung eine Warft in Tiebensee ausgewählt *(Abb. 3)*, die in der östlicheren der beiden Reihen liegt. Mit etwa 50 m Breite, 100 m Länge und einer Höhe bis zu NN +3,0 m gehört sie zu den größten in dieser Reihe. Dennoch ist sie weit kleiner als die aus der gleichen Zeit stammende Großwarft Tofting in Eiderstedt.

Nach den äußeren Maßen der Warft Tiebensee zu urteilen, können hier allenfalls vier bis fünf Gehöfte gestanden haben. Dies stimmt auch mit Ausgrabungsbefunden der Warft Feddersen Wierde in der Wesermarsch gut überein, deren Besiedlung im ersten nachchristlichen Jahrhundert mit nur einer Gehöftgruppe, bestehend aus fünf Wirtschaftsbetrieben, begann.

Eine vollständige Ausgrabung der ausgewählten Warft war nicht möglich. In zwei zu kleinen Flächen erweiterten, 1,8 m tiefen Grabungsschnitten konnte eine der ältesten Siedlungen der schleswig-holsteinischen Marschen teilweise freigelegt werden. In der ersten Grabungsfläche wurden die Randbereiche zweier leicht aufgehöhter Wohnplätze der römischen Kaiserzeit erfaßt. Die NN +1,30 m hohe Marschoberfläche war durch Entwässerungsgräben trockengelegt worden. Den Aushub benutzte man zur Aufschüttung etwa 0,60 m hoher Kleipodeste für die Häuser. Auf dem im Grabungsschnitt 2 freigelegten Wohnplatz der älteren römischen Kaiserzeit war ein etwa 20 m langes und 5 m breites Wohnstallhaus errichtet. In seiner Konstruktion gleicht es den Häusern von Tofting in Eiderstedt. Es besteht wie diese aus einem Wohn- und einem Stallteil. Dessen Größe läßt vermuten, daß in insgesamt zehn Viehboxen etwa 20 Großtiere aufgestallt waren. Der Wohnteil des Hauses liegt im Osten, der etwas tiefer gelegene Stallteil im Westen. Zwischen den beiden Bereichen befanden sich an den Längsseiten die mit Schwellrahmen ausgelegten Eingänge. Paarig stehende Pfosten im Innenraum trugen das Dach. Außerhalb der Flechtwerkwände des Hauses waren bis 1,50 m breite Kleiwälle angeschüttet, die an den Eingängen unterbrochen waren. Der Anwurf der Wälle erfolgte vermutlich, als die Flechtwerkwand mit ihren dachtragenden Außenpfosten schon stand *(Abb. 4)*.

Das Haus ist mehrfach abgebrannt und wieder aufgebaut. Vor jedem Neubau wurde der Brandschutt planiert und mit Klei abgedeckt. Die dabei entstandene Schichtenfolge, rotschwarzer Schutt und Kleischichten, ist für die Ausgräber der Hinweis auf die mehrfachen Schadensfeuer an diesem Platz. Ob es sich dabei um Blitzeinschläge, leichtsinnigen Umgang mit Feuer

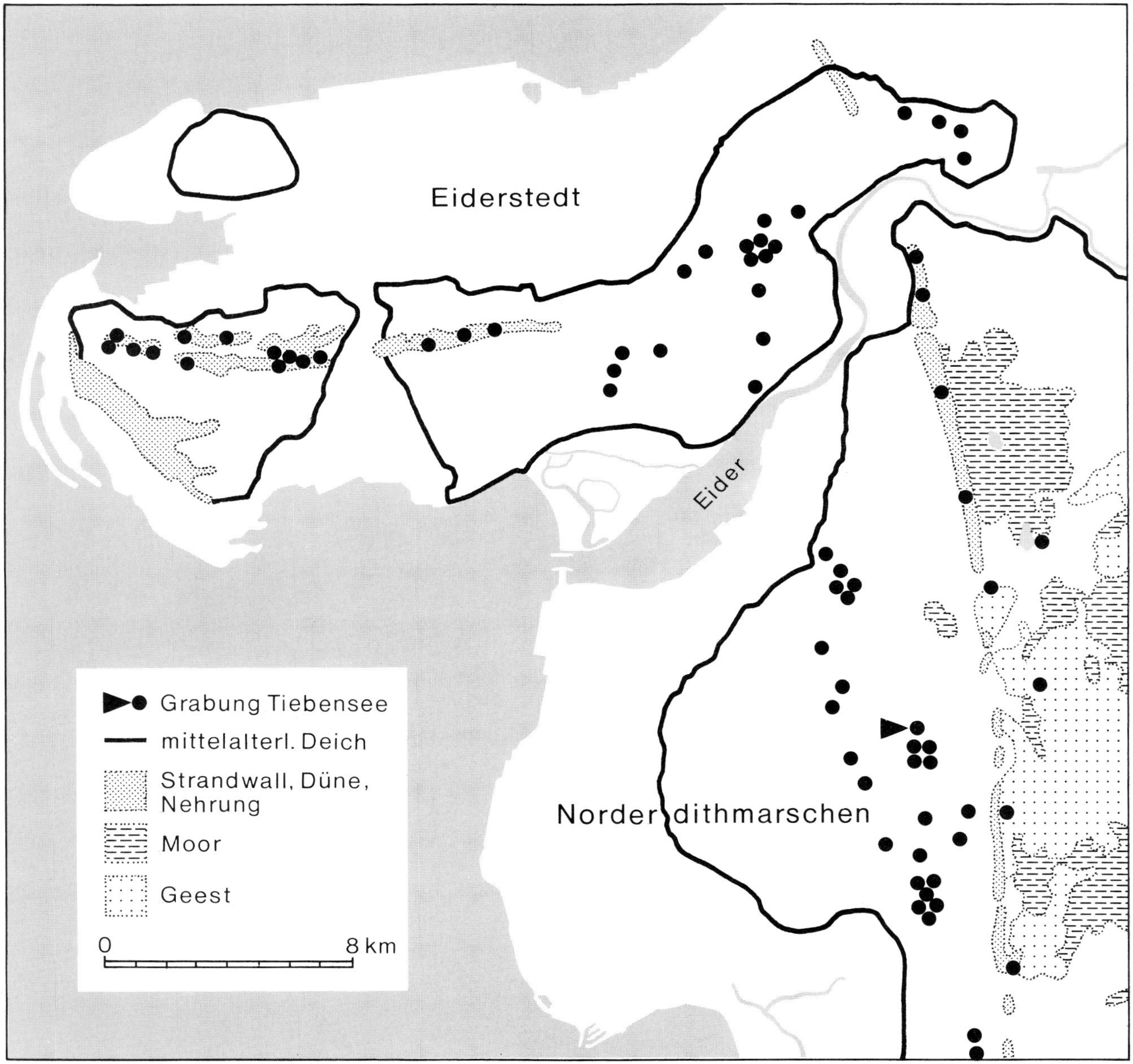

Abb. 3 Norderdithmarschen und Eiderstedt. Siedlungsplätze und Gräberfelder der römischen Kaiserzeit mit Einzeichnung des vermuteten mittelalterlichen Deichverlaufs. Die Ausdehnung der alten Marsch nach Westen ist unbekannt.

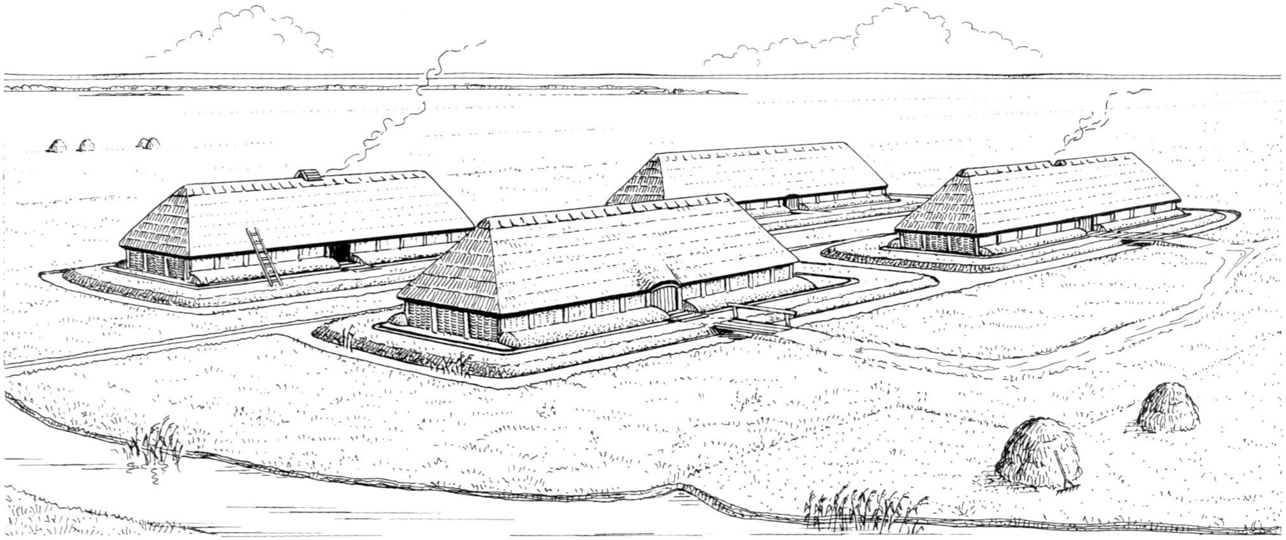

Abb. 4 Norderdithmarschen, Tiebensee. Flachsiedlung des 1.—2. Jahrhunderts n. Chr. Auf niedrigen mit Gräben eingefaßten Wohnplätzen stehen in westöstlicher Richtung Wohnstallhäuser.

oder gar Brandstiftung handelt, läßt sich natürlich nicht mehr rekonstruieren. Schließlich verzichtete man auf einen Neubau und nutzte den Platz anders. Davon zeugt ein Befund, der stratigraphisch jünger ist als der Schutt des Hauses. In diesen war eine Grube eingetieft, deren Wände mit Ton verschmiert waren. Daneben lag ein Scherbenpflaster, das außer anderen auch rotgeglühte oder durchlochte Scherben sowie den Fehlbrand eines Webgewichtes enthielt. Bei der Deutung kann man sich auf vergleichbare Beobachtungen auf der Warft Feddersen Wierde beziehen; danach handelt es sich um die Reste zweier Töpferöfen.

Solche Öfen bestehen aus einer Grube für das Brennmaterial. Sie ist abgedeckt mit einer Lochplatte aus Ton, auf der das zu brennende Geschirr steht. Darüber wird eine halbkugelförmige Kuppel gestülpt, die bis zu 1,5 m im Durchmesser und bis zu 1,3 m hoch sein kann. Sie hatte Öffnungen, durch die der Rauch abziehen konnte. Ob hier in Tiebensee nur Geschirr für eigenen Bedarf hergestellt wurde oder im Rahmen eines spezialisierten Handwerks wie auf der Feddersen Wierde, läßt sich nicht entscheiden.

Nach der gefundenen Keramik, zwei Bronzefibeln und mehreren pyramidenförmigen Webgewichten von einem Gewichtswebstuhl zu schließen, wurde das Haus im 1. Jahrhundert n. Chr., also vor fast 2000 Jahren, erbaut. Nach dem endgültigen Abbruch beziehungsweise der letzten Zerstörung wurde die Siedlung offenbar noch nicht verlassen, das bestätigt der Ofen. Vielmehr könnten an anderen Stellen noch Häuser gestanden haben, die länger bewohnt waren.

Völlig unklar in seiner Funktion und zeitlichen Stellung ist ein schmaler Graben, der einen Kreis von 6 m Durchmesser beschreibt und die Brandschichten des kaiserzeitlichen Hauses schneidet. Er ist mit Siedlungsmaterial der ersten beiden nachchristlichen Jahrhun-

derte verfüllt. Dem stratigraphischen Befund nach könnte er frühestens in der jüngsten kaiserzeitlichen Siedlungsphase, möglicherweise aber auch viel später angelegt worden sein.
Wahrscheinlich wurde die Siedlung am Übergang vom 2. zum 3. Jahrhundert n. Chr. aufgegeben, da das Hinterland durch eine sich ausbreitende Vermoorung immer schlechtere Wirtschaftsmöglichkeiten bot. Im Hinblick darauf liegt die Vermutung nahe, daß man nach Westen zur Küste hin auswich, wo die Marsch höher und daher weniger feucht war. So wurde parallel zur ältesten Siedlungsreihe von Tiebensee weiter westlich eine neue angelegt.

Im Mittelalter erfolgte eine geringfügige Erhöhung der Warft Tiebensee. Die Bewohner legten einen 2,80 m tiefen Brunnen an, der bis in die sandigen, wasserführenden Wattablagerungen des Untergrundes von oben her ohne Anlage einer Baugrube eingetieft war. Die Brunnenmündung lag in einer mittelalterlichen Humusaufschüttung. Innen war er mit Flechtwerk ausgekleidet. Sein Durchmesser verengte sich von 1,8 m an der Oberfläche auf 0,8 m auf dem Grund. Beim Bau wurde die südliche Wand des kaiserzeitlichen Hauses zerstört. Der in seinem Querschnitt runde Brunnen läßt sich seiner Konstruktion nach am ehesten mit Schachtbrunnen des hohen Mittelalters vergleichen, wie sie von Tofting her bekannt sind. Für dieses Alter spricht auch, daß er nicht mit Dung verfüllt worden ist, dies ist ebenfalls typisch für hochmittelalterliche Brunnen. Aus dem humosen und organischen Inhalt wurden keine datierbaren Funde geborgen. Nicht völlig auszuschließen ist ein wikingerzeitliches Alter, da auch in Elisenhof ein in seiner Konstruktion vergleichbarer Brunnen mit Flechtwerkwandauskleidung aus dem 8. Jahrhundert n. Chr. bekannt ist. Über den etwa 0,80 m mächtigen Siedlungsschichten der ersten beiden nachchristlichen Jahrhunderte ist bis zu 1 m mächtiger humoser Boden aufgebracht worden, der sowohl Funde des Mittelalters als auch der frühen Neuzeit enthält. Andere Spuren einer nachkaiserzeitlichen Bebauung ließen sich nicht finden.
Die Geländebegehungen und archäologischen Kartierungen zeigten, daß ebenso wie Tiebensee auch die meisten anderen Siedlungen in der Dithmarscher Nordermarsch das 3. Jahrhundert n. Chr. nicht überdauert haben. In der westlich von Tiebensee verlaufenden Wurtenreihe Hemme-Mühlenberg - Neuenkirchen - Haferwisch - Norderwöhrden - Süderwöhrden wurden nur auf zwei Plätzen jüngerkaiserzeitliche Scherben aufgelesen *(Abb. 3)*. Das Alter der noch weiter westlich gelegenen großen Dorfwarften Wesselburen, Hassenbüttel, Wellinghusen, Wöhrden ist bisher nicht bekannt. Aus einer Baugrube von Wesselburen sind Scherben des 9. Jahrhunderts geborgen worden. Daher ist nach unseren heutigen Kenntnissen eine Gründung dieser Dorfwarften in der Wikingerzeit wahrscheinlich. Allerdings spricht nichts dagegen, daß einige von ihnen noch am Ende der römischen Kaiserzeit entstanden. Der Bau dieser Warften und die Aufgabe der Siedlungsreihe bei Tiebensee könnten ursächlich miteinander zusammenhängen. Bislang stützen sich diese Vorstellungen auf nur unzureichende Kenntnisse. Daher sind weitere Ausgrabungen erforderlich, um eine zeitliche Abstufung der Siedlungen nach Westen hin nachzuweisen.
Auf der Feddersen Wierde vollzog sich während der römischen Kaiserzeit ein Wandel in der Besiedlungsstruktur. Hatte die älteste Siedlung im ersten Jahrhundert noch aus Einzelgehöften mit Umfassungsgräben bestanden, so folgte mit dem Wurtenbau seit dem 2. Jahrhundert teilweise ein Zusammenschluß mehrerer Häuser zu Mehrbetriebsgehöften. Diese waren überwiegend von Zäunen, nicht mehr von Gräben umgeben. Herausragend war ein Herrenhof im Zentrum der radialen Dorfanlage. Die Siedlung hatte im 3. und 4. Jahrhundert eine erhebliche Ausdehnung erreicht. Diese auf der Warft Feddersen Wierde detailliert nachgewiesene Ausweitung der kaiserzeitlichen Wohnplätze ist ebenso von der Warft Tofting im südöstlichen

Eiderstedt bekannt. Aus den im ersten Jahrhundert in einer Eiderschleife angelegten einzelnen Hofplätzen entstand im 3. Jahrhundert eine große Dorfwarft mit mehreren Häusern. Zu dieser Zeit waren jedoch die Siedler in Tiebensee möglicherweise bereits weiter nach Westen gezogen und hatten dort neue Niederlassungen gegründet. Keine der ältesten Marschsiedlungen in Norderdithmarschen zwischen Tiebensee und Wennemannswisch hatte eine ähnliche Größe wie Tofting oder Feddersen Wierde im 3./4. Jahrhundert erreicht.

Die nördliche Grenze der in der Kaiserzeit besiedelten Marsch an der südlichen schleswig-holsteinischen Westküste bildet eine quer durch Eiderstedt von Westen nach Osten verlaufende Nehrung, auf der neben älteren auch kaiserzeitliche Fundstellen, Siedlungen sowie Gräberfelder, durch die archäologische Landesaufnahme lokalisiert werden konnten. Im 5. Jahrhundert n. Chr. brach diese erste Besiedlung in den Marschen ab. Die germanischen Stämme, die an der Westküste wohnten, schlossen sich offenbar der Völkerwanderung an und hinterließen ein wohl, nach dem heutigen Forschungsstand zu urteilen, weitgehend menschenleeres Land.

Nördlich der Gardinger Nehrung zwischen dem Geestrand im Osten sowie alten Geestkernen und Nehrungen im Westen hatten sich in schlecht entwässerten, niedrigen Marschen seit der vorrömischen Eisenzeit große Schilfsümpfe, Bruchwälder und Niederungsmoore gebildet. Deshalb ließ sich dieses Gebiet wirtschaftlich nicht nutzen und so finden wir im heutigen nördlichen Eiderstedt, dem angrenzenden südlichen nordfriesischen Wattenmeer und auf den Marschinseln Pellworm und Nordstrand keine Hinterlassenschaften der ersten nachchristlichen Jahrhunderte. Stattdessen ist in Bohrungen und in den archäologischen Schnitten häufig ein Torfhorizont in Tiefen bis zu NN –1,00 m entdeckt worden, der, wie Altersbestimmungen mit der Radiokarbonmethode zeigen, ein Relikt dieser Vermoorung ist. Im Westen und Süden war das südliche Nordfriesland noch durch alte Moränenreste und Nehrungen dem direkten Einfluß des Meeres entzogen. Erst später wurden diese Nehrungen und alten Geestkerne soweit erodiert, daß sie ihre Funktion als Sperrgürtel verloren. Dies erfolgte sicherlich nicht während einer einzelnen katastrophenartigen Sturmflut, sondern im Laufe einer längeren Zeit, während der auch das südliche Nordfriesland wieder in den Einflußbereich des Meeres gelangte. In Bodenprofilen Nordeiderstedts und im Bereich des südlichen nordfriesischen Wattenmeeres ist dieser Landschaftswandel durch bis zu 1 m mächtige Kleiablagerungen über dem Torf dokumentiert. So läßt sich erst aus der naturräumlichen Entwicklung erklären, warum sich die Besiedlung der ersten vier nachchristlichen Jahrunderte in Eiderstedt auf die Nehrungen und die hoch aufgelandeten Flußmarschen des Eidermündungsgebietes sowie die alten Marschen Dithmarschens konzentrierte.

Friesen erschließen im Mittelalter neue Marschen

In der Wikingerzeit ließen sich an der schleswig-holsteinischen Westküste friesische Einwanderer vermutlich aus dem Küstenraum westlich der heutigen niederländischen Provinz Groningen nieder. Sie nahmen sowohl die schon in der Kaiserzeit genutzten Marschen in Dithmarschen und im südöstlichen Eiderstedt in Besitz als auch die bisher unbesiedelten Gebiete Nordeiderstedts und des südlichen Nordfrieslands.

Weitreichende Kenntnisse über diese Besiedlungsphase erbrachten die Ausgrabungen auf der wikingerzeitlichen Marschensiedlung am Elisenhof bei Tönning in Eiderstedt. Auf einem breiten, bis NN +2,20 m hohen Uferwall der Eider wurde im 8. Jahrhundert eine Flachsiedlung, bestehend aus mehreren Wohnstallhäusern angelegt. Zwölf solcher überwiegend nordsüdlich ausgerichteter Häuser, bis zu 32 m lang und bis zu 5,9 m breit, konnten freigelegt werden. Die Funde und

Befunde ergaben Informationen über den Aufbau der Siedlung, die Tätigkeiten der Bewohner, die Ernährung, die soziale Organisation der Siedlung bis hin zu Einzelheiten der Hauskonstruktionen. Die Ergebnisse aus dieser Ausgrabung können als repräsentativ für die Lebens- und Wirtschaftsweise von Marschensiedlern in der Wikingerzeit angesehen werden.

Hingegen hatte sich die Marschen- und Wurtenforschung in Schleswig-Holstein dem Zeitraum des Mittelalters und der frühen Neuzeit bis in die siebziger Jahre noch kaum zugewandt. Erst im Rahmen des Norderhever-Projektes wurden auf den Inseln und Halligen des südlichen nordfriesischen Wattenmeeres erstmals mehrere mittelalterliche Halligwarften durch Baggerschnitte untersucht, um Aufbau und Alter der Warften zu klären. Da keine größeren Flächen abgedeckt werden konnten, ließen sich Baubefunde nicht umfassend dokumentieren. Daran knüpften weitere landschafts- und siedlungsgeschichtliche Untersuchungen zum hochmittelalterlichen Landesausbau und zur frühen Bedeichung im südlich anschließenden Gebiet West-Eiderstedts. Erste Ergebnisse können hier bereits vorgestellt werden.

Nördlich der Gardinger Nehrung erstreckten sich um die Jahrtausendwende weite, durch Priele zerschnittene, niedrige Marschen mit einer Höhe von durchschnittlich etwa NN +0,60 m. Sie waren nach Überflutungen des Moores entstanden, das sich hier im letzten Jahrtausend v. Chr. ausgebreitet hatte. Über dem Torf liegt heute eine 1 m mächtige Kleischicht. Um die letzte Jahrtausendwende war diese Marsch nur noch selten überflutet und wurde vom Menschen als Lebensraum entdeckt.

Hatte sich die Marschenbesiedlung der römischen Kaiserzeit und der Wikingerzeit noch auf hochgelegene Marschen in Dithmarschen und im südöstlichen Eiderstedt beschränkt, wurden seit dem 11. und 12. Jahrhundert weitere Marschgebiete, vor allem im nördlichen Eiderstedt, nun erstmals besiedelt, wie eine archäologische Kartierung von Warften dieser Zeit zeigt *(Abb. 5)*. Über den mittelalterlichen Landesausbau sind wir aus zeitgenössischen historischen Quellen kaum unterrichtet. Die Ausdehnung der besiedelten Marschen läßt sich allenfalls aus der Erwähnung von Kirchengründungen, beispielsweise im *Chronicon Eiderostadense Vulgare,* indirekt abschätzen. Danach fallen die ältesten in Eiderstedt an den Beginn des 12. Jahrhunderts; sie deuten auf eine gewisse Siedlungsdichte im genannten Zeitraum hin. Aber der genaue Küstenverlauf vor dem 14. Jahrhundert läßt sich weder aus diesen Hinweisen noch anhand von Kirchen- und Steuererhebungslisten der Schleswiger Bischöfe aus den friesischen Gebieten rekonstruieren, höchstens die Größenordnung der bewirtschafteten Flächen. Zuverlässige Land- oder Seekarten, die den mittelalterlichen Verlauf der Küste darstellen, gibt es nicht. Die ältesten, seit der zweiten Hälfte des 16. Jahrhunderts entstandenen Karten sind von einer maßstäblich exakten Darstellung noch weit entfernt. Genauere Karten gab es erst zu Beginn des 17. Jahrhunderts durch so bekannte Kartographen wie Peter Sax oder Johannes Mejer. Denn schon damals wollte man mit Hilfe historischer Karten, wie beispielsweise mit der von J. Mejer, die den Zustand „bis an das Jahr 1240“ zeigt, die Landschaftsveränderungen an der Westküste dokumentieren. Trotz aller unsicheren Nachrichten aus dem Mittelalter scheint klar, daß die schleswig-holsteinischen Marschen schon vor den Katastrophenfluten des 14. Jahrhunderts umfassend besiedelt und bedeicht waren. Der Beginn und Verlauf dieser Landnahme ist jedoch nicht allein archivalisch, sondern nur in Kombination mit dem Spaten vor Ort zu erforschen und rekonstruieren.

Im nördlichen Eiderstedt ließen sich die ersten Siedlergruppen überwiegend in der Nähe von Prielen nieder und errichteten sofort aus Klei große, bis zu NN +3 m hohe Warften. Diese waren ein sicherer Zufluchtsort für Mensch und Vieh bei ungewöhnlich hoch auflaufenden Sturmtiden. Sie sind in ihrem Aufbau am be-

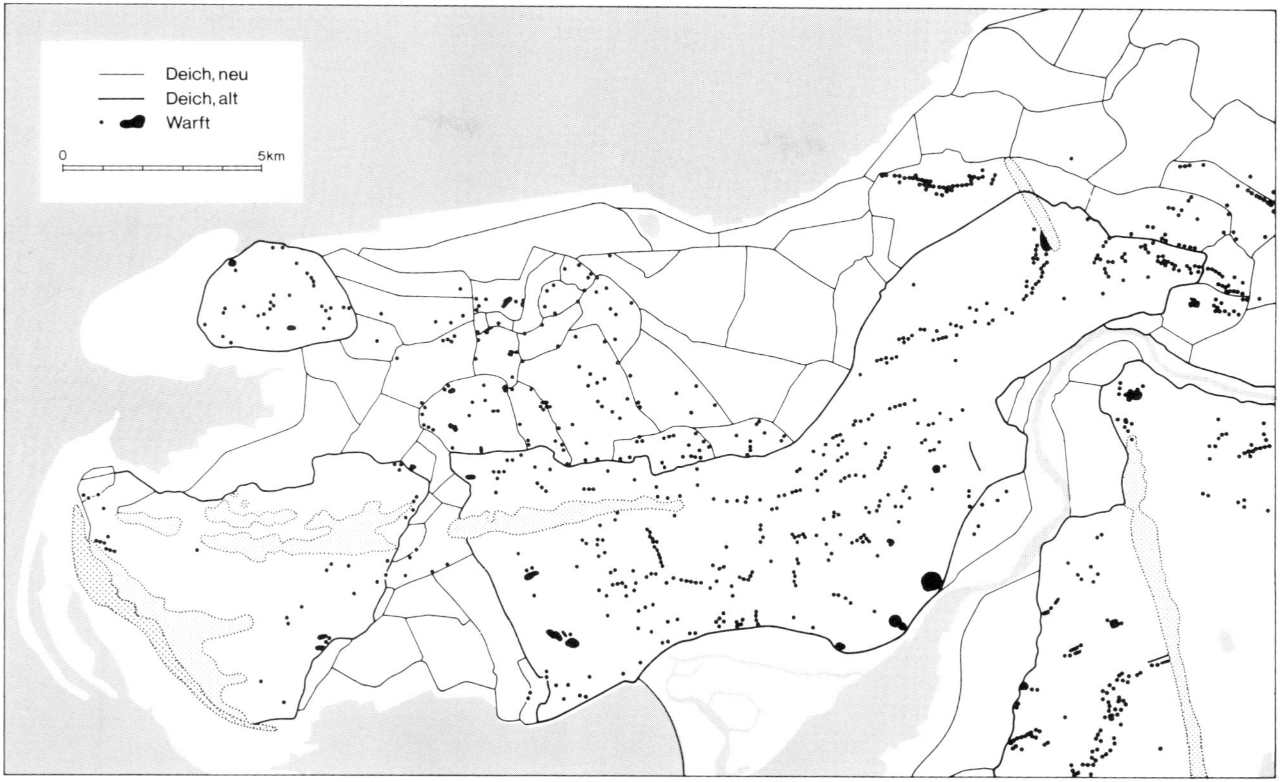

Abb. 5 Eiderstedt. Mittelalterliche und frühneuzeitliche Warften nach der archäologischen Landesaufnahme.

sten mit den Warften auf den heutigen Halligen in Nordfriesland zu vergleichen. Im Unterschied zu den eher langsam hochgesiedelten und mit Mist aufgehöhten Warften der römischen Kaiserzeit und der Wikingerzeit war nun eine schnelle Erhöhung des Wohnniveaus in der Marsch notwendig geworden, weil häufiger als zu Beginn der Besiedlung die Marschen überschwemmt wurden. Als besonders schwere Sturmfluten, bei denen große Landflächen im gesamten Küstengebiet betroffen waren, sind die Julianflut vom 17. 2. 1164, die erste Marcellusflut vom 16. 1. 1219 und die Luciaflut vom 14. 12. 1287 überliefert. Besonders weitreichende Folgen hatten Sturmfluten im 14. Jahrhundert, darunter die bekannte zweite Marcellusflut vom 16. 1. 1362 *(catalogus vetustus)*, bei der im südwestlichen Nordfriesland weite Teile der Kulturlandschaft zerstört und wieder ins Wattenmeer einbezogen worden sind.

Gegen solche Existenzbedrohungen durch das Meer mußte sich der Mensch schützen, wenn er an der Küste überleben wollte. Wie er das tat, ist eine der bei unseren Untersuchungen zu klärenden Fragen. Die erforderlichen Informationen müssen aus der Interpretation der Ausgrabungsbefunde und Funde gewonnen werden. Die Lebensweise der Halligbewohner, bevor diese mit Trinkwasser und Energie vom Festland aus versorgt wurden, kann am ehesten mit der der mittelalterlichen Siedler in einer nur ungenügend oder auch überhaupt noch nicht eingedeichten Marsch verglichen werden. So spielte die Sicherung der Wasserversorgung eine lebenswichtige Rolle, da Grundwasser wegen des hohen Salzgehaltes höchstens für die Tiere verwendet werden konnte. Das Wasser für Mensch und Vieh war streng voneinander getrennt. Trinkwasser für den Menschen konnte vom Dach aufgefangen und in flaschenförmigen Zisternen, wie man sie auch bei Ausgrabungen von mittelalterlichen Warften findet, gespeichert werden.

Da wir die Konstruktion mittelalterlicher Bauernhäuser in der Marsch kaum kennen, sind wir auf einen Vergleich mit den bis heute erhaltenen, aber höchstens 300 Jahre alten Hallighäusern, angewiesen. Findet man doch bei den Ausgrabungen häufig nur noch die alten Lehmfußböden, als Verfärbungen im Boden die Löcher von Pfosten, die die Wand- oder Dachkonstruktionen getragen haben, oder Reste der Außenwände in Form von Flechtwänden oder Grassodenmauern.

Die seit der frühen Neuzeit bekannten Häuser auf den Halligen sind Wohnstallhäuser mit niedrigen Wänden und tief herabgezogenen Reetdächern, in denen Menschen und Tiere unter einem Dach leben. Die Häuser stehen in westöstlicher Richtung, entsprechend der vorherrschenden Windrichtung. Ursprünglich handelt es sich um einen Ständerbau mit dachtragenden, etwa 1,5 m tief eingegrabenen Pfosten, die auf Feldsteinen ruhten. Wenn bei höheren Wasserständen auch die Wände eingedrückt werden konnten, so blieben Ständer und Dachkonstruktion noch erhalten. Zwischen der Außenmauer und den Ständern im Innern laufen in der Längsrichtung des Hauses schmale Seitenschiffe mit abgeschrägten Decken. Die Wände der Häuser bestanden nach den Angaben des Chronisten Heimreich (1688) aus Erdsoden, Wasen (Strohwülste) oder Reet-Fachwerk. Im Freilichtmuseum von Wyk auf Föhr ist noch ein Haus aus dem 17. Jahrhundert mit einer Sodenwand erhalten. Es ist charakterisiert durch ein besonders tief heruntergezogenes Dach und niedrige Seitenwände. Am Bauplan dieses Hauses werden sich Rekonstruktionsversuche mittelalterlicher Häuser auf der Basis von Ausgrabungsbefunden orientieren müssen.

Die bei den Untersuchungen in Eiderstedt angewandte Grabungstechnik nutzte die Erfahrungen aus dem Norderhever-Projekt; denn es hatte sich bestätigt, daß die mittelalterlichen Warften zunächst aus einem hohen Sockel aus Klei bestehen, der keine Siedlungsfunde enthält. Diese waren in der Regel nur im oberen Teil einer Warft zu erwarten. Zunächst wurde durch Bohrungen ermittelt, in welchen Niveaus unter der Warftoberfläche archäologisch wichtige Befunde zu erwarten sind. Ausgehend von diesen Informationen legte ein Bagger an einer Seite der vorgesehenen Grabungsfläche einen etwa einen Meter breiten Suchgraben an, der bis unter die älteste Siedlungsschicht eingetieft wurde. Seitwärts davon räumte der Bagger auf einer größeren, für die detaillierte Untersuchung vorgesehenen Fläche den Abraum über dem im Grabenprofil erkannten Befund vorsichtig ab. Danach bereiteten Grabungshelfer die Fläche für die Dokumentation vor. Nach Abschluß dieser Arbeiten konnte mit dem Bagger die Auflage über dem nächstälteren Siedlungsniveau abgehoben werden. Der im Vergleich zur Handarbeit kostengünstigere Einsatz maschineller Technik bei Untersuchungen mittelalterlicher Warften muß sich allerdings auf die Abräumung mächtiger fundleerer Kleiaufträge beschränken.

Eine kombinierte Schnitt- und Flächengrabung wurde erstmals nach dieser Methode im Jahre 1990 auf der mittelalterlichen Halligwarft Hundorf in Eiderstedt durchgeführt *(Abb. 2, 5)*. Sie liegt nördlich von Garding am Südrand des St. Johannis-Kooges im Verlauf der Trasse des Deiches, der zu den ältesten dieses Gebietes gerechnet wird. Es war daher zu erwarten, daß die Grabung einer Warft in diesem Koog Hinweise zum Verlauf der frühen, mittelalterlichen Besiedlung dieses Gebietes sowie eine archäologisch begründete Datierung des Deiches erbringt. Hundorf gehört zu einer Reihe ähnlich großer oder noch größerer Warften im westlichen Eiderstedt, wie Marne, Helmfleth und Osterhever, die den Beginn der mittelalterlichen Landnahme dokumentieren. Man kann annehmen, daß von diesen Großwarften aus auch erste, kleinere Marschgebiete eingedeicht wurden.

Auf der bis NN +4,20 m hohen Warft ist in der Mitte ein langgestreckter Fething vorhanden. Nördlich dieser 100 m langen und 50 m breiten Siedlungsstelle befindet sich eine weitere, aber kleinere Warft. Darauf durchgeführte Bohrungen lieferten keine Hinweise auf eine ehemalige Besiedlung.

Durch die Großwarft wurde ein 50 m langer und 10 m breiter Grabungsschnitt angelegt. Auf einer niedrigen, nur NN +0,69 m hohen Marschoberfläche erfolgte im 11./12. Jahrhundert eine Kleiaufschüttung bis zu einer Höhe von NN +3,00 m *(Abb. 6)*. Nach der Lage des Fethings auf der Warft zu urteilen, müssen die Häuser in westöstlicher Richtung seitwärts von diesem gestanden haben. Wegen der sehr schlechten Erhaltungsbedingungen läßt sich aus den dokumentierten Befunden nur ansatzweise die Bebauung anhand planierter Brandhorizonte erkennen. Der zeitliche Ablauf des Ausbaus ist mit Hilfe der in hinreichender Menge gefundenen Keramik, die dank der angewandten Grabungsmethode stratigraphisch differenziert geborgen werden konnte, gut zu verfolgen. Es handelt sich um mehr oder minder bauchige, einheimische Kugeltöpfe, deren Formen sich in das 11.–14. Jahrhundert datieren lassen. Die Warft wurde schon bald nach ihrer Gründung durch Anhäufung von Mistschichten in den Randbereichen erweitert. Bei einer zweiten Aufhöhung im 14. Jahrhundert sind die Spuren der älteren Besiedlung stark gestört worden. Nachgewiesen sind in den Profilen am Randbereich des ältesten Warftkernes Sodenpackungen. Die Gesamtzahl der Häuser auf der bis

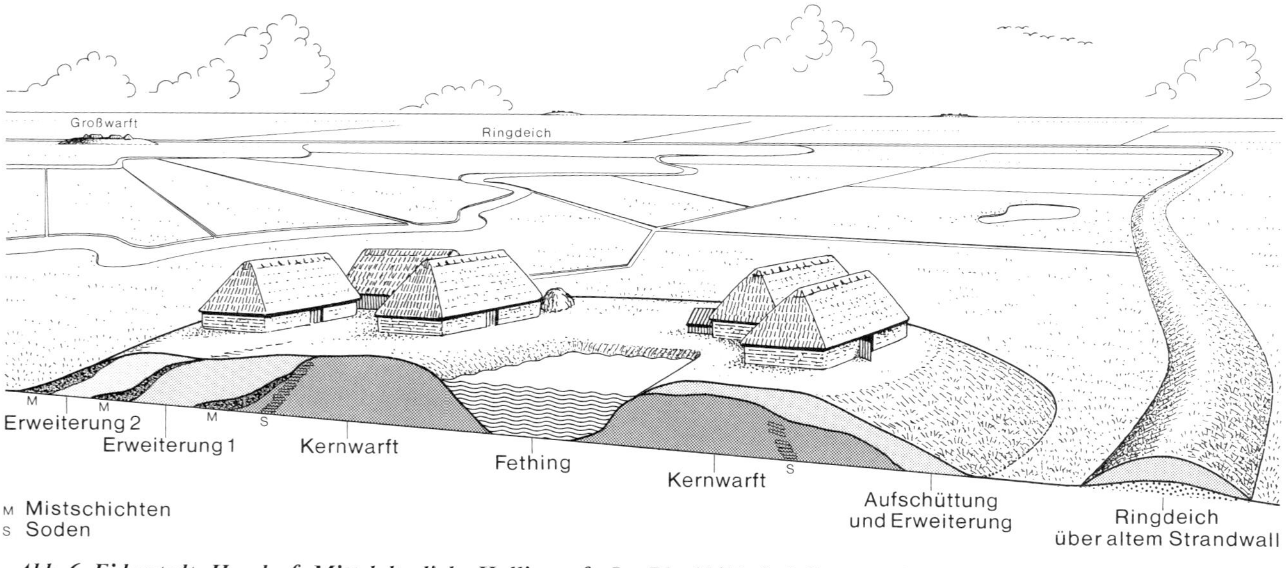

***Abb. 6** Eiderstedt, Hundorf. Mittelalterliche Halligwarft. Im Blockbild sind die randllichen Erweiterungen der in schneller zeitlicher Folge aufgehöhten Warft zu erkennen. Die Bebauung zu beiden Seiten des Fethings ist frei ergänzt.*

in das 14. Jahrhundert größer werdenden Warft läßt sich nur schätzen: Mehr als fünf bis acht dürften es wohl nicht gewesen sein, wenn man eine Hausgröße von 6×20 m zugrunde legt.
Auf dem nördlichen Teil der Warft bereitete die Deutung zweier rechteckiger langer Gruben zunächst Schwierigkeiten. Wahrscheinlich handelt es sich um Vorratsgruben, wie sie auch von Warften in den Niederlanden bekannt sind. Zu dieser Warftphase gehört wohl auch die Anlage eines in die Oberfläche der Warft nur flach eingetieften Sootes als Wasservorratsbehälter. Eine frühere Brunnenkonstruktion in Form einer quadratischen Grube hatte sich anscheinend als unbrauchbar erwiesen, da man bei ihrer Eintiefung auf ältere Mistschichten gestoßen war. Im 14. Jahrhundert hatte man die Warft, sicherlich wegen höher auflaufender Sturmfluten, um etwa 1 m auf NN +4,00 m erhöht. Auch die Bebauung dieser Siedlungsphase war, wie die der älteren, abgebrannt und anschließend planiert worden. Über den Grund der Brände am Ende des 14. Jahrhunderts lassen sich nur Vermutungen anstellen. Naturereignisse können ebenso wie kriegerische Ereignisse eine Rolle gespielt haben. So sind beispielsweise wiederholt Einfälle der Dithmarscher nach Eiderstedt überliefert. Danach spielte die Warft allenfalls noch sporadisch als Siedlungsstelle eine Rolle.
Ohne Zweifel sind die bereits erwähnten Großwarften als Ausgangspunkt der mittelalterlichen Besiedlung und Bedeichungen in Eiderstedt anzusehen. Diese Stellung kommt im St. Johannis-Koog der Warft Helmfleth zu. Das deutet sowohl die Größe des Platzes, seine zentrale Lage und das radial angelegte Wegenetz an. Es verbindet offenbar das Zentrum des Kooges mit den später gegründeten Gehöftwarften, an deren Lage sich wohl auch der Verlauf des Deiches orientiert.

Deiche schützen das Siedel- und Wirtschaftsland

Untersuchungen zum frühen Deichbau

Der Beginn des Deichbaues ging wahrscheinlich zunächst von den Marschbauern selbst aus. Erste Angaben über den Deichbau lassen sich dem westfriesischen Schulzenrecht seit dem 11. Jahrhundert entnehmen. Ausdrücklich wird dort der Kampf der Friesen gegen das Meer hervorgehoben. Im 12. Jahrhundert bestanden anscheinend schon vielerorts Deiche entlang der Nordseeküste, wie es für Nordfriesland der dänische Chronist Saxo Grammaticus beschreibt: „In der Nähe liegt auch Nordfriesland, welches von einem Vorgebirge Jütlands abbiegt und mit seinen tiefliegenden Feldern und dem abschüssigen Boden weit zurückreicht, aber Dank der Überschwemmungen durch den Ozean die größte Fruchtbarkeit erzielt. Ob diese gewaltigen Überflutungen den Einwohnern mehr nutzen oder Gefahr bringen, bleibt ungewiß. Denn wenn bei großen Unwettern die Deiche, durch welche dort die Fluten der See gewöhnlich aufgehalten werden, durchbrochen sind, so pflegt sich eine solche mächtige Wassermasse über die Felder zu ergießen, daß sie zuweilen nicht nur die Erträgnisse der Äcker, sondern auch Menschen nebst ihren Wohnungen begräbt.“
Mit dem Deichbau griff der Mensch seit dem 11./12. Jahrhundert schwerwiegend in die natürliche Landschaftsentwicklung des Küstenbereichs ein. Ziel des Deichbaus war, nicht mehr allein die Wohnplätze, sondern auch die Wirtschaftsflächen vor Überflutungen zu schützen. Anscheinend hatte man noch nicht erkannt, daß die Sturmfluten nicht nur zerstören, sondern auch durch Ablagerung von Schwebstoffen die Marschoberflächen aufhöhen und so den Veränderungen des Mittleren Tidehochwassers anpassen. Die Deiche schützten die Marschen vor Überschwemmungen durch leichtere Sturmfluten und verhinderten damit zumindest teilweise auch deren Aufhöhung. So verringerte sich der Abstand zwischen Mittlerem Tidehochwasser und Marschoberfläche allmählich, und die Marschen wä-

ren ohne Deichschutz wegen der Gefahr zu häufiger Überflutungen nicht mehr nutzbar gewesen.

Durch die Anlage eines systematischen Netzes von Entwässerungsgräben, deren Wasserstand durch Sieltore an den Ausflußstellen zum Wattenmeer geregelt werden konnte, war die Absenkung des Grundwasserstandes innerhalb eines Kooges fast bis zur Tideniedrigwassergrenze möglich. Tief liegende, feuchter oder gar vermoorte Marschgebiete waren nun wirtschaftlich zu nutzen, gleichzeitig wurde aber in Zeiten geringen Niederschlages dem Boden Grundwasser entzogen und dadurch Sackungen ausgelöst, die zu einer weiteren Erniedrigung der Landoberflächen führten. So hatten die Kultivierungsmaßnahmen neben positiven häufig auch negative Folgen, die sich meistens erst nach längerer Zeit sichtbar auswirkten und dann nicht mehr rückgängig zu machen waren. Beispielsweise kam es durch die intensive Nutzung der Marschflächen zu einer Verdrängung der artenreichen Flora aus mehr und weniger salzliebenden Pflanzen und zur Bildung eintönigen Graslandes.

Untersuchungen zur mittelalterlichen Siedlungsgeschichte der Eiderstedter Marschen konnten das Problem der Bedeichungen nicht unberücksichtigt lassen. Deiche sind eine archäologisch faßbare Reaktion des Menschen auf die Umwelteinflüsse an der Küste. Johannes Mejer datierte im 17. Jahrhundert ohne Begründung die Eindeichung des St. Johannis-Kooges in das Jahr 987, mindestens 100 bis 200 Jahre zu früh, wie die küstenarchäologischen Untersuchungen zeigen. Es gab gute Gründe, im nordwestlichen Eiderstedt frühzeitig Deiche zu bauen. Einerseits liegt die Marschoberfläche hier relativ niedrig, meistens um NN+0,7 m, und schon geringfügig über die durchschnittliche Höhe auflaufende Sturmfluten mögen zu Überschwemmungen geführt haben. Eine weitere Gefahr stellte ein von Süden kommendes altes Tief, die Süderhever, dar. Es kreuzte die in der Jungsteinzeit entstandene Eiderstedter Nehrung bei Garding, nahm westlich des St. Johannis-Kooges das Falls-Tief auf und umrundete ihn im Norden *(Abb. 7)*. Dies läßt sich noch heute aus topographischen, bodenkundlichen und archäologischen Karten erkennen.

Von diesem Tief ging für den St. Johannis-Koog mit seiner tief liegenden Marschoberfläche bei Sturmfluten eine besondere Gefahr aus. Sie vergrößerte sich, als der Meeresspiegel nach der letzten Jahrtausendwende, wie es im südwestlichen Nordfriesland nachgewiesen ist, zu steigen begann. Daher erwies sich in dieser Zeit der Schutz der Wirtschaftsflächen gerade in diesem Gebiet als besonders dringlich.

Es schien daher erfolgversprechend, hier mit Untersuchungen zum frühen Deichbau zu beginnen. Deren Ziel ist, den Aufbau von Deichen aus Profilschnitten zu dokumentieren und daraus deren Entwicklung, wie Erhöhungen, Erweiterungen oder Zerstörungen, zu erschließen und in einen zeitlichen Rahmen einzuhängen.

Ein Profilschnitt läßt sich rasch mit einem Bagger durchführen, da auf die Anlage von Grabungsflächen verzichtet werden kann. Wenn diese Arbeit abgeschlossen ist, werden die Profile mit Schaufel und Spaten geputzt und dokumentiert. Problematisch ist allerdings die Datierung solcher Bauwerke. Zum einen liefern Deichbauten nur ausnahmsweise archäologische Funde, die sich zeitlich einordnen lassen, zum anderen ist die Anwendungsmöglichkeit naturwissenschaftlicher Altersbestimmungen begrenzt. Das hängt damit zusammen, daß nur selten Hölzer verbaut worden sind, die sich dendrochronologisch datieren lassen, weil dazu gut erhaltenes Eichenholz erforderlich ist. Ferner ist zu berücksichtigen, daß man bei geeignetem Holz nicht unbedingt davon ausgehen kann, daß dieses nicht schon vorher an anderer Stelle verwendet worden ist und so das Ergebnis nur den Zeitpunkt angibt, nach dem der Deich gebaut wurde. Dieses Problem trifft auch für die Radiokarbonmethode zu, die zwar bei jedem Holz angewendet werden kann, deren Ergebnisse jedoch nicht so genau sind wie die der Dendrochronologie.

So war man bisher auf andere Kriterien bei der Beurteilung des Alters von Deichen angewiesen; die wenigen überhaupt untersuchten Deiche versuchte man, zeitlich nach der geometrischen Form ihrer Querschnitte einzuordnen. Diese Methode hat sich jedoch in neuerer Zeit, nachdem sich die Archäologie gezielter der Deichforschung angenommen hat, als völlig unzulänglich erwiesen. Neuerdings wird das Alter von Deichen nach der Höhe der Deichkrone geschätzt. Grundlage der Überlegung ist, daß das Mittlere Tidehochwasser und damit auch die Höhen der Sturmfluten im letzten Jahrtausend vorwiegend angestiegen sind. Dementsprechend müßte ein Deich um so höher sein je jünger er ist. Diese Methode liefert allerdings nur ein grobes, lokal nicht immer stimmiges Datierungsraster und läßt sich nur auf Deiche anwenden, deren Profil bekannt ist; denn ein noch heute bestehender mittelalterlicher Deich ist meistens durch nachträgliche Erhöhungen und Erweiterungen verändert worden.
Allgemein wird von folgenden Höhen der Deichkrone über Normalnull (NN) ausgegangen *(Tab. 1)*.

Tab. 1 Entwicklung der Deichhöhen in Nordfriesland.

Höhe des Deiches	*Datierung*
um NN + 1,60 m	*im 11./12. Jh.*
um NN + 2,00 m	*im 13./14. Jh. (bis 1362)*
um NN + 2,80 m	*im 14. Jh. (ab 1362)*
um NN + 3,40 m	*im 15. Jh.*
um NN + 4,00 m	*im 16./17. Jh. (bis 1634)*
um NN + 4,80 m	*im 17. Jh. (ab 1634)*

In Nordfriesland wurden bisher etwa 15 Deiche untersucht, keine große Zahl. Doch schon diese Schnitte zeigen, daß die Entwicklung des mittelalterlichen Deichbaues ganz anders verlief als vermutet. Lange Zeit nahm man an, daß erst holländische Deichbaumeister flache Deichböschungen in der frühen Neuzeit eingeführt haben. Die mittelalterlichen Deiche stellte man sich mit durchweg steilen Seeseiten und hölzernem Deichfuß vor. Deiche mit hölzernem Plankwerk errichtete man dort, wo kein Vorland vorhanden war. Wie die bisher durchgeführten Untersuchungen zeigen, waren auch im Mittelalter bereits flache seeseitige Deichböschungen die Regel. Unsere Vorstellungen vom frühen Deichbau sind daher revisionsbedürftig.
Die Deichuntersuchungen begannen im Jahre 1989 im Norden des Ringdeiches um den St. Johannis-Koog. Dort wurde mit einem Bagger ein 20 m langer und 6 m breiter Schnitt quer durch den Deich gelegt, der in Kombination mit einem zweiten Deichschnitt auf der Westseite des Kooges eine Rekonstruktion der Baugeschichte ermöglichte *(Abb. 2, Nr. 1–2; 8; 9)*. Es konnten mehrere Bauphasen unterschieden werden. Die Basis des ältesten Deiches liegt etwa bei Normalnull, sie mag ursprünglich höher gelegen haben; denn sie ist nachträglich durch das Gewicht des Deiches etwas gesackt. Die Deichkrone ist 1,2 m höher als die Marschoberfläche. Die seeseitige Böschung hat eine Neigung von 1:2, die landseitige von 1:1,5. Solche kleinen Deiche schützten das Wirtschaftsland gegen die vor allem im Sommer meist niedriger auflaufenden Sturmfluten. Bei den bevorzugt im Winter vorkommenden höheren boten die Warften sowohl dem Menschen als auch dem Vieh Schutz; denn diese waren auch im Mittelalter schon wesentlich höher als die Deiche. Nach seiner Kronenhöhe und der flachdreieckigen Form kann man diesen Deich wohl zu den ältesten an der schleswig-holsteinischen Küste überhaupt rechnen. Ähnlich frühe Deiche werden meistens in das 11./12. Jahrhundert datiert. In spätmittelalterlicher Zeit war eine Erhöhung notwendig geworden. Der flach auslaufende Fuß dieses Deiches ist mit Soden stark befestigt. Während einer dritten Erweiterung erhielt der Deich das heutige Aussehen *(Tab. 2)*.
Eine andere Möglichkeit zur Datierung des Ringdeiches um den St. Johannis-Koog schien sich bei der Warft Hundorf zu bieten. Ihr südlicher Teil reicht bis in die verlängerte Deichtrasse, so daß die zeitliche Abfolge zwischen Warft und Deich durch einen kleinen

Abb. 7 Eiderstedt. Das Fallstief. Oberer Bildrand: Teilstück des St. Johannis-Koog Ringdeiches, daran anstoßend Abriegelungsdamm des Tiefs.

Abb. 8 Eiderstedt. St. Johannis-Koog Deich. Mittelalterlicher Kerndeich mit abgetragenen Deicherhöhungen.

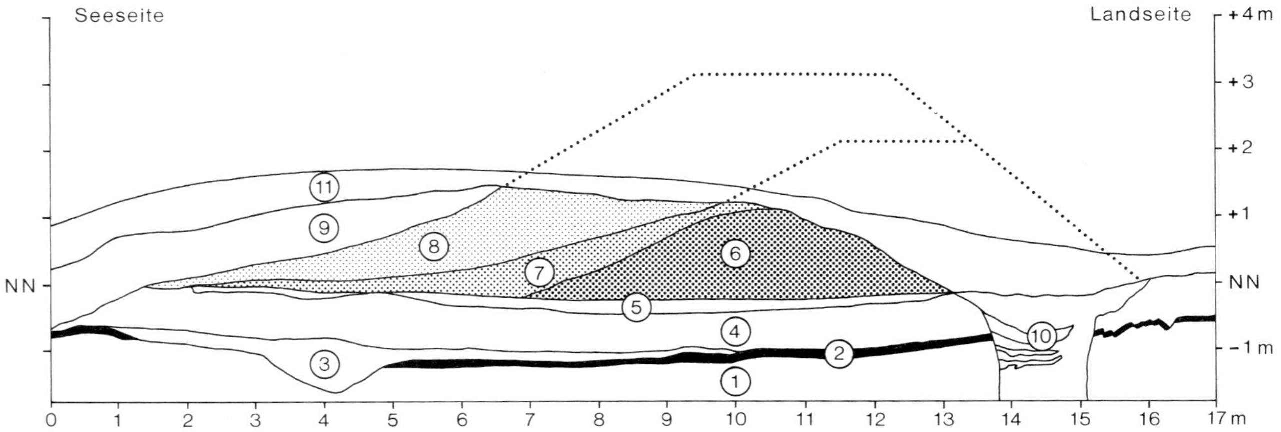

Abb. 9 Eiderstedt. St. Johannis-Koog Deich. Vereinfachtes Profil. 1 alter Klei,; 2 Torf der vorrömischen Eisenzeit; 3 zugeschlickter Priel; 4 junger Klei; 5 mittelalterliche Oberfläche; 6 Deich I; 7 Deich II; 8 Deich III; 9 Deichplanierung; 10 Graben; 11 Deichplanierung.

Suchschnitt stratigraphisch geklärt werden konnte. Danach war auf einer Marschoberfläche um NN +0,8 m ein niedriger, dammartiger, 60 cm hoher Deich mit flachen Böschungen aufgeschüttet. Dieser war mit Warftmaterial überlagert, das Funde aus dem 17. Jahrhundert enthielt. Beim Bau eines Brunnens war der Damm zerstört worden. Ein Seedeich im engeren Sinne scheint hier nicht gewesen zu sein, sondern eher ein Damm, der als Grenze gegen die feuchte im Süden anschließende „Leegesee" dienen sollte.

Tab. 2 St. Johannis-Koog Deich, Eiderstedt. Ausmaße der verschiedenen Deichbauten.

Deiche	*I*	*II*	*III*
Kronenhöhe zu NN	*+1,20 m*	*+3,00 m?*	*+3,50 m?*
relative Kronenhöhe	*1,20 m*	*+3,00 m?*	*+3,50 m?*
Setzungskorrektur um 0,25 m	*+1,45 m*	*+3,00 m*	*+3,50 m*
Böschungswinkel Seeseite	*1:2*	*1:4*	*1:4*
Böschungswinkel Landseite	*1:1,5*	*1:1,5*	*1:1,5*
Basisbreite in m	*6,0*	*11*	*14*
Kronenbreite in m	*–*	*1,5*	*2,5*
Datierung	*12. Jh.*	*15. Jh.*	*16. Jh*

Im Jahre 1991 wurde ein weiterer Schnitt durch den Osterhever Mühlendeich angelegt, der die mittelalterlichen Eindeichungen des Mimhusen- und Osterhever-Kooges nach Westen begrenzt *(Abb. 2, Nr. 7; 10)*. Der vom äußeren Eindruck her noch gut erhaltene Deich verläuft vom Ringdeich des St. Johannis-Kooges im Süden bis zum mehrfach bis 1559 zurückverlegten nördlichen Seedeich des Osterhever-Kooges. Aus der um die Mitte des 15. Jahrhunderts erfolgten Abdämmung des Fallstiefs kann geschlossen werden, daß der Mühlendeich vor der Eindeichung des anschließenden Heverkooges fertig gestellt worden ist. Ob er den frühesten Seedeich von Osterhever nach Westen markiert, ist zweifelhaft, da nach historischen Quellen im 14. Jahrhundert die Deiche längs des Fallstiefs so stark beschädigt worden sind, daß wohl eine Neuerrichtung notwendig war. Der Mühlendeich, in dessen geradlinigem Verlauf mehrere erweiterte Deichsiedlungen liegen, könnte daher ein spätmittelalterlicher Verbindungsdamm sein, um das Fallstief abzudämmen. Der vorgesehene Schnitt sollte Klarheit in diese komplizierte Bedeichungsgeschichte bringen.

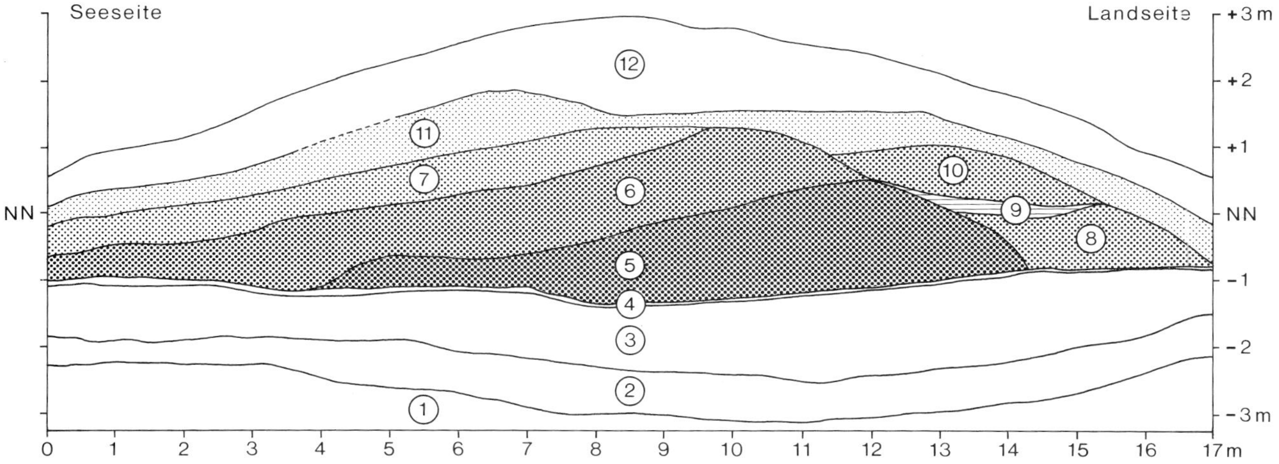

Abb. 10 Eiderstedt. Osterhever Mühlendeich. Vereinfachtes Profil. 1 feuchter sandiger Klei; 2 sandig bis toniger Klei; 3 toniger Klei; 4 mittelalterliche Oberfläche; 5 Deich I; 6 Deich II; 7 Deich III; 8 angeworfener Deichauftrag; 9 Sturmflutschicht; 10 angeworfener Deichauftrag; 11 Deich IV; 12 Planierschichten des Deiches.

Der Untergrund ist unter der Last des heute über 4 m hohen Deiches um möglicherweise bis zu einem Meter gesackt; dies ist nicht zuletzt auch auf die mächtigen Tonschichten im Untergrund zurückzuführen. Der im nördlichen Eiderstedt bei NN –1,00 m erfaßte Torf der vorrömischen Eisenzeit ist hier nicht vorhanden, vermutlich wurde er durch das Fallstief erodiert. Eine dünne mittelalterliche Marschoberfläche wurde zwischen NN –0,80 m und –1,30 m erfaßt. Insgesamt konnten vier Bauphasen unterschieden werden. Die seeseitigen Böschungen sind flach, die landseitigen steil. Der Fuß ist mit Soden befestigt *(Tab. 3)*.

Wie problematisch die Beurteilung ausgegrabener Deichbefunde sein kann, zeigt ein Schnitt durch den Deich, der am Übergangsbereich zwischen Süderhever und Fallstief, den Grudenkoog vom Medehoper Koog trennt *(Abb. 2, Nr. 3; 11)*. Auf dem hier erfaßten Torf der vorrömischen Eisenzeit lagen etwa 1 m mächtige Sturmflutschichten, über denen ein erster Deich aufgeworfen wurde. Eine ältere Marschoberfläche war nicht

Tab. 3 Osterhever Mühlendeich, Eiderstedt. Ausmaße der Deichbauten.

Deiche		*I*	*II*	*III*	*IV*
Kronenhöhe zu NN	*in m*	*+0,60*	*+1,20*	*+1,20*	*+3,50*
relative Höhe über Marschoberfläche		*2,00*	*2,60*	*3,00 ?*	*4,50 ?*
Setzungskorrektur um					
0,40 m	*(minimale Setzung)*	*+1,00*	*+1,60*	*+1,60*	*+3,90*
1,00 m	*(maximale Setzung)*	*+1,60*	*+2,20*	*+2,20*	*+4,50*
0,70 m	*(mittlere Setzung)*	*+1,30*	*+1,90*	*+1,90*	*+4,20*
Böschungswinkel Seeseite		*1:4*	*1:4*	*1:4*	*1:4*
Böschungswinkel Landseite		*1:1*	*1:1*	*1:1*	*1:1*
Basisbreite in m		*10,5*	*16 ?*	*18 ?*	*20 ?*
Kronenbreite in m		*1,0*	*2,0*	*2,5*	*?*
Datierung		*14. Jh.*	*14. Jh.*	*15. Jh.*	*16. Jh.*

mehr vorhanden. Durch Sturmfluten und vor allem landwirtschaftliche Maßnahmen ist der Binnendeich verebnet. Aus den historischen Quellen läßt sich allenfalls ableiten, daß im 14. Jahrhundert ein älterer größerer Gruden- oder Grodenkoog zerstört wurde und der zige Deich im Zuge der Wiedergewinnung eines verkleinerten Kooges nach dem 14. Jahrhundert entstand. Er rückte in die zweite Deichlinie, als der Holmkoog im 15. Jahrhundert gewonnen wurde.

Rückblick und Ausblick

Betrachtet man rückschauend die dargestellten Forschungsergebnisse, so ist der Eindruck durchaus zutreffend, daß wir heute über Leben, Siedlungsweise und Umwelt in den Marschen vor 1000 Jahren, also im frühen und hohen Mittelalter, weniger wissen als über die Marschensiedler vor 2000 Jahren. In diesem Kenntnisstand spiegelt sich in erster Linie das bisher vorwiegend auf die kaiserzeitliche und wikingerzeitliche Marschenbesiedlung ausgerichtete Forschungsinteresse wider. Außerdem waren die Erhaltungsbedingungen in den bisher auf mittelalterlichen Warften durchgeführten Grabungen sehr schlecht, so daß die Auswertung

Abb. 11 Eiderstedt. Grudenkoog/Medehoper Koog. Deichschnitt. Abgetragener Binnendeich auf mächtigen Sturmflutschichten über dem Torf der vorrömischen Eisenzeit.

der Befunde mit Schwierigkeiten verbunden ist. Dennoch wird künftig diese Materie mehr in den Mittelpunkt der Forschung gerückt werden müssen. Aus diesen Untersuchungen sind nicht allein Ergebnisse für die Archäologie zu erwarten, sondern in gleicher Weise auch für die landschaftsgeschichtliche Entwicklung und, damit eng verbunden, für die Meeresspiegelveränderungen dieses Zeitraumes im Bereich der schleswig-holsteinischen Westküste. Letztere sind ohne Auswertung archäologischer Grabungsbefunde kaum zu ermitteln.

Abschließend sei noch einmal der eingangs angeführte Bericht des römischen Schriftstellers Plinius aufgegriffen und in Frage gestellt: War es wirklich ein „elendes Volk", das in Dithmarschen oder andernorts an der Nordsee während der Kaiserzeit siedelte? Archäologische Untersuchungen an der Nordseeküste – und diejenigen aus Dithmarschen bestätigen das noch einmal – haben gezeigt, daß diese Beschreibung nicht den Tatsachen entspricht. Nach den Ausgrabungsbefunden waren die Marschensiedler in erster Linie Bauern, die Viehzucht und Ackerbau betrieben sowie sich auch handwerklich betätigten. Die Bebauung der großen Dorfwurten läßt eine deutliche Planung erkennen und zeigt vor allem in der jüngeren Kaiserzeit eine deutliche soziale Differenzierung. Die Umwelt beeinflußte die Anlage der Siedlungen. So finden sich in Dithmarschen reihenförmig angelegte, kleine Siedlungsplätze im Bereich der alten Marsch; in Eiderstedt sind weiter auseinanderliegende Dorfwarften vorherrschend. Sich örtlich verändernde Umweltverhältnisse, wie beispielsweise die sich in Dithmarschen ausbreitende Vermoorung, zwangen gelegentlich dazu, die Wohnplätze zu wechseln. Man blieb jedoch in der Marsch und zog sich nicht auf die Geest zurück, wie es wohl zu erwarten wäre, wenn man in der Marsch kein Auskommen gefunden hätte. Daß sich diese Küstenbewohner nicht von den römischen Legionen besiegen lassen wollten, erscheint uns heute verständlich, ganz im Gegensatz zu Plinius, der seinen Bericht mit den Worten schließt: „. . . und diese Menschen meinen, sie würden Sklaven, wenn sie vom römischen Volk besiegt werden. Viele verschont das Schicksal zu ihrem eigenen Schaden."

Weiterführende Literatur zur vor- und frühgeschichtlichen Besiedlung von Norderdithmarschen und Eiderstedt, auf die sich auch dieser Beitrag stützt, sind in der Bibliographie unter folgenden Nummern zu finden: 3, 4, 5, 6, 7, 9, 18, 20, 37, 46, 49, 67, 68, 69, 70, 72, 75, 91, 116, 117, 118, 119, 121, 122, 123, 124.

Frühgeschichtliche Eisengewinnung und -verarbeitung am Kammberg bei Joldelund

Frühe Industrie oder bäuerliche Selbstversorgung?

Von Silke Backer, Walter Dörfler, Michael Ganzelewski,
Alfred Haffner, Andreas Hauptmann, Hauke Jöns, Helmut Kroll
und Remmer Kruse

Einführung

Von Alfred Haffner

Bereits im 3. Jahrtausend vor Chr. wurde im Vorderen Orient der Werkstoff Eisen zur Herstellung von Geräten herangezogen. Im Verlauf des 2. und frühen 1. Jahrtausends gelangten dann einzelne Eisenobjekte, Schmuck, Werkzeuge, Waffen in das noch bronzezeitliche Mitteleuropa und, in ihrem Gefolge, schon bald die Kenntnis von deren Herstellung. Seit dem 8. Jahrhundert wurde auch nördlich der Alpen Eisen produziert. Jetzt konnte das riesige Potential mitteleuropäischer Eisenerzlagerstätten sinnvoll genutzt werden. Die Möglichkeit, weiches Eisen durch Aufkohlung zu Stahl weiterzuverarbeiten und so die Härte des Werkstoffes zu verbessern, waren deutliche Vorteile gegenüber der Bronze. Es war also weniger das Eisen, als vielmehr der Stahl, der sich als neuer Werkstoff letztlich durchgesetzt hat.

Auch an Nord- und Ostsee war Eisen seit der späten Bronzezeit bekannt. Nadeln aus Eisen und Messer mit eiserner Klinge gelangten als Beigaben in die Gräber. Dennoch vergingen einige Jahrhunderte, möglicherweise mehr als ein halbes Jahrtausend, bis auch hier Eisen in größeren Mengen produziert wurde. Zwar bezeugen Eisenschlacken und Schmiedewerkzeug aus Gräbern der vorrömischen Eisenzeit (ca. 500 v. Chr. bis um Chr. Geb.) ein spezialisiertes Schmiedehandwerk, ungeklärt ist jedoch immer noch, ob das hierfür benötigte Eisen importiert oder im Lande erzeugt wurde. Noch fehlen in Schleswig-Holstein Eisenverhüttungsanlagen, die mit Sicherheit in die vorrömische Eisenzeit datiert werden können. Erst für die ältere römische Kaiserzeit gelingt der Nachweis, daß auch hier im Rennfeuerverfahren aus Raseneisenerz Eisen hergestellt worden ist. Der Eisenverhüttungsplatz auf dem Kammberg von Joldelund ist seit den 1950er Jahren bekannt *(Abb. 1)*. Der Joldelunder Heimatforscher Markus Nielsen hatte ihn entdeckt und schon bald

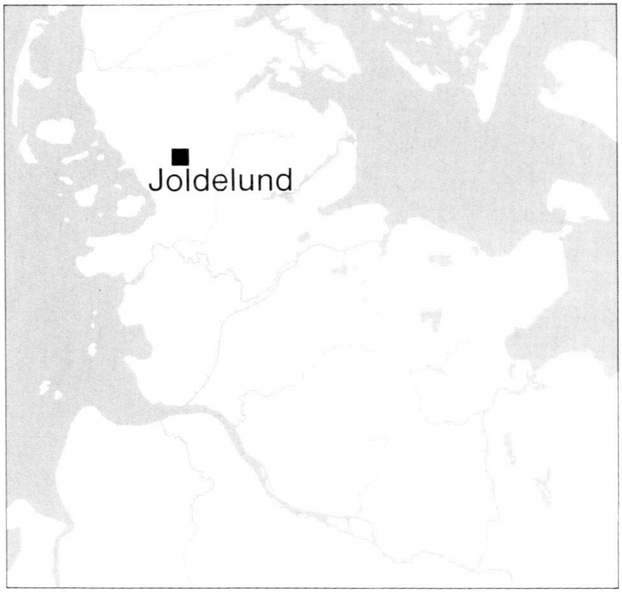

Abb. 1 Lage des Untersuchungsgebietes.

durchgeführte Sondierungsgrabungen im teilweise von Binnendünen überdeckten Kammberggelände erbrachten Überreste von Rennfeueröfen und anderen mit der Eisenproduktion zusammenhängenden Einrichtungen. Sehr erfolgreich verliefen auch erste, in den Jahren 1981 und 1985 durchgeführte geophysikalische Prospektionen.

Nach Abschluß dieser ersten Erforschungsphase des Kammberges stand fest, daß hier mit mehr als 8 ha einer der größten Eisenverhüttungsplätze Schleswig-Holsteins lag, daß die teilweise Überdünung gute Erhaltungsbedingungen der Produktionsanlagen garantierte und daß durch Einsatz naturwissenschaftlicher Methoden vor Beginn aufwendiger Ausgrabungen die Rennfeueröfen lokalisiert werden können.

Diese vielversprechenden ersten Ergebnisse führten im Jahre 1990 zu einer Wiederaufnahme und Intensivierung der Forschungen am Kammberg auf breiterer fachlicher Basis. Ziel unseres Vorhabens ist es, nicht nur die Technologie der Eisenverhüttung und -verarbeitung zu untersuchen, sondern ihren naturräumlichen, ökologischen, wirtschaftlichen und sozialen Kontext verstehen zu lernen. Wir wollen wissen, wann, wie lange, in welcher Größenordnung und von welchen Menschen hier Eisen erzeugt und verarbeitet wurde, wie die Arbeit organisiert war, wo die Siedlungen lagen und die Weiterverarbeitung zum Endprodukt erfolgte, welchen Einfluß die Verhüttung auf Vegetation und Landschaft, kurz auf die Umwelt hatte. Wie Archäologen, Archäometallurgen, Botaniker, Geographen und Geophysiker in eng aufeinander abgestimmter Zusammenarbeit diesen Fragen nachgehen, zeigen die folgenden Beiträge *(Abb. 2)*.

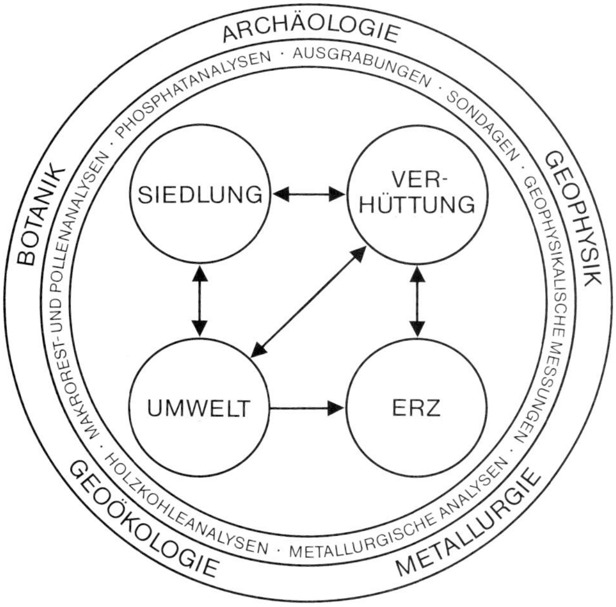

Abb. 2 Aufgabenverteilung im Joldelund-Projekt.

Naturraum Joldelund

Von Silke Backer

Das Untersuchungsgebiet von Joldelund liegt im Landesteil Schleswig, etwa 25 km südwestlich von Flensburg. Es ist Teil der während der Saale-Eiszeit entstandenen Altmoränenlandschaft und liegt auf einem von Südwesten nach Nordosten verlaufenden Endmoränenzug, der bis zu NN +30 m hoch und damit deutlich über die Umgebung herausgehoben ist. Wenn auch dieses Gebiet während der letzten Eiszeit nicht mehr von Eis bedeckt war, so ist die Oberfläche dennoch durch Bodenfließen und Windausblasungen – windpolierte Gerölle an den Oberflächen belegen das – weiter geformt worden. Unmittelbar westlich und östlich von Joldelund und in einem schmalen Streifen entlang des südlichen Hanges vom Kammberg steht Geschiebelehm an *(Abb. 3)*. Häufig wird er von einer mehr oder weniger mächtigen Flugsandschicht überlagert. Ferner treten kiesige Schmelzwassersande sowie eiszeitlich und nacheiszeitlich entstandene Flugsanddecken und, vor allem am Kammberg, auch Dünen auf.

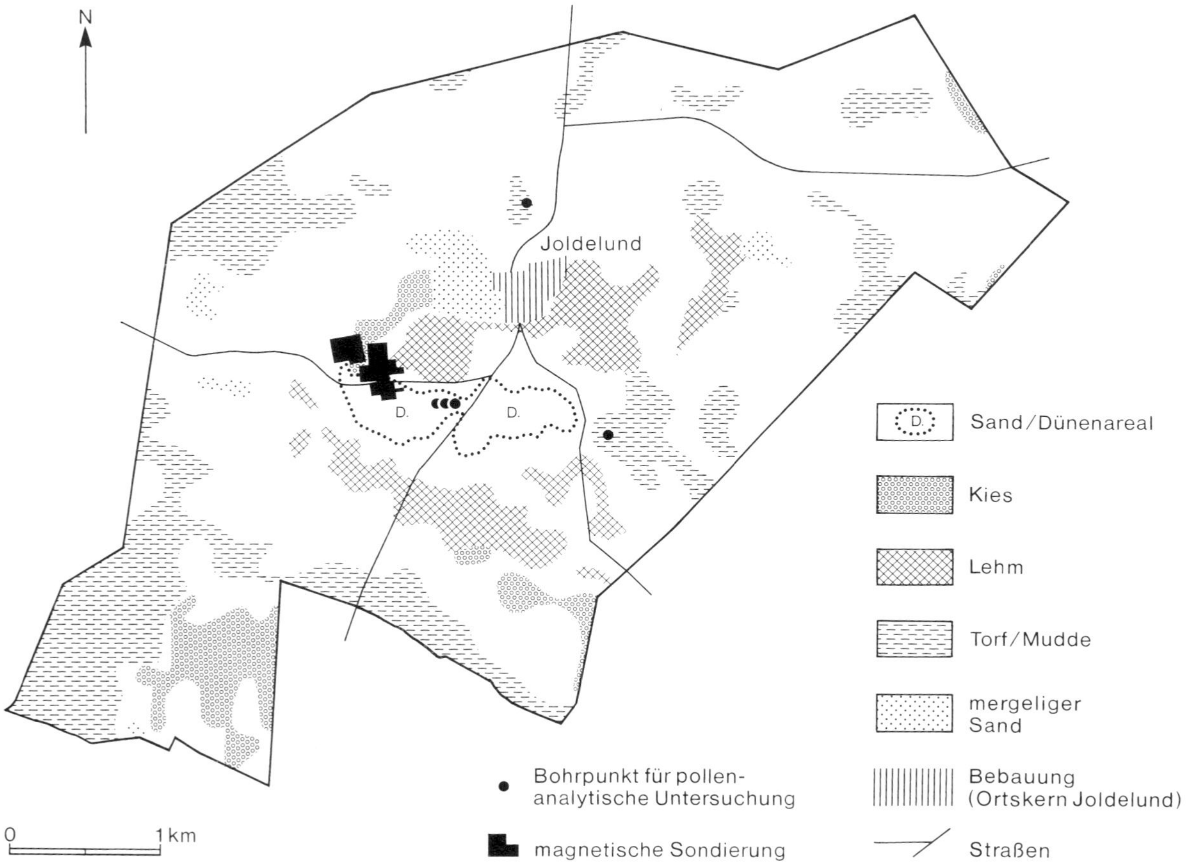

Abb. 3 Verbreitung der Bodenarten und Bohrpunkte für pollenanalytische Untersuchungen in der Gemarkung von Joldelund.

Anhand von zwei Bodenprofilen aus diesem Bereich läßt sich die jüngere Landschaftsgeschichte rekonstruieren. Das erste Profil ist etwa 1,1 m mächtig *(Abb. 4)*. Die älteste Schicht besteht aus Geschiebelehm des Warthe-Stadiums der Saale-Eiszeit. Auf dessen Oberfläche liegt eine Steinanreicherungszone mit windgeschliffenen Geröllen (Windkantern). Diese bilden die Basis der Flugsandakkumulation und bezeugen, daß der Wind den leichteren Sand weggeblasen hat. Darüber folgen etwa 90 cm Dünensand. In diesem liegt, etwa 50 cm unter der Oberfläche, eine schwach humose, holzkohlehaltige Schicht mit charakteristischen wurmröhrenartigen Ausstülpungen. Darunter ist der Sand schwach gebleicht. Es handelt sich hier um eine in Norddeutschland weit verbreitete, typische Bodenbildung, die während einer kurzen Wärmephase in der

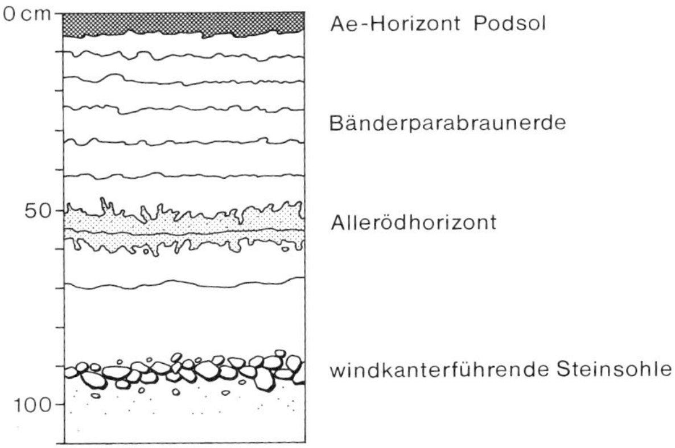

Abb. 4 Joldelund. Aufschluß mit spätglazialem Bodenprofil des Alleröd.

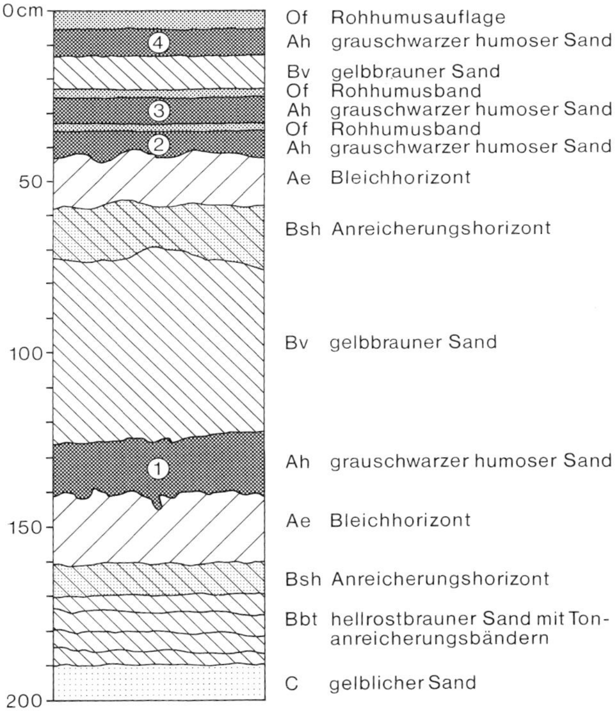

Abb. 5 Joldelund. Aufschluß mit vier übereinanderliegenden Bodenprofilen von der Grabungsfläche im Wald 1990.

Nacheiszeit, dem Alleröd, entstand und bereits früher andernorts datiert wurde. Die Sande darüber sind von zahlreichen dünnen, eisenhaltigen Bändern durchzogen, die als Folge einer Bodenbildung an der Oberfläche entstanden. Ein solcher Bodentyp wird als Bänderparabraunerde bezeichnet. Der Bleichhorizont an der Oberfläche stammt von einem anderen Bodentyp, einem Podsol, dessen Bildung eine Folge der Versauerung des Bodens ist.

Das zweite Profil besteht aus etwa 1,3 m mächtigem Flugsand über eiszeitlichen Sanden *(Abb. 5)*. Auf letzteren ist ein typischer Podsol ausgebildet, bestehend aus einem 18 cm mächtigen, humosen Oberboden, darunter einem Bleichsandhorizont (20 cm), der über der 10 cm dicken Anreicherungszone aus humosem, eisenoxidhaltigem Sand liegt. Über diesem unteren, charakteristisch ausgebildeten Podsol liegt zwischen 34 und 123 cm unter der Oberfläche ein weiterer weniger deutlich entwickelter. Der oberste Teil des Profils besteht aus zwei noch schwächer entwickelten Böden, die nur aus je einem Humushorizont und einer Rohhumusauflage bestehen. Sie sind wahrscheinlich in kurzen Zeiträumen entstanden und könnten sich während dieses Jahrhunderts nach der Aufforstung des Kammberges gebildet haben. Der älteste Boden in diesem zweiten Profil zeigt die Entwicklung bis in die römische Kaiserzeit. Die im Humushorizont des untersten Podsol gefundenen Schlacken und eine C-14-Datierung sprechen dafür, daß dieser Boden die ältere Landoberfläche gebildet hat. Wann die jüngeren Böden entstanden sind, ist – abgesehen von den bereits erwähnten Vermutungen – noch ungeklärt. Weitere Hinweise erbrachten pollenanalytische Untersuchungen, die schwache Sandverwehungen während der römischen Kaiserzeit sowie stärkere um 1000 und 1200 n. Chr. nachweisen konnten. Sie sind erste Hinweise auf eine anthropogen verursachte Landschaftsveränderung am Kammberg. Allerdings kann diese nicht großflächig erfolgt sein, darauf deuten die unterschiedlichen Bodenbildungen im Bereich des Kammberges hin.

Magnetische Vermessungen im frühgeschichtlichen Eisenverhüttungsgebiet am Kammberg

Von Remmer Kruse

Wie schon erwähnt, hatten die ersten geophysikalischen Prospektionen Störungen des Erdmagnetfeldes auf einer etwa 8 ha großen Fläche ergeben und so das Verhüttungsgebiet abgegrenzt. Die vollständige Ausgrabung eines Areals dieser Größenordnung war nicht möglich. Daher sollten durch weitere geophysikalische Voruntersuchungen in einem ersten Schritt zunächst Gruppen von ehemaligen Rennfeuerofenstandorten lokalisiert werden. Auf den vermessenen Flächen ließen sich dann in einem zweiten Schritt durch eine Verdichtung des Meßpunktrasters Lage und Anzahl einzelner Schlackengruben auch ohne Grabung bestimmen.

Die magnetische Prospektion – Prinzip und Methode

In der magnetischen Prospektion werden lokale Anomalien des globalen Erdmagnetfeldes gemessen. Diese resultieren aus einer unterschiedlichen Magnetisierung des Untergrundes. Ob ein verschüttetes archäologisches Objekt eine meßbare Störung des natürlichen Magnetfeldes der Erde verursacht, hängt daher vom Magnetisierungskontrast ab, der zwischen ihm und dem Boden, in den es eingebettet ist, besteht. Schlakkengruben, die Reste vorgeschichtlicher Eisenverhüttungsanlagen, sind aufgrund ihres hohen Gehaltes an magnetischen Eisenverbindungen eindeutig zu lokalisieren. Für die Messung der magnetischen Anomalien der Rennfeueröfen werden hochempfindliche, sogenannte Protonenmagnetometer eingesetzt *(Abb. 10)*. Auf den Meßflächen wird in einem vorgewählten Punktraster die Intensität des Erdmagnetfeldes in der Einheit Nanotesla (nT) bestimmt. In Schleswig-Holstein hat das Magnetfeld der Erde ungefähr eine Stärke von 49 000 nT. Die Protonenmagnetometer liefern diesen Wert in einem Meßzyklus von fünf Sekunden mit einer Genauigkeit von 0,1 nT. Vorgeschichtliche Rennfeueröfen verursachen Störungen im Erdmagnetfeld von bis zu einigen hundert Nanotesla.
Am Ende jedes Meßeinsatzes werden die gesammelten Daten in einem Computer gespeichert. Spezielle Rechenprogramme unterdrücken diejenigen Störungen, die nicht von Resten der Rennfeueröfen stammen, soweit dies möglich ist. Die resultierenden Daten liegen dann in Form geordneter Zahlenkolonnen vor. Um diese anschaulich darstellen zu können, werden sie weiter aufbereitet, indem die durch die Eisenverbindungen und Schlacken verursachten Störungen des Erdmagnetfeldes ermittelt und deren Intensitäten kartographisch als Grauwerte dargestellt werden. Starke positive Werte sind schwarz, starke negative Werte weiß wiedergegeben. Die Grauwerte dazwischen ermöglichen einen kontinuierlichen Übergang. Auf den gezeigten Abbildungen können 256 Graustufen unterschieden werden.

Die magnetische Anomalie einer Schlackengrube

Eisenhaltige Objekte, wie Ofenschlacken, die stark erhitzt wurden und dann im Magnetfeld der Erde abkühlen, nehmen eine starke, sogenannte thermoremanente Magnetisierung an. Im Falle der Schlacken vom Kammberg übersteigt diese Magnetisierung die zusätzlich vorhandene, vom Erdmagnetfeld induzierte um den Faktor 10. Dieser starke Magnetismus bleibt nach dem Erkalten im Gestein „eingefroren“. Die magnetische Anomalie eines vorgeschichtlichen Ofens wie auch die eines kleinen Stabmagneten gleicht der eines einfachen magnetischen Dipols. Zum Vergleich sind in *Abbildung 6* die über dem Rest eines Rennfeuerofens gemessenen Intensitäten (schwarze Punkte) und die nach dem Dipolmodell berechneten (durchgezogene Linie) zusammen dargestellt. Wie zu jedem Magneten

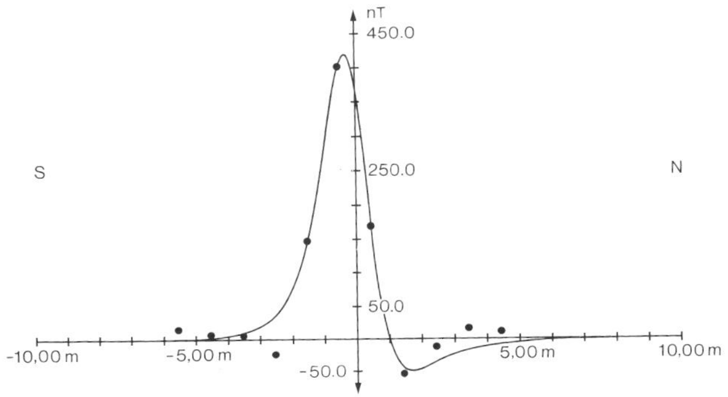

Abb. 6 Berechnete Modellkurve der magnetischen Anomalie über einem magnetischen Dipol (durchgezogene Linie). Einzelne Punkte bezeichnen tatsächlich gemessene Intensitäten einer Anomalie, die als Schlackengrube angesprochen wird.

ein Nord- und ein Südpol gehören, umfaßt die magnetische Anomalie einer Schlackengrube den stark positiven, sowie den weniger deutlich ausgeprägten negativen Teil der Kurve.

Zur Zeit der vorgeschichtlichen Verhüttung in Joldelund hatte das Magnetfeld der Erde die gleiche Ausrichtung wie heute. Entsprechend liegen die Minima einer Ofenanomalie (weiß) nördlich der Maxima (schwarz). Dies kann in den Graustufendarstellungen der magnetischen Störfelder allerdings nur dann beobachtet werden, wenn die Schlackengruben, also die Relikte der Rennfeueröfen, im wesentlichen unzerstört im Boden erhalten sind.

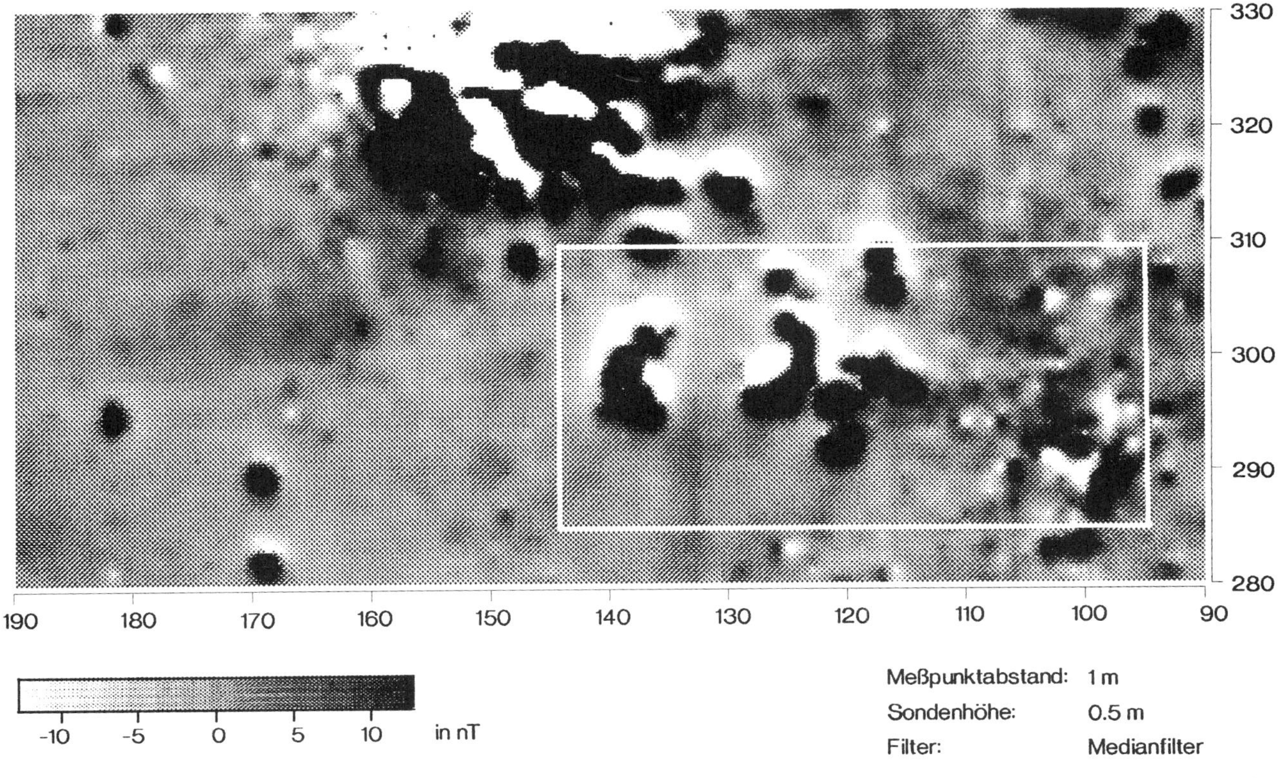

Abb. 7 Eine Übersichtsmessung nördlich des Kammberges auf der Fundstelle C. Anomalien von Ofengruppen sind durch starke positive magnetische Intensitäten (schwarze Flächen) in Verbindung mit negativen nördlich davon (weiße Flächen) gekennzeichnet. Innerhalb des weißen Rahmens (Grabungsfläche) liegen ungestörte Ofengruppen.

Die Störungen des Erdmagnetfeldes auf der Grabungsfläche im Bereich der Fundstelle C

Bei der großflächigen magnetischen Prospektion auf dem Kammberggelände kristallisierten sich einige Zentren der vorgeschichtlichen Verhüttungsaktivität heraus. In einem dieser Zentren fand 1990 eine erste archäologische Ausgrabung im Rahmen dieses Forschungsvorhabens statt. Durch die nun gewonnenen Ergebnisse konnte im darauffolgenden Jahr auf der Fundstelle C *(Abb. 17)* mit einer auf den Verhüttungsplatz Joldelund abgestimmten Meßkonfiguration zielgerichtet gearbeitet werden.

Die Rennfeueröfen am Kammberg waren in Gruppen angeordnet. Daher addieren sich die magnetischen Intensitäten der einzelnen Ofenreste zu einer Anomalie.

In *Abbildung 7* werden innerhalb der geschwärzten Flächen Konzentrationen von Schlackengruben vermutet. Es ist hier noch nicht möglich, ihre genaue Anzahl beziehungsweise ihre Lage anhand der Ergebnisse der Magnetik zu bestimmen. Um dies zu erreichen, muß mit einer größeren Meßpunktdichte gearbeitet werden. In *Abbildung 8* ist das Ergebnis der Messung auf der Grabungsfläche im Bereich der Fundstelle C zu sehen (in *Abb. 7* ist dieser Ausschnitt weiß eingerahmt). Die

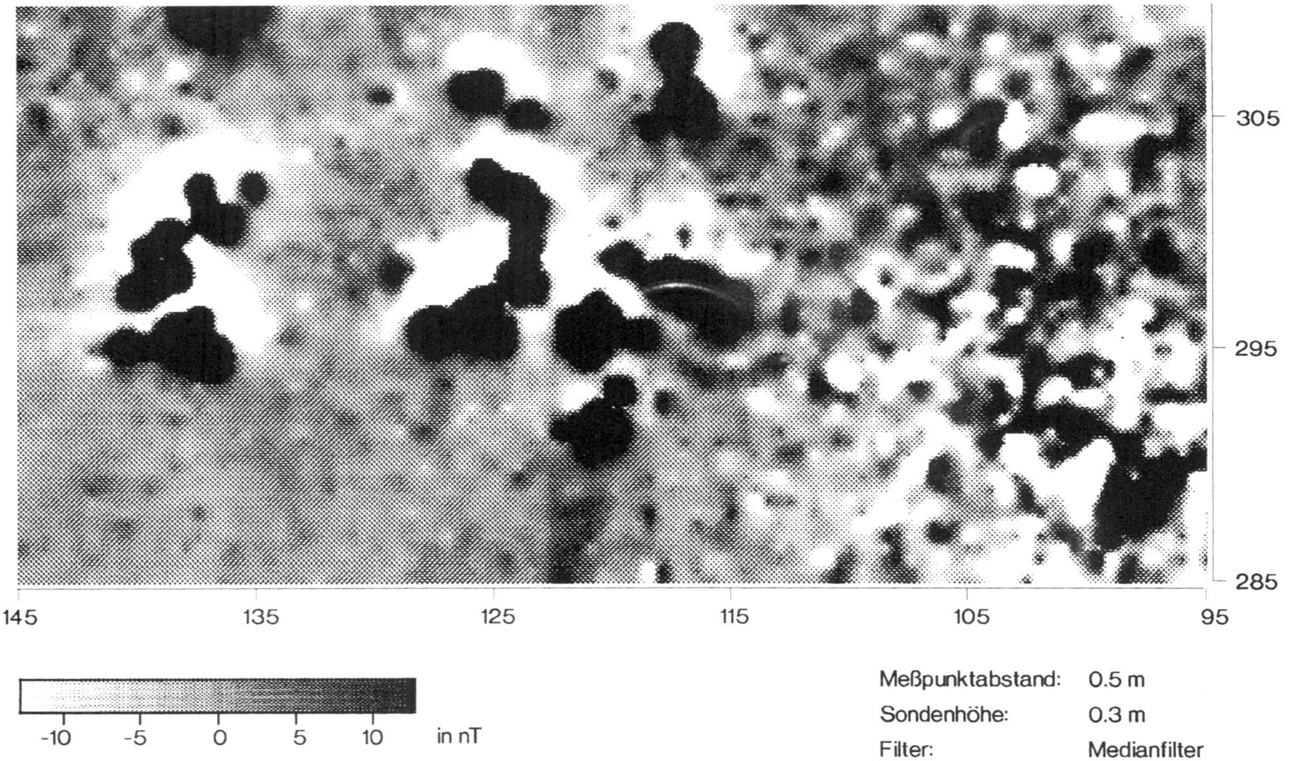

***Abb. 8** Ergebnis der magnetischen Vermessung nördlich des Kammberges auf der Grabungsfläche im Bereich der Fundstelle C (weißer Rahmen in Abb. 7).*

bessere Auflösung der einzelnen Objekte auf Grund der veränderten Meßparameter wird deutlich. Nur im linken Teil des Bildes ist mit ungestörten Resten von Rennfeueröfen zu rechnen. Hier befinden sich die Minima (weiß) nördlich der Maxima (schwarz). Im rechten Teil der Abbildung ist dies nicht zu beobachten. Bei diesen Anomalien handelt es sich um im Boden statistisch verteilte Schlacken.

Genau können die einzelnen Ofenreste innerhalb einer Gruppe allerdings nicht separiert werden. Eine Verdichtung der Meßpunkte über einen Abstand von 0,5 m hinaus kommt wegen des hohen Zeitaufwandes mit den zur Verfügung stehenden Meßgeräten nicht in Frage. Als Alternative zur Verbesserung ihrer Qualität müssen die Daten am Computer weiter bearbeitet werden, um detailliertere Informationen über die einzelnen Schlackengrubenfelder zu erhalten. Für ein solches Datenfeld bietet sich eine zweidimensionale Bandpass-Filterung an. Damit das Ergebnis nicht durch starke Schwingungseffekte im Bereich der „spikeähnlichen“

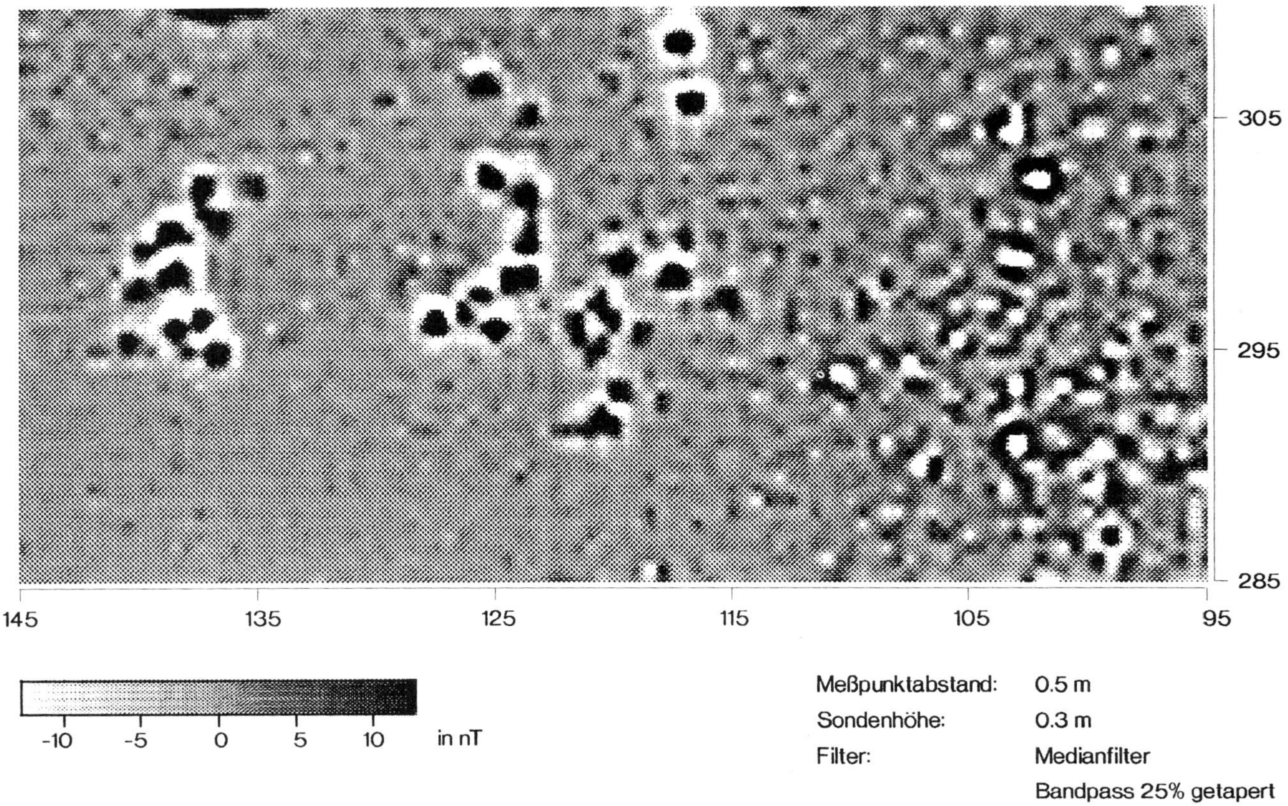

***Abb. 9** Nach der Bandpassfilterung der magnetischen Messung nördlich des Kammberges auf der Grabungsfläche im Bereich der Fundstelle C lassen sich nun einzelne Schlackengruben auflösen.*

Abb. 10 Joldelund. Geländemessung der magnetischen Totalfeldstärke mit einem Protonenmagnetometer.
Abb. 11 u. 12 Unregelmäßig angeordnete Gruppe von Schlackengruben nach dem Abtragen der Ackerschicht während der archäologischen Untersuchung.

Abb. 13 u. 14 Joldelund. Ausgrabungshelfer beim Freilegen und Zeichnen von archäologischen Befunden.
Abb. 15 Joldelund. Profile einer Gruppe von Schlackengruben aus dem Bereich der Fundstelle A.

durch Schlackengruben hervorgerufenen Anomalien verfälscht wird, muß ein Datensatz vor der Filterung aufbereitet werden. Hierzu wird die Zahl der Daten mittels Interpolation auf das Sechzehnfache vergrößert, was einem Meßpunktabstand von 0,125 m entspricht. Dieser einfache Trick erlaubt eine bessere Wahl der Filterparameter und führt schließlich zu einer hohen Auflösung. Innerhalb der vorher geschwärzten Flächen werden nun Anomalien aufgelöst, die einzelnen Schlackengruben zugeordnet werden können *(Abb. 9)*. Ein Vergleich dieses Ergebnisses mit dem Grabungsbefund zeigt die gute Übereinstimmung *(Abb. 20)*. Unter den gleichen Bedingungen läßt sich auch in anderen Schlackengrubenfeldern die Auflösbarkeit verbessern, so daß einzelne Öfen erkennbar werden. Wünschenswert ist allerdings, die Datendichte durch tatsächlich gemessene Werte zu erhöhen.

Dem mit dieser Materie vertrauten Leser stellt sich die Frage, warum mit der Magnetik keine Siedlungsspuren festgestellt wurden, wie teilweise auf anderen Fundplätzen. Innerhalb des glazial geprägten Kammberges herrscht der Bodentyp Podsol vor, der durch eine mit Eisen angereicherte Ortsteinschicht im Untergrund charakterisiert ist. Dieses Eisen verursacht großflächig zusätzliche Störungen des Erdmagnetfeldes („Grundrauschen"), aus dem die weniger markanten, durch Siedlungsspuren (Hauswände, Pfostenlöcher) hervorgerufenen Anomalien nicht mehr herauszufiltern sind. Die archäologisch-geophysikalische Kooperation hat sich im frühgeschichtlichen Eisenverhüttungsrevier des Kammberges als besonders erfolgreich erwiesen. Dank der magnetischen Prospektion konnte vor Grabungsbeginn nicht nur die Ausdehnung des Areals ermittelt werden, sondern durch Einsatz geeigneter Datenverarbeitungsmethoden sogar die Lage einzelner Verhüttungsöfen lokalisiert werden. Auf der Basis dieser Ergebnisse ließen sich einerseits gezielt Ausgrabungen ansetzen, andererseits langwierige, nicht immer erfolgreiche Suchgrabungen vermeiden.

Archäologische Forschungen am Kammberg

Von Hauke Jöns

Auf der Schleswiger Geest sind an zahlreichen Stellen Eisenschlacken zu finden, die auf eine Verhüttung von Raseneisenerz zu schmiedbarem Eisen hinweisen. Von besonderer Bedeutung ist der Eisenverhüttungsplatz am Kammberg bei Joldelund, Kreis Nordfriesland.
Betrachtet man die Verteilung von Eisenschlackenfunden im Bereich der Gemarkung Joldelund, so sind außer dem auf einer Altmoränenkuppe gelegenen, sich über ca. 8 ha erstreckenden Fundplatz am Kammberg noch eine Reihe weiterer Fundplätze zu erkennen *(Abb. 16)*. Diese sind jedoch auf sehr viel kleinere Areale beschränkt und liegen in der Regel, wie auch sonst auf der Schleswiger Geest, im Bereich von kleinen Bachläufen in der Nähe von Raseneisenerzvorkommen. Schon der Unterschied in der topographischen Situation und die Ausdehnung lassen auf eine besondere Bedeutung des Kammberges schließen. Die diesem Fundplatz am nächsten gelegenen Raseneisenerzlagerstätten sind aus den südlich und nördlich anschließenden Niederungsgebieten von Neue Au und Goldebeker Mühlenstrom bekannt.
Als zu Beginn der 1950er Jahre ein Binnendünengelände im südlichen Teil des Kammberggeländes aufgeforstet wurde, um die fortwährende Versandung der umliegenden Ackerflächen zu beenden, kamen unter diesen Dünen sowie in der nördlich anschließenden Gemarkung zahlreiche Schlackenfundstellen und die Überreste von Eisenverhüttungsöfen zutage. Erste Ausgrabungen zeigten, daß es sich dabei überwiegend um die Schlackengruben eingetiefter Schachtrennfeueröfen handelt.
Erst 1980 gelang es, durch Messungen von Störungen des Erdmagnetfeldes auf einem Teil des Verhüttungsplatzes eine Kartierung von Schlackenkonzentrationen anzufertigen. Anschließend durchgeführte Probegrabungen ließen erkennen, daß in Bereichen starker magnetischer Anomalien sowohl mit Eisenverhüttungs-

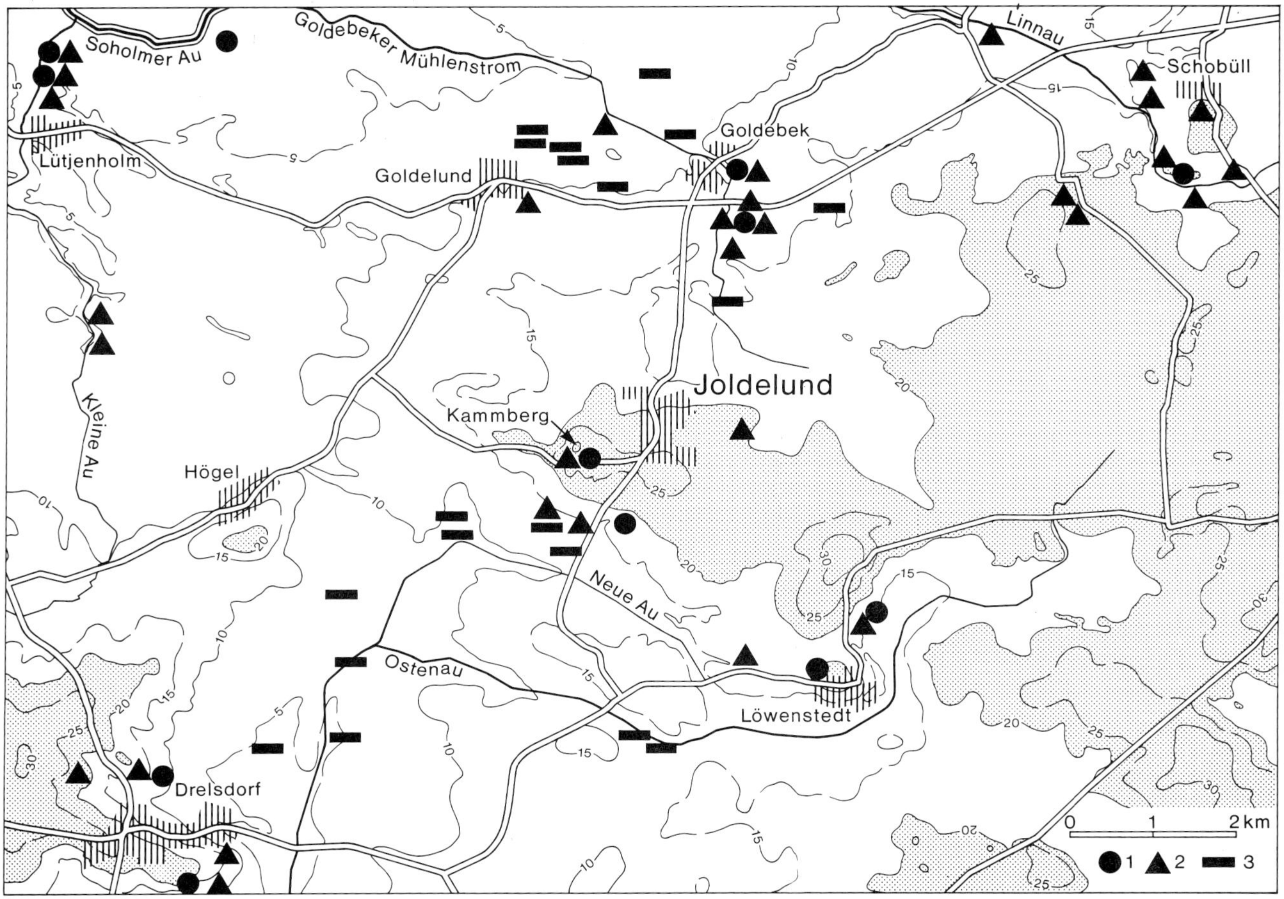

Abb. 16 Verteilung der eisenzeitlichen Fundstellen im Nahbereich des Kammberges. 1 Siedlung, 2 Schlackenfundstelle, 3 Raseneisenerzlagerstätte.

als auch mit Verarbeitungsanlagen zu rechnen ist. Ausgehend von diesen Ergebnissen wurden weite Teile des durch Schlackenfunde ausgewiesenen Verhüttungsareales geophysikalisch vermessen *(Abb. 17)*. Dabei deuteten auffällige magnetische Anomalien im südlichen Teil (Fundstelle A), auf den nördlich anschließenden Ackerflächen (Fundstelle B) und besonders stark ausgeprägte Störungen des Erdmagnetfeldes am nordwestlichen Rand des Kammberges (Fundstelle C) auf Eisenverhüttungszentren hin. Auf diese drei Areale konzentrieren sich die archäologischen Arbeiten des derzeitigen Forschungsvorhabens.

Im Bereich der im Wald gelegenen Fundstelle A wurde aufgrund des dichten Baumbestandes nur eine Fläche von 32 m^2 untersucht, die an eine bereits 1980 ausgegrabene angrenzt. Günstigere Voraussetzungen waren

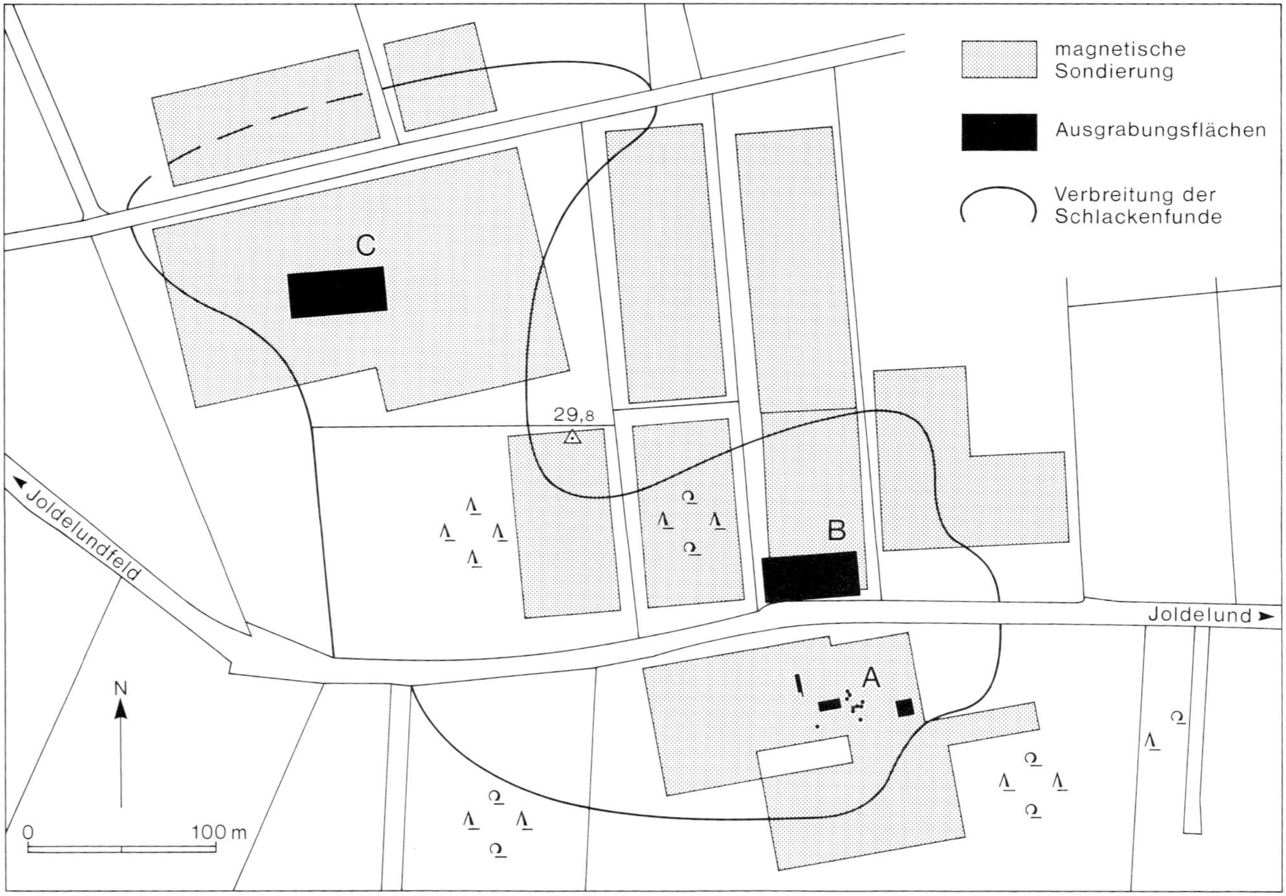

Abb. 17 Übersicht über die prospektierten und ausgegrabenen Flächen am Kammberg, Joldelund.

dagegen bei den Fundstellen B und C gegeben, die sich auf Weiden beziehungsweise Äckern befanden. Hier konnten Flächen von 1000 m^2 und 1250 m^2 freigelegt werden. Nachdem die ungefähr 30 cm mächtige Humusschicht maschinell abgetragen war, kamen die archäologischen Befunde zum Vorschein und ließen sich in Handarbeit sorgfältig freilegen, dokumentieren und untersuchen *(Abb. 13; 14)*.

Innerhalb der Grabungsflächen im Bereich der Fundstellen B und C hatten sich 22 beziehungsweise 45 Schlackengruben als holzkohlehaltige, mit Schlackenbrocken durchsetzte Verfärbung erhalten. Diese Überreste von Rennfeueröfen lagen in Gruppen ohne erkennbare Ordnung zusammen. Mehrfach ließen sich Überschneidungen beobachten, die darauf hindeuten, daß nicht alle Rennfeueröfen gleichzeitig betrieben wurden. Im Bereich der Fundstelle A konnten insgesamt zwölf derartige Schlackengruben freigelegt werden, die ebenfalls in einer unregelmäßig angeordneten Gruppe zusammenlagen. Sie sind die Überreste von eingetieften Schachtrennöfen, deren Typus vor allem in den Gebieten des heutigen Polen, der östlichen und norddeutschen Bundesländer sowie Südskandinavien in Gebrauch war. Die Konstruktion eines solchen Ofens bestand im Prinzip aus einer in den Boden eingetieften, steilwandigen Grube und einem darüber errichteten Ofenschacht aus gebranntem Lehm, in dem für die Windführung ungefähr 10 cm oberhalb der Bodenebene Düsenöffnungen angebracht waren *(Abb. 18)*. Um ein Absacken der Charge, also der aus Holzkohle und Raseneisenerz bestehenden Ofenfüllung, in die Grube zu verhindern, wurde diese vor Beginn des Schmelzvorganges mit Spalthölzern gefüllt. Beim Herabfließen der Schlacke verbrannte der Grubeninhalt sukzessive, zum Teil verkohlte er auch nur. In einigen Fällen wurde das Holz jedoch von der Schlacke eingeschlossen, so daß Reste des Holzes darin konserviert sind.

Durch zahlreiche Schmelzexperimente wie auch anhand ethnographischer Beobachtungen vor allem bei

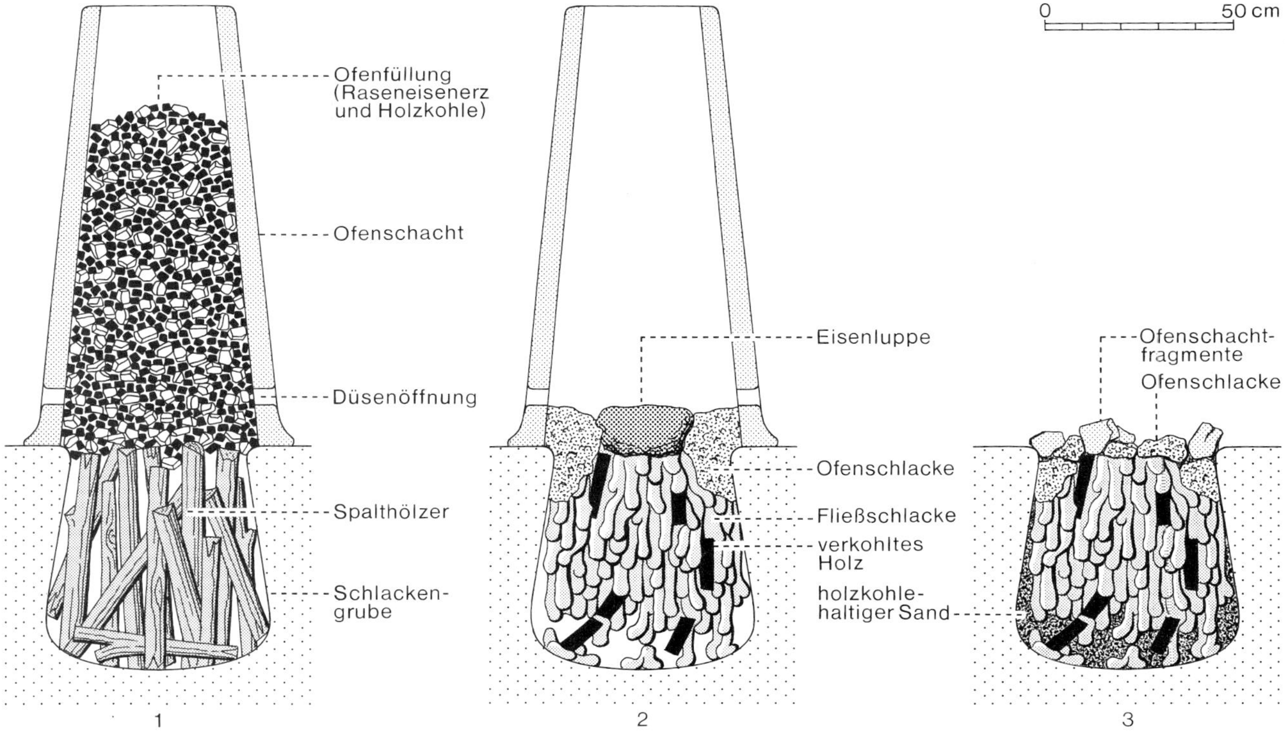

Abb. 18 Rekonstruktion eines Schachtrennofens mit Schlackengrube nach Befunden aus Joldelund. 1 Rennfeuerofen vor dem Betrieb, 2 Rennfeuerofen nach Beendigung des Verhüttungsprozesses, 3 Überrest eines Rennfeuerofens nach der Entnahme der Luppe (Schlackengrube).

den traditionellen Eisenschmelzern in Afrika kann man sich die Verhüttung der Eisenerze in den beschriebenen Ofentypen etwa wie folgt vorstellen: Zunächst wurde das Erz geröstet, um seinen Feuchtigkeitsgehalt zu verringern und den Kornverband zu lockern. Nach einer Vorheizphase, während der der Lehmschacht des Ofens gebrannt wurde, begann die Beschickung, wobei das Erz mit Holzkohle vermengt wurde, die als Energie- und Reduktionsmittel diente. Der Ofen wurde bei Temperaturen von 1200–1400° C betrieben und es entstand flüssige Schlacke. Das Eisen selbst agglomerierte in Höhe der Düsen und bildete, vermengt mit Schlacke und Holzkohle, eine sogenannte Luppe. Um sie zu bergen, mußte der Ofenschacht aufgebrochen, möglicherweise sogar gänzlich zerstört werden. Die schwammartige Luppe wurde anschließend durch erneutes Erhitzen und durch mechanische Behandlung von Schlacke und anderen Chargenbestandteilen befreit und zu massiveren Metallstücken verdichtet. Man vermutet, daß das gewonnene Eisen nicht mehr als 10 % des Ausgangsmaterials ausgemacht hat. Der restliche Eisengehalt ging mit der Schlacke verloren. Die Produktion von Eisen nach dem Rennfeuerprozeß war demnach im Prinzip ein sehr ineffektives Verfahren, das nach heutigen Gesichtpunkten wirtschaftlich überhaupt nicht mehr tragbar wäre.

In der Nähe von derartigen Schlackengruben kamen wiederholt Konzentrationen von gebranntem Lehm und zahlreichen Eisenschlacken vor, die in holzkohlehaltigen Sand eingelagert waren und bis zu 25 m² Ausdehnung erreichten. Meistens handelt es sich um Ofenschlacken, wie sie im oberen Teil einer Schlackengrube während des Verhüttungsprozesses entstehen. Diese Befunde müssen als Abfallhaufen gedeutet werden, auf dem alle bei der Eisenverhüttung anfallenden Materialien, insbesondere die unbrauchbaren Schlacken und die zerschlagenen Ofenschächte deponiert wurden. Zahlreiche Keramikscherben belegen, daß hier auch Siedlungsabfälle hineingelangt sind.

Sicherlich ebenfalls in Zusammenhang mit der Eisenverhüttung ist der Fund eines nur flach in den Untergrund eingetieften Holzkohlemeilers im Bereich der Fundstelle B zu sehen *(Abb. 19)*.

Die Ansiedlungen der frühzeitlichen Joldelunder Eisenhüttenleute befanden sich in unmittelbarer Nähe der Werkplätze, wie zahlreiche, in allen Bereichen der ausgegrabenen Flächen freigelegte Siedlungsüberreste zeigen. Es handelt sich dabei vor allem um Siedlungsgruben, Feuerstellen, Backöfen und um eine große Anzahl von Pfostenstandspuren. In der Grabungsfläche im Bereich der Fundstelle B ließ ein Teil dieser Pfostenspuren die Überreste der Grundrisse von zwei aufgrund von rezenten Störungen nur fragmentarisch erhaltenen Gebäuden erkennen *(Abb. 19, Haus 1 und 2)*. Es waren Ost-West ausgerichtete, dreischiffige Häuser von 20–25 m Länge und etwa 5 m Breite, in denen Mensch und Vieh unter einem Dach zusammenlebten. Vier weitere, im Aufbau ähnliche Gebäude ließen sich im Bereich der Fundstelle C nachweisen *(Abb. 20, Haus 3–6)*. Die Grundrisse der Häuser 4 und 5 liegen parallel mit nur 1 m Abstand nebeneinander. Die beiden Häuser existierten sicherlich nicht zur gleichen Zeit, denn die eisenzeitlichen Häuser hatten sehr wahrscheinlich Dachkonstruktionen mit großen Überständen, die die aus Lehm bestehenden Außenwände gegen Regenwasser schützen sollten. Auffällig ist zudem eine Ähnlichkeit bezüglich der Stellung der dachtragenden Pfosten im Inneren. Dieser Befund läßt darauf schließen, daß hier ein „betagtes“ Haus, dessen Balken morsch geworden waren, abgerissen und unmittelbar daneben in gleicher Bauart und Raumaufteilung wieder aufgebaut worden ist.

Die Tatsache, daß keinerlei Brandspuren im Bereich der Hausgrundrisse beobachtet werden konnten, bestätigt diese Vermutung. Nach den Ergebnissen von modernen Hausrekonstruktionen ist davon auszugehen, daß eisenzeitliche Häuser 25–30 Jahre bewohnbar gewesen sind. Daraus ergibt sich eine vermutliche Siedlungsdauer von mindestens 50–60 Jahren an diesem

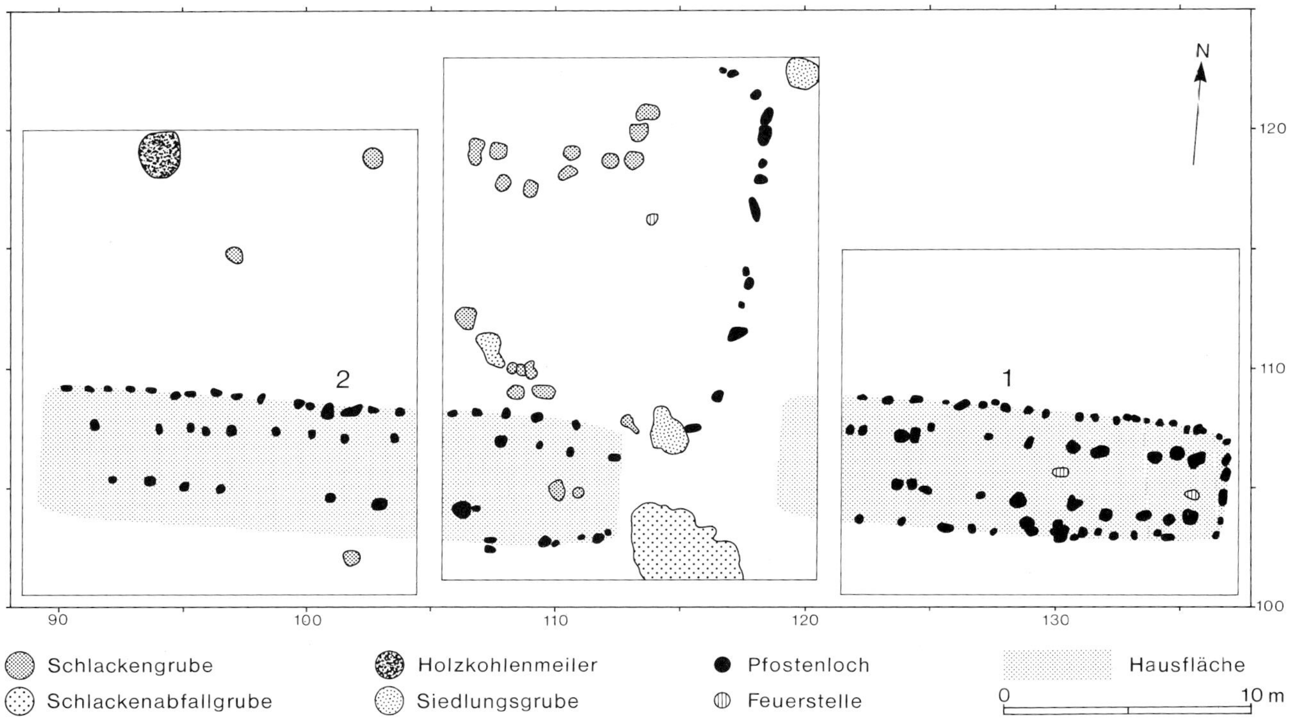

Abb. 19 Joldelund. Plan der Ausgrabungsfläche im Bereich der Fundstelle B.

Platz. Gleichartige Bauten sind von mehreren anderen Siedlungsplätzen der römischen Kaiser- und Völkerwanderungszeit in Schleswig-Holstein und den angrenzenden Regionen bekannt.

Von besonderer Bedeutung ist jedoch eine Pfostenreihe, die an die nordöstliche Ecke des Hauses 2 anschließt. Offensichtlich handelt es sich hier um keinen Rest eines weiteren Hauses, da eine paralell verlaufende Reihe entsprechender Standspuren fehlt. Vielmehr wird es sich um den Teil eines Zaunes gehandelt haben, der ehemals den nördlichen Vorplatz des Hauses umschloß. In diesem Zusammenhang verdient der Umstand Beachtung, daß eine Gruppe von Schlackegruben in ihrer Lage auf Haus und Zaun Rücksicht zu nehmen scheinen und somit gleichzeitig sein dürften. Andere Ofenreste überschneiden sich hingegen klar mit den Baubefunden und wurden daher erst nach Aufgabe des Hauses angelegt.

Ein im östlichen Teil der Grabungsfläche im Bereich der Fundstelle C *(Abb. 20)* isoliert gelegener Befund aus einem fast komplett erhaltenen Gefäß und einer Gruppe von vier mit gebranntem Lehm und Knochenfragmenten gefüllten Gruben muß als Opferfund gedeutet werden.

Mehrere Siedlungsabfallgruben, in denen neben zahlreichen Tongefäßscherben, gebrannten Knochen und Holzkohleresten – also dem typischen Inventar einer Siedlungsabfallgrube – auch zahlreiche Eisenschlacken

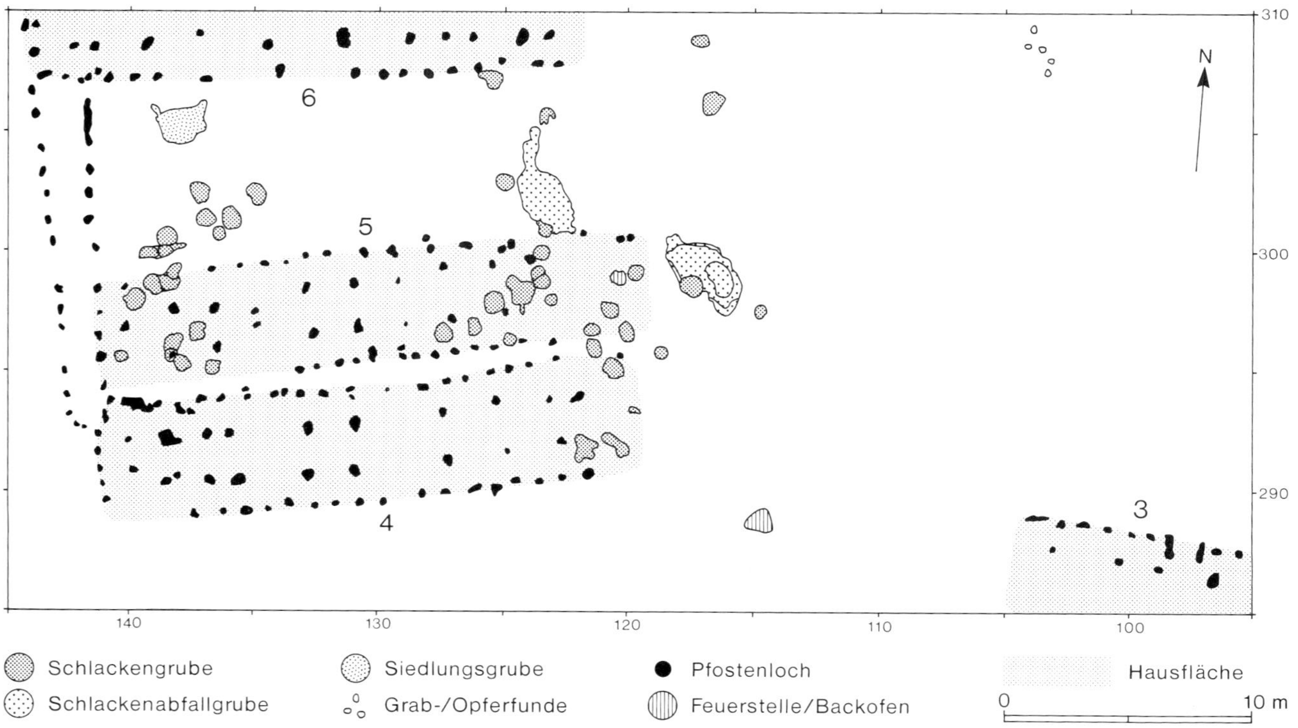

Abb. 20 Joldelund. Plan der Ausgrabungsfläche im Bereich der Fundstelle C.

und Raseneisenerzbrocken aufgefunden wurden, lassen auf eine Gleichzeitigkeit von Verhüttungs- und Siedlungstätigkeit schließen.
Da innerhalb von drei der sechs Hausgrundrisse zahlreiche Schlackengruben von Rennfeueröfen freigelegt wurden, muß davon ausgegangen werden, daß auch vor der Errichtung der Gebäude, beziehungsweise nach deren Abriß oder Verfall, Rennfeueröfen in Betrieb waren. Vor allem innerhalb von Haus 4 weisen einige der Schlackengruben Überschneidungen mit Pfostenstandspuren des Hausgrundrisses auf. Damit ergeben sich Möglichkeiten, durch stratigraphische Beobachtungen Aussagen über die zeitliche Abfolge zu gewinnen. Es zeigte sich, daß die Schlackengruben im östlichen Hausabschnitt stets die Pfostengruben stören. Damit ist deutlich, daß die dortigen Rennfeueröfen nach dem Abbruch des Hauses betrieben wurden und somit jünger sind. Im westlichen Teil wurde hingegen eine Schlackengrube freigelegt, in die einer der dachtragenden Innenpfosten des Hauses eingegraben war. Diese Beobachtung zeigt somit das höhere Alter der östlichen Gruppe der Rennfeueröfen an. Es ist also davon auszugehen, daß sowohl vor Errichtung der Gebäude als auch nach deren Abriß auf dem Kammberg Eisenerz verhüttet wurde.
Die bei den Ausgrabungen geborgenen Keramikgefäßteile gehören überwiegend zu kumpf- bis tonnenförmigen, nur schwach profilierten Gefäßen, wie sie typisch

für die zweite Hälfte des 4. und die erste Hälfte des 5. Jahrhunderts sind. Daneben kommen jedoch auch dreigliedrige Gefäße und Gefäße mit geripptem Hals vor. Auch sie sind in diesen Zeitraum zu datieren. In einer Pfostengrube von Haus 2 wurde zudem eine bronzene Gewandschließe, eine sogenannte Nydamfibel, gefunden, die als typischer Trachtbestandteil der Zeit vor Ende des 4. Jahrhunderts angesehen werden kann. Damit ist die Datierung des Fundplatzes in die Zeit von 350–450 n. Chr. gesichert.
Faßt man die bisherigen Untersuchungen zusammen, so ergibt sich das Bild einer Siedlungsgemeinschaft, die es verstand, die in ihrer Umgebung vorhandenen Rohstoffe für die Produktion von Eisen zu nutzen. Neben der Eisenverhüttung ist mit Landwirtschaft in Form von Ackerbau und Viehzucht zu rechnen. Die Eisenverhüttung hat vermutlich nicht den Umfang einer industriellen Produktion gehabt. Dennoch überschritt die Produktion vermutlich die für den Eigenbedarf benötigte Eisenmenge erheblich, so daß die Versorgung von Siedlungsarealen in erzarmen Gebieten mit Eisen im begrenzten Umfang möglich war. Ähnliche Siedlungs- und Verhüttungsplätze des 4. und 5. Jahrhunderts sind vor allem aus dem westlichen Jütland bekannt.
Ob die deutliche Zunahme der Eisenproduktion in dieser Zeit eine der Auswirkungen des Zusammenbruchs des Römischen Weltreiches und des vermutlich römisch dominierten Eisenhandels war oder bereits in Zusammenhang steht mit der historisch bekannten Besiedlung Englands von Norddeutschland und Jütland aus, werden weitere Untersuchungen ergeben. Die hier dargestellten ersten Ergebnisse zeigen, daß am Kammberg von Joldelund günstige Voraussetzungen vorhanden sind, weitere Informationen über die frühgeschichtliche Eisenproduktion und -herstellung sowie zur Wirtschafts- und Siedlungsgeschichte Schleswig-Holsteins zu gewinnen. Insbesondere die großflächige archäologische Untersuchung des Fundplatzes verspricht neue Erkenntnisse zu diesen Themen.

Die naturwissenschaftliche Untersuchung der archäometallurgischen Funde von Joldelund

Von Michael Ganzelewski und Andreas Hauptmann

Einführung

Die Grabungen in Joldelund haben eine große Menge von Funden des metallurgischen Handwerks ergeben, darunter Erze, Metallstücke und vor allem Schlacken als Abfallprodukte einer Verhüttung von Erzen, die schnell eine lokale Eisengewinnung belegen konnten. Diese technikgeschichtlichen Dokumente wurden von den Archäologen im Kontext des gesamten Grabungsbefundes in erster Linie nach äußeren Kennzeichen bearbeitet und zu einem Schema zusammengefaßt, das den Mittelpunkt der archäologischen Überlegungen zum sozialen Umfeld und zu siedlungsarchäologischen Fragen in Joldelund darstellte. Die metallurgischen Funde sind aber auch anders ansprechbar. Sie geben bei der Anwendung naturwissenschaftlicher Analyseverfahren nicht nur Einblick in ihre stoffliche Zusammensetzung, sondern erlauben auch Rückschlüsse auf die Art der verwendeten Rohstoffe und vermögen Auskunft zu geben über die metallurgischen Verfahrenstechniken, d.h. über das technologische Know-how, über das die Eisenhüttenleute in Joldelund im 4.–5. Jahrhundert n. Chr. verfügt haben.
Die hier vorgestellten Erkenntnisse sind ein Zwischenergebnis der bisherigen Arbeiten in Labor und Gelände. Sie müssen während der nächsten Projektphase vertieft, ergänzt und gegebenenfalls auch korrigiert werden.

Der natürliche Rohstoff – Das Eisenerz

Grundlage der Eisengewinnung am Kammberg waren die in Schleswig-Holstein weit verbreiteten Raseneisenerze, die allenthalben in Bruchstücken an den Hüttenplätzen aufgefunden wurden. Da ihre Bildung

an feuchte Niederungen und Bachläufe gebunden ist, war direkt an dem auf einer Altmoränenkuppe gelegenen Verhüttungsplatz nicht mit anstehendem Erz zu rechnen. Vermutlich wurde es aus der nahen Umgebung antransportiert. Zahlreiche Erzvorkommen konnten in der Umgebung von Joldelund lokalisiert und beprobt werden. Der direkte Nachweis von frühgeschichtlichem Abbau dieser Erze ist bisher nicht möglich gewesen und auch nicht zu erwarten.
Haupterzträger ist stets Limonit (FeOOH), der massive Krusten mit allen Übergängen zu verbackenen eisenhaltigen Sanden und Kiesen bildet. Das Erz setzt sich aus den in ihren Gehalten stark variierenden Hauptbestandteilen Eisenoxid (20–75 Gew. %) und SiO_2 (7–83 Gew. %) zusammen. Hüttenmännisch bedeutsam sind weiterhin die Gehalte an Phosphor und Mangan, die Einfluß auf die Mechanismen der Eisenabscheidung während des Schmelzvorganges haben und die Qualität des Metalls beeinflussen.

Abfall der Hüttenleute von Joldelund – Die Schlacken

In Joldelund wurde Eisen in eingetieften Rennöfen produziert, einem Ofentyp, der in der späten römischen Kaiserzeit von Dänemark über die norddeutsche Ebene bis nach Masowien und in das Świętokrzyskie-Gebirge (Heilig-Kreuz-Gebirge) in Polen zu verfolgen ist. Entsprechend der in diesen Gebieten ganz ähnlichen Verfahrenstechnik ist auch das Verteilungsmuster der Schlacken prinzipiell vergleichbar: Sie bilden keine Halden, sondern sind im Boden als diskrete, nebeneinanderliegende Grubenfüllungen erhalten geblieben, die sich durch das Abfließen der Schlacke während des Schmelzprozesses direkt unterhalb des Ofenschachtes gebildet haben *(Abb. 21)*.
Die äußere Typologie der Schlacken legt eine Einteilung in zwei Formeinheiten nahe, die gemeinsam auftreten, nämlich Fließ- oder Laufschlacken und die teilweise kalottenförmig ausgebildeten „Ofenschlacken".

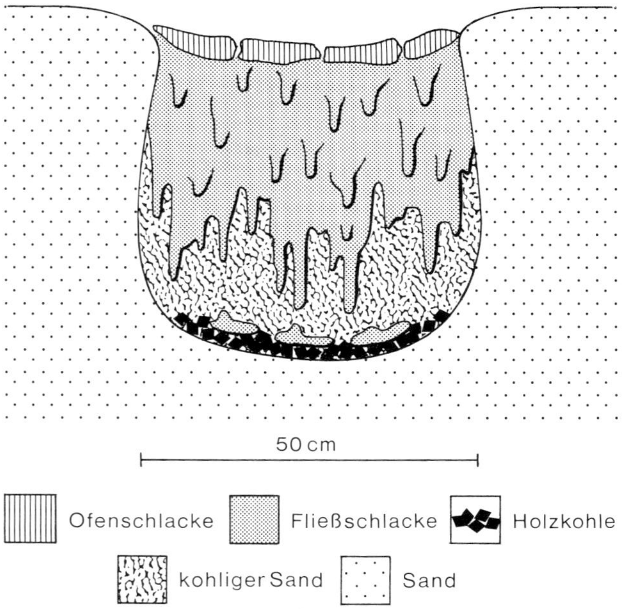

***Abb. 21** Schematische Darstellung der Schlackengrube eines eingetieften Rennofens. Die Fließschlacke ist in Joldelund in den meisten Fällen in mehrere Teile zerlegbar und nicht so kompakt wie hier dargestellt. Die Ofenschlacke bildet ebenfalls oft einzelne Kalotten.*

Der Hauptanteil der Grubenfüllungen, etwa 90 %, besteht aus vertikal und teilweise auch horizontal geflossenen „Fließschlacken" *(Abb. 21; 22)*, oftmals mit Negativabdrücken oder Resten von Hölzern, die vor Prozeßbeginn in die Grube eingesetzt wurden, um ein vorzeitiges Absacken der Charge zu verhindern. Interessant ist, daß in Joldelund keine massiven „Schlackentonnen" gefunden worden sind wie zum Beispiel in Polen. Vielmehr läßt sich die Schlackefüllung der Gruben in Joldelund in der Regel in einzelne faust- bis kopfgroße Stücke zerlegen. Ohne Zweifel sind dafür prozeßtechnische Gründe ausschlaggebend; es muß jedoch zur Zeit noch offen bleiben, ob sich hier eine technologisch verbesserte Variante des Verfahrens oder eine „vereinfachte Version" der Eisenproduktion im Rah-

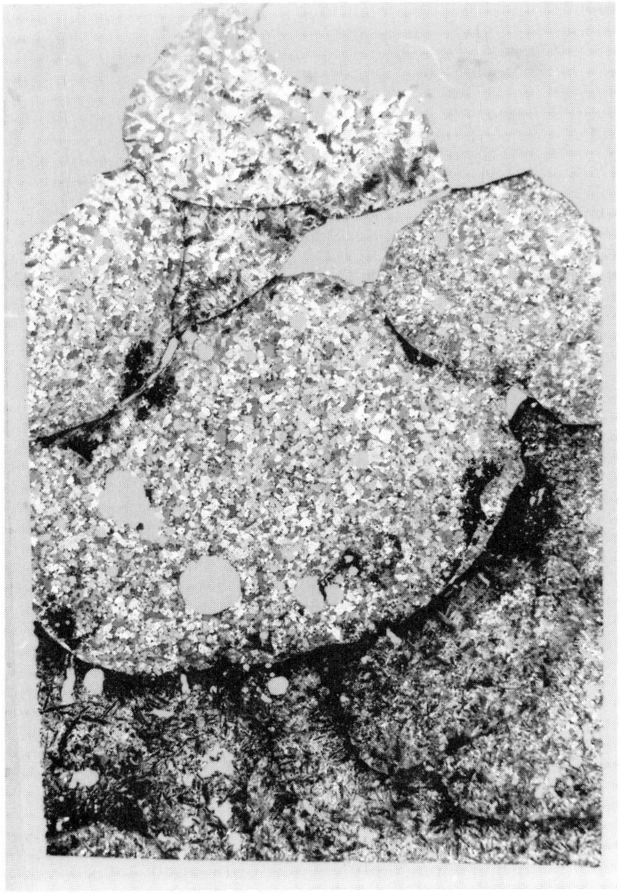

Abb. 22 Joldelund, Fundstelle B. Schnitt durch eine Fließschlacke. Deutlich erkennbar sind die durch schwarze Grenzen gekennzeichneten Abkühlungsränder der einzelnen Tropfen, an denen sich Eisenoxide gebildet haben. Aufnahme eines Dünnschliffes (17 mm breit) unter dem Polarisationsmikroskop.

men bäuerlicher Selbstversorgung andeutet. Nach oben hin werden die Fließschlacken vereinzelt von kompakten, kalottenförmigen Schlackenkuchen überdeckt *(Abb. 21; 23)*, die offensichtlich durch das Absinken einer bereits halbfesten Schmelze am Ende der Prozeßführung entstanden sind und zugleich die untere Begrenzung der Luppe bildeten. Diese Schlackenkuchen erinnern in Form und Aufbau sehr an Schlacken aus dem Schmiedehandwerk, also der Weiterverarbeitung des Eisens. Sie sind jedoch eindeutig dem Verhüttungsprozeß zuzuordnen. Wir haben ihnen vorläufig den Namen „Ofenschlacken" gegeben. Sie wurden aufgrund von möglichen Eisengehalten zusammen mit der Luppe aus dem Ofen entnommen und zerschlagen, so daß sie oft in den Abfallgruben der Siedlung lagen.

Die Verhüttungsschlacken wurden ebenso wie die Erze auf ihre chemische Zusammensetzung analysiert. Es handelt sich dabei um Eisensilikatschlacken, wie sie für die frühe Eisenverhüttung in der Alten Welt typisch sind und bereits von anderen Orten bekannt sind. Sie enthalten außer den Hauptkomponenten FeO und SiO_2 (durchschnittlich 69 Gew. % bzw. 18,7 Gew. %) nur geringe Anteile anderer Oxide mit Ausnahme von Phosphor, einem Element, das für die Schlacken von Joldelund typisch zu sein scheint und hier Gehalte bis über 6 % erreicht. Projiziert man die Pauschalanalysen

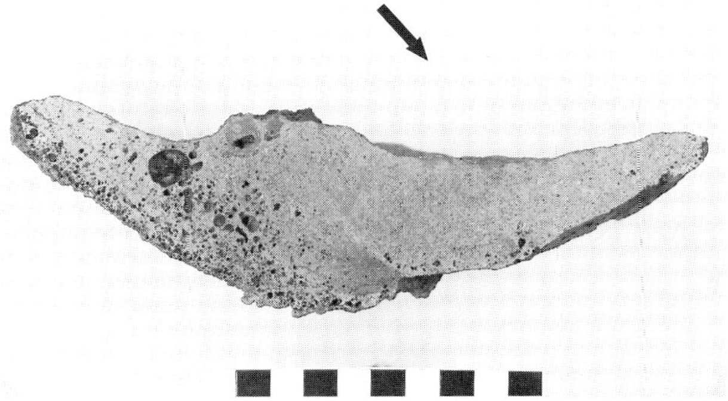

Abb. 23 Joldelund, Fundstelle B. Kalottenförmige Ofenschlacke, die über der Fließschlacke einer Ofengrube geborgen wurde. Der linke blasige Teil stellt den Reaktionsbereich der Schlackenschmelze mit dem quarzreichen Sand des Grubenrandes dar. Der Pfeil zeigt die vertikale Orientierung der Schlacke an.

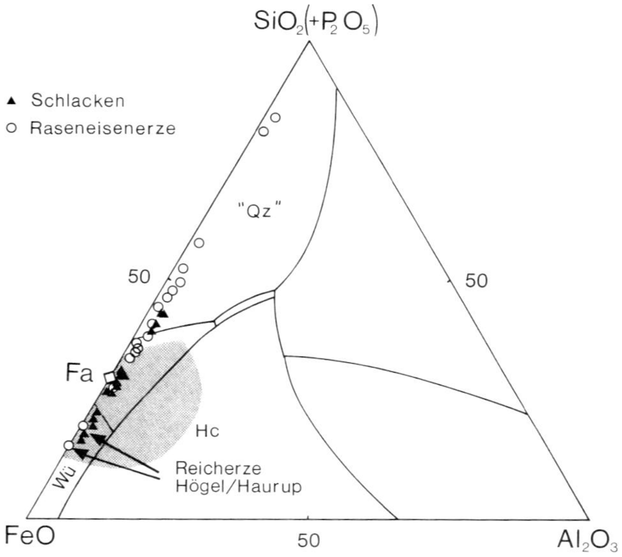

Abb. 24 Eisenschlacken von Joldelund und Raseneisenerze von Fundorten in Schleswig-Holstein, dargestellt im System FeO-Al_2O_3-SiO_2 (+P_2O_5) (Gew. %). Die Schlacken liegen zum großen Teil im Liquidusfeld von Fayalit (Fa) und zeigen damit eine Schmelzbildung in einem relativ niederen Temperaturbereich an. Nur wenige Erze erreichen die Eisengehalte der Schlacken. Graues Feld: Zusammensetzung von Rennfeuerschlacken nach Daten von OELSEN & SCHÜRMANN 1954, OSANN 1971 und KEESMANN 1989. (Hc=Hercynit, Qz=SiO_2-Modifikationen, Wü=Wüstit).

entsprechend ihrer Hauptbestandteile in das Dreistoffsystem FeO – SiO_2 +P_2O_5 - Al_2O_3 *(Abb. 24)*, so zeigt sich sehr deutlich, daß die Lage der Fließschlacken der angestrebten Idealzusammensetzung niedrigtemperierter Schmelzen in diesem System entspricht. Anders formuliert: der Großteil der Schlacken repräsentiert denjenigen Teil der Charge im Ofen, der sich bei steigenden Temperaturen in einem Bereich von etwa 1200° C verflüssigt hat. Nur in solchen Teilen der Charge, in denen deutlich höhere Eisenoxidkonzentrationen vorlagen, konnte Eisen gewonnen werden.

Zusätzlich zur chemischen Pauschalanalyse wurden die Schlacken auf ihren mineralogischen Phasenbestand analysiert. Dieser stellt ein wichtiges Werkzeug für die Prozeßrekonstruktion dar, mit der zum Beispiel das Redox-Potential (im wesentlichen das CO/CO_2-Verhältnis der Gasatmosphäre während der Verbrennung der Holzkohle) vor und während der Verfestigung der Schlacke in der Ofengrube oder die Verteilung metallurgisch relevanter Elemente wie etwa des Phosphors untersucht werden können. Die Schlacken von Joldelund bestehen vorwiegend aus Fayalit (Fe_2SiO_4) mit wechselnden Anteilen an Wüstit („FeO") *(Abb. 25)*, der sich zum Teil zu Magnetit zersetzt hat. Akzessorisch tritt auch Spinell ($FeAl_2O_4$) auf. Als Reaktionsprodukt des Wüstits mit der Restschmelze hat sich unter oxidierenden Bedingungen außerdem die Phase Iscorit Fe_7SiO_{10} *(Abb. 26)* gebildet.

Das Produkt der Verhüttung – Das Eisen

Die Hüttenleute von Joldelund sind wohl mit dem produzierten Metall sehr sorgsam umgegangen und haben neben der Luppe, die nach Beendigung des Schmelzvorganges aus dem Ofen geborgen wurde, auch die Schlacken nach möglichen Eisengehalten durchsucht. Funde von Metall sind jedenfalls außerordentlich rar und auf die Schlackeküchlein konzentriert, die ausschließlich in Abfallgruben oder Pfostenlöchern gefunden wurden. Diese aufgrund ihrer Kalottenform an Schmiedeschlacken erinnernden Funde können jedoch auch nach beendeter Verhüttung zusammen mit dem gewonnenen Eisen aus dem Ofen entfernt worden sein. Klärende Untersuchungen hierzu stehen noch aus. Sie enthalten mikroskopisch kleine Tröpfchen und dünne Filamente ferritischen (kohlenstoffreien) Eisens, also Schmiedeeisen *(Abb. 27)*. Mikroanalytische Untersuchungen ergaben, daß dieses praktisch frei von Phosphor ist. Es ist jedoch noch nicht klar bewiesen, ob dies tatsächlich der Werkstoff der Wahl gewesen ist,

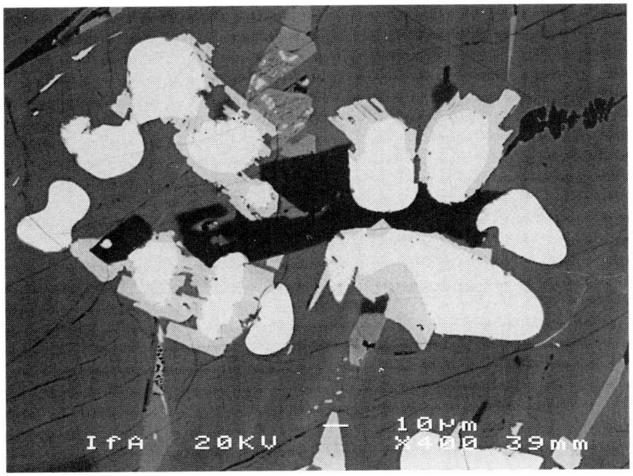

Abb. 25 Joldelund, Fundstelle B. Fayalit (grau) mit Wüstit (hell) in zwei Generationen in einer Rennfeuerschlacke. Im Zwickel Fe-Phosphat (1) und Glas (2). Aufnahme mit dem Rasterelektronenmikroskop.

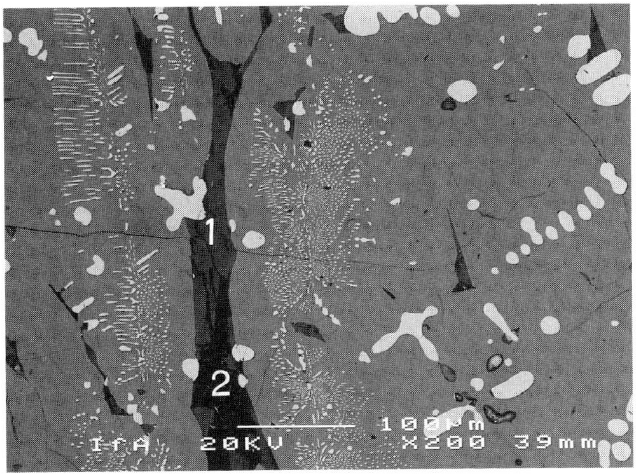

Abb. 26 Joldelund, Fundstelle B. Iscorit (hellgrau) verdrängt Wüstit/Magnetit („FeO")(hell). Die Matrix besteht aus Fe-Phosphat (dunkelgrau). Im Zwickel Ca-Phosphat (schwarz). Aufnahme mit dem Rasterelektronenmikroskop.

da unter den Funden verschiedentlich auch Stahl mit 0,7 Gew. % Kohlenstoff und über 1 Gew. % Phosphor, auch in Verwachsung mit Ferrit nachgewiesen wurde. Diese Beobachtungen machen nochmals deutlich, daß Aussagen über die Qualität des in Joldelund produzierten Eisens zum jetzigen Zeitpunkt verfrüht sind.

Überlegungen zum Ablauf der Verhüttung

Nach den bisherigen Untersuchungen der Erze, Schlakken und Metallfunde haben sich bereits einige interessante Beobachtungen herauskristallisiert, die teils sehr gut mit den archäologischen Befunden übereinstimmen, teils aber auch Fragen zu den bestehenden Denkmodellen der Eisengewinnung nach dem Rennfeuerverfahren in Joldelund aufwerfen.
Verblüffend erscheint zunächst bei der Gegenüberstellung der Schlacken- und Erzanalysen *(Abb. 24)*, daß erstere fast ausnahmslos höhere FeO-Gehalte erreichen als die Erze, die von verschiedenen Vorkommen der weiteren Umgebung von Joldelund entnommen wurden. Entsprechende Eisenoxid-Gehalte wurden in den Erzen selbst nach einer handlichen Anreicherung im Labor nicht erreicht. Lediglich zwei Proben von Vorkommen südlich von Högel und bei Haurup-Hoffnungstal enthielten ausreichende Eisengehalte. Dies legt nahe, daß im 4./5. Jahrhundert zum einen nur hochwertiges Erz verhüttet worden ist. Zum zweiten erscheint eine Anreicherung der Erze wahrscheinlich, etwa durch Aufbereitung und/oder einen Röstprozeß, durch den der Wassergehalt des Erzes reduziert wird, gleichzeitig eine Oxidation zu Hämatit (Fe_2O_3) erfolgt und das Gefüge gelockert wird. Dies wurde bereits früher von archäologischer Seite her postuliert, konnte aber bislang nicht nachgewiesen werden.
Aus der Gegenüberstellung von Erz- und Schlackenanalysen geht weiterhin hervor, daß das Eisenerz ohne weiteren Flußmittelzusatz chargiert worden ist. Gelegentlich erhöhte Gehalte von SiO_2 sind zwanglos aus

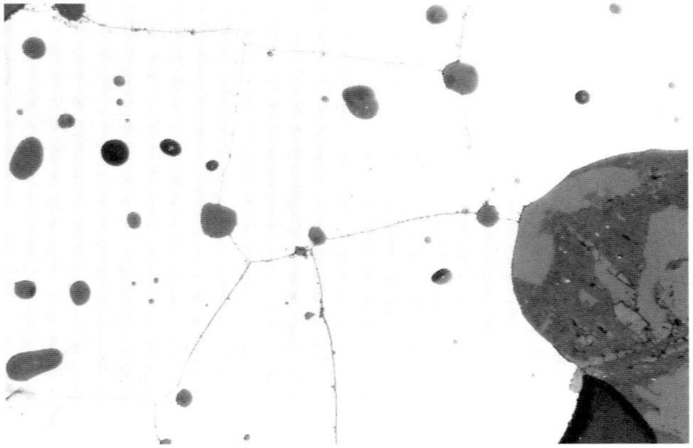

Abb. 27 Joldelund, Fundstelle B. Ferritisches Eisen in kalottenförmiger Schlacke als Produkt der Verhüttung. Gut zu erkennen sind Schlackeneinschlüsse und Korngrenzen im Eisen. Das Eisen enthält außer geringsten C-Gehalten praktisch keine Legierungsbestandteile. Bildbreite ca. 1,3 mm.

Reaktionen der Schlackenschmelze mit der Ofenwandung abzuleiten.
Die große Zahl (87) der Schlackengruben wirft natürlich die Frage auf, inwieweit eine quantitative Erfassung produzierter Metallmengen möglich ist als Grundlage für Überlegungen zu lokaler oder überregionaler wirtschaftlicher Bedeutung des Hüttenreviers Joldelund. Es ist durch die bisherigen Forschungen in der Archäometallurgie wiederholt deutlich geworden, daß derartige Schätzungen mit all ihren Unsicherheiten noch am ehesten über das Abfallprodukt Schlacke durchzuführen sind, da Bergbauspuren an der Lagerstätte selbst nur schwer faßbar sind und die Zahl archäologisch nachgewiesener Metallartefakte innerhalb eines spezifischen Zeitraumes nur einen Bruchteil der tatsächlichen Mengen darstellt. Ein Modell zur Kalkulation des Eisenausbringens wurde schon früher angewendet: Nimmt man hierzu 100 kg eines Rösterzes der Qualität von Haurup-Hoffnungstal mit 76 Gew. % FeO als Rechengrundlage, so kommt man auf etwa 14 kg ausgebrachtes Eisen. Ob diese Ausbringungsrate realistisch ist und generalisiert werden kann, muß durch weitere detaillierte Betrachtungen von Schlakken und Erzen überprüft werden.
Zur Zeit bestehen nur unklare Vorstellungen über die Weiterverarbeitung der im Rennofen gewonnenen Luppe bis hin zum Fertigprodukt, der gerade in der Eisenmetallurgie eine ganz entscheidende Bedeutung zukommt. Eisen wird – im Gegensatz zu Kupfer oder Bronze – nicht im flüssigen Zustand gewonnen, sondern als schwammartiges Metall, vermengt mit Schlakke und Holzkohle. Diese Luppe muß zunächst zu Rohbarren verdichtet werden, danach wiederum zu Handelsbarren. Bei der Herstellung von Geräten wird das Eisen aufgekohlt, um Stahl herzustellen. Sogenannte Ausheizherde zur Reinigung der Luppe sind durch Ausgrabungsbefunde zwar nahegelegt, den naturwissenschaftlichen Beweis hierfür können wir jedoch noch nicht vorlegen. Nach archäologischen und gesellschaftlichen Kriterien erscheint auch das Handwerk eines Schmiedes in der Siedlung von Joldelund plausibel, dessen Existenz wir durch weitere Untersuchungen vor allem der häufig auftretenden Schlackekalotten vermutlich bald nachweisen und präzisieren können.

Pollen, Holzkohle und Samen – Die Schlüssel zur Umwelt und Wirtschaft von Joldelund

Von Walter Dörfler und Helmut Kroll

Einleitung

Im Joldelund Projekt stehen Fragen zu Eingriffen der eisenproduzierenden Menschen in den Naturhaushalt im Mittelpunkt des Interesses. Da bei der Eisenverhüttung viel Energie benötigt wird, waren Auswirkungen auf die Waldzusammensetzung zu erwarten, die sich im Pollendiagramm widerspiegeln müßten. Über die verwendeten Holzgattungen geben die Bestimmungen der Holzkohle aus den Schlackengruben Auskunft.

Abb. 28 Die Dünen von Joldelund vor der Aufforstung um 1950.

Darüber hinaus sollte die Ökonomie der Siedlung anhand der pflanzlichen Großreste mit nicht eisenproduzierenden Siedlungen der gleichen Zeitstufe verglichen werden. Es ging darum zu klären, ob die Siedlungen, in denen Eisen produziert wurde, spezialisierte Handwerkersiedlungen waren, oder ob auch Landwirtschaft betrieben wurde.

Heute prägen die erst in den 1950er Jahren festgelegten Binnendünen das Gesicht der Landschaft *(Abb. 28)*. Die Sandverwehungen stellten im Mittelalter und in der Neuzeit ein großes ökonomisches und ökologisches Problem dar, wie man aus zahlreichen Überlieferungen weiß *(Abb. 29)*. Es ist daher eine wichtige Frage, ob Binnendünen auch schon zur römischen Kaiserzeit/Völkerwanderungszeit entstanden sind. Durch die Kombination der verschiedenen botanischen Methoden und im Vergleich mit den archäologischen Ergebnissen konnte diesen Fragen nachgegangen werden.
So ist es sehr günstig, daß nicht nur ein Teil des Siedlungsareals von Flugsand überdeckt worden ist, sondern ebenso ein kleines Moor in unmittelbarer Nähe

Abb. 29 Joldelund. Folgen der Flugsanderosion. Aufnahme aus den fünfziger Jahren.

zur Siedlung. Aus diesem Moor, das heute unter 1,4–5 m Dünensand liegt, konnte der Torf durch Kernbohrungen geborgen werden. Die Pollenanalyse und Radiokarbondatierungen dieses Torfes zeigen, daß das Moor etwa 300 v. Chr. auf einem im Spätglazial abgelagerten Dünensand aufgewachsen ist und daß es etwa 1200 n. Chr. erneut von Dünensand verschüttet wurde. Die für das Projekt besonders wichtige Spanne der römischen Kaiserzeit/Völkerwanderungszeit ist damit erfaßt.

Pollenanalyse

Die Werte der Siedlungszeiger (z.B. Spitzwegerich, Sauerampfer und Gräser) in dem Pollendiagramm sind zur römischen Kaiserzeit/Völkerwanderungszeit, in der die Eisenverhüttung einsetzte, nur wenig höher als zur vorrömischen Eisenzeit. Schon zu dieser Zeit muß die Region besiedelt gewesen sein. Daß auch Ackerbau in der Region betrieben wurde, belegen Pollenkörner vom Getreide-Typ. In der Waldzusammensetzung ist eine deutliche Verringerung der Anteile von Eiche und

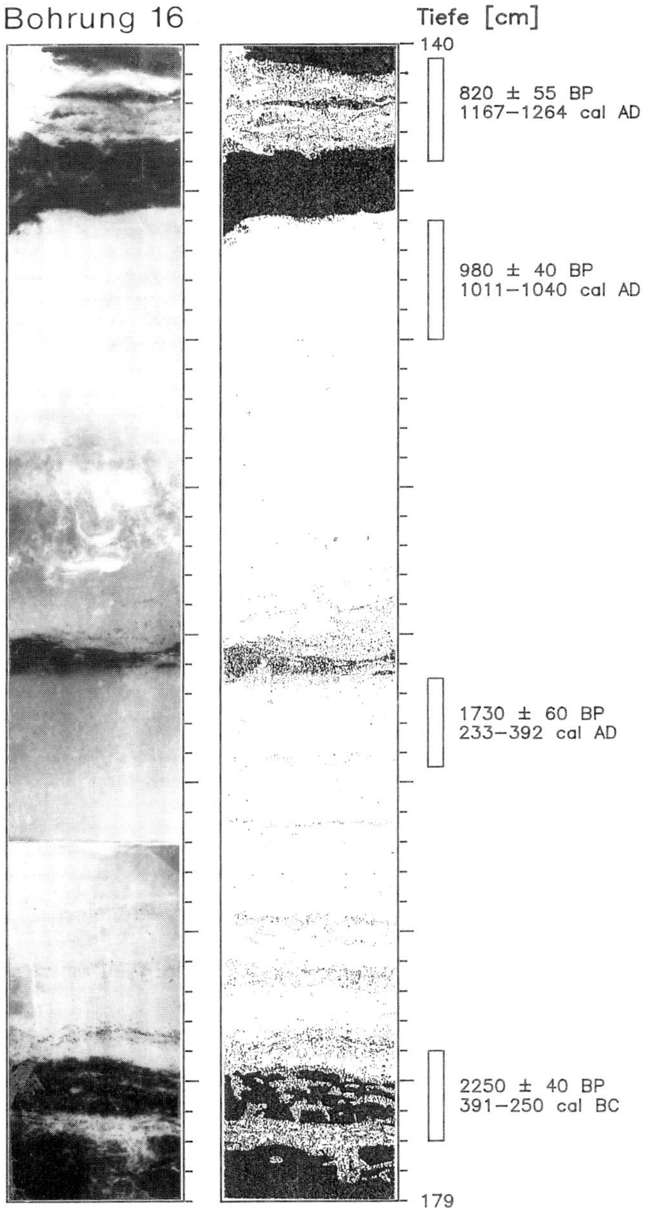

***Abb. 30** Joldelund. Moor unter den Dünen – Röntgenaufnahme und deren Umzeichnung. Schichtdicke ca. 5 mm, Radiokarbondaten kalibriert auf das tatsächliche Alter in Sonnenjahren nach Stuiver u. Pearson 1986.*

Hasel zur römischen Kaiserzeit/Völkerwanderungszeit zu beobachten. Dies spricht für eine Verringerung des Waldbestandes im Nahbereich der Siedlung. Die Eiche ist für die Holzkohleproduktion und als Bauholz genutzt worden, die Hasel dagegen wird durch zunehmende Beweidung zurückgedrängt worden sein.

Radiographie

Interessant ist auch der Sandgehalt im Torf, der im Röntgenbild besonders deutlich wird (dunkle Bereiche). Die Methode, dünne Torfschichten zu röntgen, hat sich bewährt, um besonders in kleinen Mooren den menschlichen Einfluß nachzuweisen. Waldrodung und die Anlage von Äckern ist immer mit einer Bodenerosion verbunden. Die verwehten Sandpartikel spiegeln sich in den Röntgenbildern von Torfprofilen deutlich wider. Die Röntgenaufnahmen *(Abb. 30)* zeigen, daß in den Schichten der römischen Kaiserzeit/Völkerwanderungszeit zwar eine gewisse Bodenerosion zu verzeichnen ist, daß sie jedoch nicht mit der Dünenbildung des Mittelalters und der Neuzeit verglichen werden kann. Die erste massive Sandüberwehung fand um etwa 1000, die endgültige Überdeckung des Moores um 1200 n. Chr. statt. Somit waren die Auswirkungen der Eisenverhüttung auf die Umwelt sehr viel moderater als bisher angenommen. Hauptursache für Bodenerosion wird der Ackerbau gewesen sein, wie in anderen agrarisch strukturierten Landschaften auch.

Holzkohleanalysen

Die Bestimmung der Holzkohle aus den Schlackengruben bot einen guten Vergleich zu den Ergebnissen der pollenanalytischen Untersuchungen. Es zeigt sich, daß Eichen- und Erlenholzkohle für die Verhüttung bevorzugt wurden. Einzelne Stücke von Hasel und Weide stammen möglicherweise aus dem Flechtwerk der

Ofenummantelung oder aus der Ausfachung der Schlackengrube, die vor der eigentlichen Verhüttung erfolgte *(Abb. 31)*. Somit scheinen die eisenproduzierenden Siedler speziell Eiche und Erle unter den zahlreichen zur Verfügung stehenden Hölzern ausgewählt zu haben. Innerhalb dieser beiden Gattungen scheint es aber keine Regelmäßigkeit zu geben. So gibt es Öfen mit allein Eichenholzkohle als Beschickung, andere zeigen unterschiedliche Anteile von Eiche und Erle, während einige wenige Öfen Dominanz von Erlenholzkohle aufweisen. Im Pollendiagramm kommt allerdings nur die Nutzung der Eiche zum Ausdruck, weil diese neben der Holzkohleproduktion auch als Bau-, Werk- und Brennholz genutzt worden ist. Der Einschlag der Erle muß eine relativ geringe Beeinträchtigung der Bestände dargestellt haben, so daß die Pollenproduktion unverändert blieb.

Makrorestanalysen

Die ausgeschlämmten Proben haben Pflanzenreste in beträchtlicher Menge ergeben. So hat ein Langhaus insgesamt 6257 zählbare pflanzliche Funde aus 76 Befunden, das heißt Gruben und Pfostengruben, erbracht, 740 Funde davon sind Getreidekörner.

Die Kombination der Getreide, der Unkräuter und der weiteren Beifunde ist typisch römisch-kaiserzeitlich. Es überwiegt die Gerste mit 72 % unter den Getreidefunden. Roggen erreicht bereits 18 %. Hafer ist mit 3 % vertreten, 7 % der Getreidekörner sind unbestimmt geblieben. Die Gerste ist eine vierzeilige Spelzgerste, davon liegen 531 Körner vor. Ein Korn stammt von der vierzeiligen Nacktgerste. Auch dieses seltene Vorkommen von Nacktgerste ist bezeichnend für die römische Kaiserzeit in unserem Gebiet.

Erstaunlich reichhaltig ist das Inventar des Sammelobstes und der Nüsse. Häufig sind Himbeeren, Haselnüsse, Wald-Erdbeeren, Brombeeren, Hagebutten, und sogar Steinobst (als unbestimmtes Schalenfragment) ist in geringer Zahl nachgewiesen.

Bezeichnend für Joldelund sind Massenfunde des Kleinen Sauerampfers und von Gräsern, deren Fundmengen weit über das übliche Maß hinausgehen. Weidende Haustiere verhindern die Saatbildung von Gräsern ziemlich weitgehend. Gräser können nur in eingefriedeten Bereichen massenhaft Saat erzeugen, so im Akker oder – wie vielleicht hier in Joldelund – in einge-

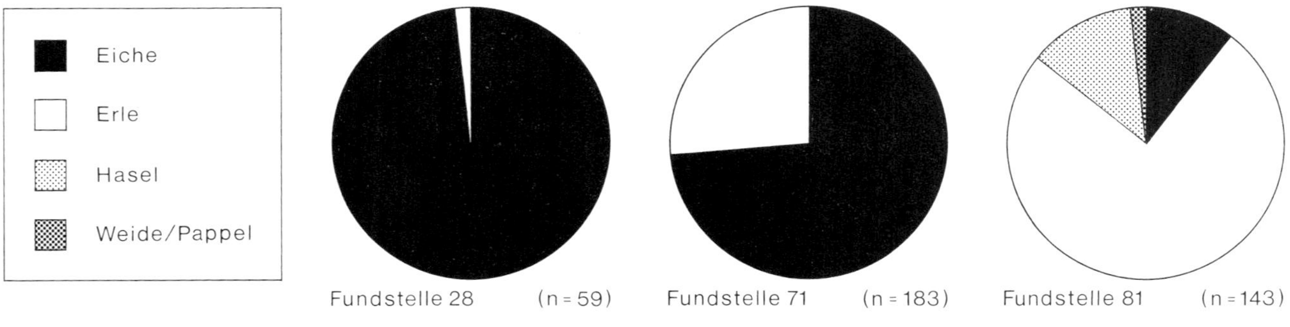

Abb. 31 Häufigkeit der Holzgattungen in ausgewählten Schlackengruben aus Joldelund.

zäunten Bereichen, aus denen man das Vieh aussperrt, um ungestört arbeiten zu können.
Die reichen Kultur- und Sammelpflanzenfunde sprechen für eine normale Haus- und Landwirtschaft. Eine saisonale Siedlung, in der lediglich mitgebrachte Lebensmittel und ein wenig Gesammeltes verzehrt werden, wird wohl nicht ein so reichhaltiges verkohltes Material hinterlassen.

Weiterführende Literatur zur frühgeschichtlichen Eisengewinnung in Schleswig-Holstein, auf die sich auch dieser Beitrag stützt, ist in der Bibliographie unter folgenden Nummern zu finden: 8, 11, 14, 25, 26, 27, 28, 42, 58, 88, 89, 90, 95, 100, 102.

Von der Eisenzeit zum Mittelalter

Siedlungsforschung in Angeln und Schwansen

Von Walter Dörfler, Helmut Kroll, Dietrich Meier
und Karl-Heinz Willroth

Einleitung

Von Karl-Heinz Willroth

Angeln und Schwansen, zwischen Flensburger Förde und Eckernförder Bucht gelegen, sind Teil der Jungmoränenlandschaft im Osten Schleswig-Holsteins *(Abb. 1)*. Das lebhafte Oberflächenrelief, charakterisiert durch Hügel, schmale Bach- und Flußniederungen sowie einige Seen, entstand während der letzen Eiszeit vor mehr als 10 000 Jahren. Nachdem die Gletscher geschmolzen waren, blieb Geschiebemergel, der Schutt, den das Eis von Skandinavien hertransportiert hatte, zurück. Darauf entstanden in der Nacheiszeit lehmige, kalkhaltige Böden, die zur landwirtschaftlichen Nutzung hervorragend geeignet sind. Durch ein enges Gewässernetz war außerdem die Frischwasserversorgung sichergestellt und damit günstige Existenzbedingungen vorhanden. Dies erkannten die Menschen bereits in der Jungsteinzeit und Bronzezeit und ließen sich hier nieder. Von dieser ersten Besiedlung sind uns nur Gräber, Großsteingräber und Grabhügel überliefert.

Kurz vor Christi Geburt lebten in Angeln und Schwansen Siedler, aus denen sich der spätere Stamm der Angeln herausbildete. Dieser gab der Landschaft zwischen Schlei und Flensburger Förde den bis heute überlieferten Namen. Zahlreiche Funde von zerbrochenen Tongefäßen, Beobachtungen zerstörter Feuerstellen und Gruben, die immer wieder auf den Äckern gemacht werden, weisen auf die Lage von Wohnplätzen der damaligen Menschen hin. Da bisher keiner von diesen durch Ausgrabungen näher untersucht ist, haben wir keine genauere Kenntnis von der Struktur der Siedlungen und der Bauweise von Häusern und Höfen aus diesem Gebiet.

Dagegen sind die Friedhöfe der Angeln viel besser erforscht: die Toten wurden verbrannt und die Asche in Urnen auf großen Friedhöfen mit teilweise weit über 1000 Gräbern beigesetzt. Außerdem kennen wir Opferplätze der Angeln. Der bekannteste ist das Thorsmoor bei Süderbrarup, aus dem Waffen, Gefäße, hölzernes Gerät und Kleidungsstücke geborgen wurden, die Hin-

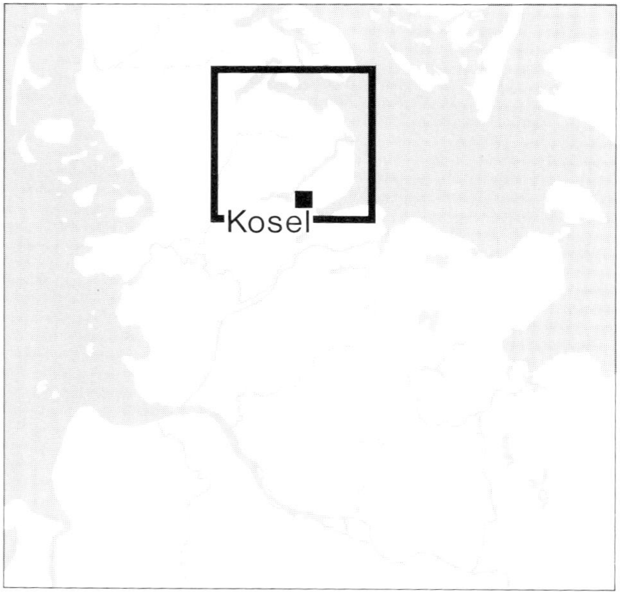

Abb. 1 Lage der Landschaften Angeln und Schwansen sowie des Dorfes Kosel.

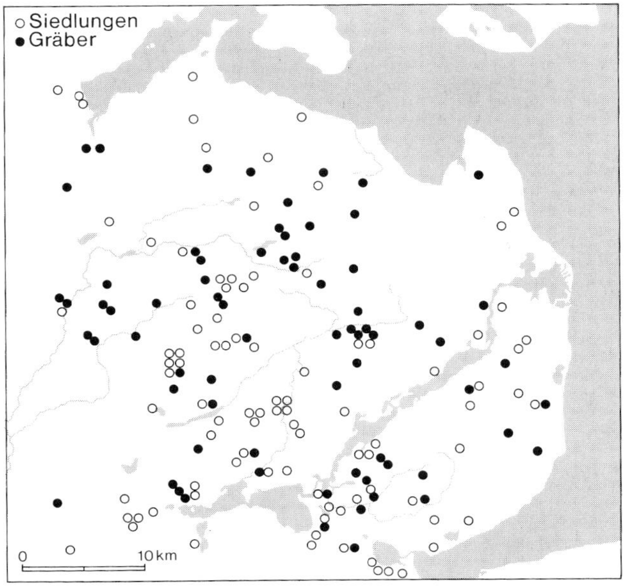

Abb. 2 Angeln und Schwansen. Fundstellen der Römischen Kaiserzeit und Völkerwanderungszeit.

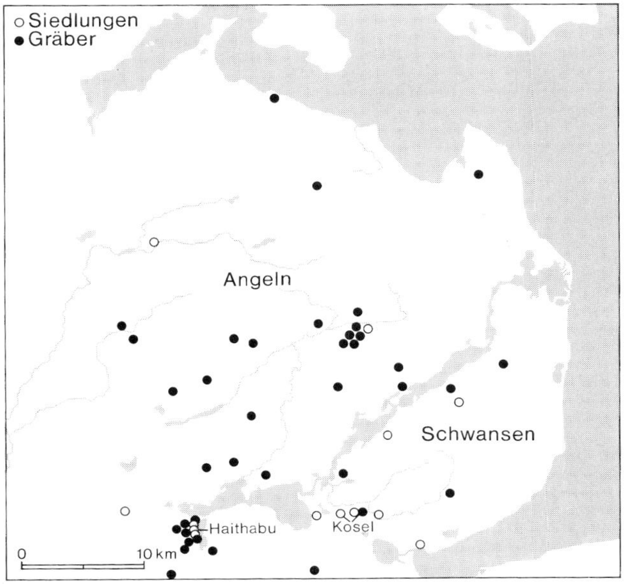

Abb. 3 Angeln und Schwansen. Fundstellen der Wikingerzeit.

weise auf Leben und Religion der Angeln geben. Eine Karte mit archäologischen Fundstellen der ersten fünf nachchristlichen Jahrhunderte vermittelt auf den ersten Blick die Vorstellung von einer weitgehend gleichmäßigen Besiedlung beider Landschaften *(Abb. 2)*. Allerdings ist zu berücksichtigen, daß weder die Siedlungen noch die Friedhöfe alle gleichzeitig bestanden haben, sondern meistens nur wenige Jahrzehnte, allenfalls ein oder zwei Jahrhunderte. Dies ist Ausdruck einer erheblichen Mobilität der Siedler, die unter anderem darauf zurückzuführen sein kann, daß die bewirtschafteten Flächen nach längerer Nutzung ausgelaugt waren und nicht mehr genug Ertrag brachten. Die archäologischen Quellen brechen in Angeln und Schwansen im 5. Jahrhundert fast völlig ab. Grund hierfür ist die Abwanderung der Angeln. Gemeinsam mit den Sachsen und den Jüten sind sie an der Besiedlung Englands beteiligt, die vor allem während des 5. Jahrhunderts erfolgte. Die ursprünglichen Siedlungsgebiete waren danach weitgehend menschenleer, wie auch historische Nachrichten und botanische Untersuchungen bezeugen. Über die Gründe für die Abwanderung lassen sich bisher nur Vermutungen anstellen. Landwirtschaftliche Krisen, Überbevölkerung, Epidemien, aber auch Abenteuerlust mögen Motive gewesen sein. Ob und in welchem Umfange eine Restbevölkerung zurückgeblieben ist, konnte bisher noch nicht hinreichend geklärt werden. Archäologisch faßbare Relikte sind bisher kaum entdeckt.

Erst im Laufe des 8. Jahrhunderts wird das Land nördlich der Eider wiederbesiedelt *(Abb. 3)*. Es waren vornehmlich skandinavische Bevölkerungsgruppen („Wikinger"), die sich in Angeln und Schwansen niederließen. Während zu der Zeit an der Westküste Friesen lebten, siedelten im Westen Holsteins Sachsen, in Ostholstein und Lauenburg slawische Abodriten. Auch für die Wikingerzeit lassen sich im östlichen Schleswig zahlreiche Stätten nachweisen, an denen die Menschen gelebt und ihre Toten bestattet haben. Anders als in den älteren Perioden erlangt aber schon im 9. Jahrhundert ein Ort eine besondere Stellung im Osten Schleswigs: Haithabu. Hier bildet sich durch die gezielte Ansiedlung von Kaufleuten und Handwerkern aus kleinen Anfängen schnell eine große Handelsniederlassung heraus. Aufgrund ihrer Größe und Struktur kann sie als Stadt bezeichnet werden, die zu den ältesten in Nordeuropa gehört. Nicht zu Unrecht hat sich die Archäologie der Wikingerzeit in Schleswig-Holstein nun schon über 100 Jahre bevorzugt ihrer Erforschung, zuletzt ihres Hafens, gewidmet. Demgegenüber war über die Beziehungen zwischen Haithabu und seinem näheren Umland bislang nur wenig bekannt. Zwar wurden in vielen Orten etliche der zum Teil sehr reich ausgestatteten Gräber der wikingerzeitlichen Bevölkerung aufgedeckt, aber von den ländlichen Siedlungen, den Höfen und auch der dortigen Wirtschaftsweise wußten wir nur wenig.

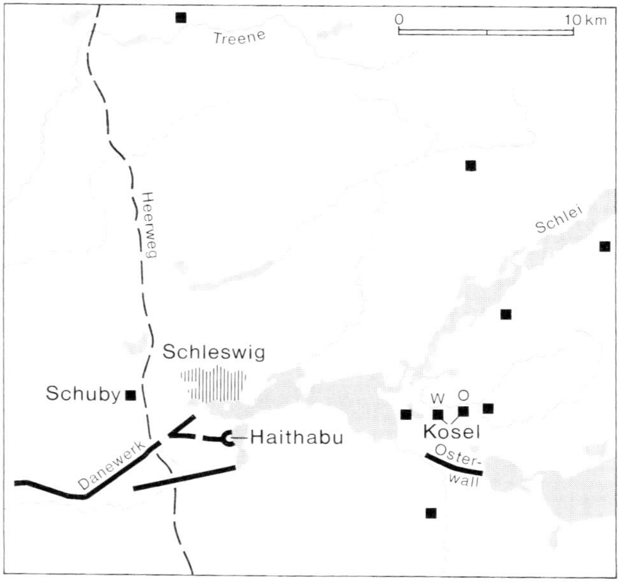

Abb. 4 Wikingerzeitliche Siedlungen im Umland von Haithabu. In den Gemeinden Kosel und Schuby haben archäologische Ausgrabungen stattgefunden.

Sehr gute Voraussetzungen für die Erforschung von Siedlungen sowohl der römischen Kaiserzeit und frühen Völkerwanderungszeit (um Christi Geburt bis 500 n. Chr.) als auch der Wikingerzeit (8.–11. Jahrhundert) boten sich in der Gemeinde Kosel, etwa 13 km südöstlich von Haithabu unweit der Schlei am Eingang zur Halbinsel Schwansen gelegen. Dort hatte der ortsansässige Schmiedemeister H. Hingst über Jahrzehnte hinweg archäologische Fundstellen beobachtet. Regelmäßig beging er die Äcker, registrierte Brandspuren, Konzentrationen feuerzermürbter Steine und Bodenverfärbungen, die auf vorgeschichtliche Siedlungen hinweisen. Dabei sammelte er große Mengen von Scherben auf, die aus den verlassenen Siedlungen stammten und durch die Feldbearbeitung wieder an die Erdoberfläche gebracht worden waren. Andere Funde, vor allem auch Keramik und Leichenbrand (Reste der Totenasche), weisen auf zerstörte Friedhöfe hin. So konnte Hingst allein durch solche Funde und Beobachtungen für die ersten fünf nachchristlichen Jahrhunderte eine ganze Reihe von Plätzen lokalisieren, an denen wahrscheinlich Menschen gelebt haben. Das unterschiedliche Alter der Keramik deutet darauf hin, daß die Ansiedlungen nicht alle zur gleichen Zeit bestanden haben. Vielmehr muß man davon ausgehen, daß in Abschnitten von 30 bis 100 Jahren, ein bis drei Generationen, jeweils neue Hofstellen, oft auch die gesamte Siedlung (Gehöft, Weiler oder Dorf) errichtet wurden. Auf diese Weise „wanderte" ein Dorf im Laufe der Zeit innerhalb eines begrenzten Areals. Völlige Klarheit kann allerdings nur die Ausgrabung aller dieser Fundstellen bringen.

Erste Belege für die Richtigkeit zweier von Hingst westlich und östlich von Kosel lokalisierter, wikingerzeitlicher Siedlungen erbrachten die umfangreichen Ausgrabungen, über die nachfolgend berichtet wird. So dürfte es nun auch keinen Zweifel mehr geben, daß es sich bei den Fundstellen östlich von Gammelby und westlich von Weseby, nur wenige Kilometer von Kosel entfernt, ebenfalls um wikingerzeitliche Siedlungen handelt, die teilweise gleichzeitig mit denen von Kosel bestanden haben *(Abb. 4)*.

Ausgrabungen in Kosel

Von Dietrich Meier

Die Entdeckung von Kosel

Die Entdeckung der wikingerzeitlichen Siedlung westlich von Kosel ist der Aufmerksamkeit des schon erwähnten Koseler Hobby-Archäologen H. Hingst zu verdanken, der in einer Baugrube entsprechende Scherben fand. So wurde zum ersten Mal eine Niederlassung im ländlichen Umfeld von Haithabu bekannt. Daß man sie erst so spät entdeckte, ist vor allem auf die Siedlungsweise der „Wikinger" zurückzuführen. Sie bevorzugten, wie wir jetzt wissen, offene, unbefestigte Flachsiedlungen, die sich manchmal über ein mehrere Hektar großes Areal erstreckten. Da die Häuser aus Holz gebaut wurden, zeichnen sich im heutigen Oberflächenrelief der Landschaft nach nunmehr gut 1000 Jahren keinerlei charakteristische Erhöhungen oder Unebenheiten, etwa von wüst gefallenen Häusern, mehr ab. Die Archäologen haben daher kaum die Möglichkeit, den Überresten der Siedlungen aus der Wikingerzeit durch Beobachtungen im Gelände auf die Spur zu kommen.

Am Beispiel der wikingerzeitlichen Siedlung westlich von Kosel *(Abb. 5)* sollen archäologische Arbeitsmethoden und Ergebnisse einer Ausgrabung vorgestellt werden. Zunächst grub man im Rahmen einer Notmaßnahme den von dem Bauvorhaben unmittelbar gefährdeten Bereich der Siedlung aus. Dabei gelang es, mehrere Hausgrundrisse, Feuerstellen und Gruben freizulegen. Diese Befunde waren so vielversprechend, daß im Jahre 1983 beschlossen wurde, die Siedlung vollständig auszugraben.

Mit Bagger und Kratzer – Die Ausgrabungsmethode

Die Ausgrabung einer solchen mehrere Hektar großen Siedlung erfolgt in einzelnen Abschnitten. Zunächst entfernt ein Bagger vorsichtig den durch moderne landwirtschaftliche Bearbeitung gestörten (und daher weniger interessanten) Humusboden; dieser hebt sich farblich deutlich vom darunter liegenden hellen Sand ab, in den die Reste der frühgeschichtlichen Bebauung eingetieft sind und nach diesem ersten Arbeitsgang sichtbar werden. Eigentlich ist zwischen dem anstehenden Boden und der Humusdecke im Bereich der Siedlung der alte Laufhorizont zu erwarten, also die Geländeoberfläche aus der Wikingerzeit. Sie ist durch den hohen Gehalt an Asche und Holzkohle schwarz gefärbt und daher meistens gut zu erkennen. Außerdem enthält sie viele kleinere Fundstücke, wie Keramikscherben oder auch Metallfragmente. Größtenteils ist sie heute allerdings erodiert oder durch Bodenbearbeitung zerstört allenfalls noch wenige Zentimeter mächtig. Das Hauptaugenmerk richtet sich somit auf die Befunde, die in den hellen Sandboden eingetieft worden sind. Besucher der Ausgrabung sind oft enttäuscht, erwarten sie doch Fundamente oder wenigstens aus dem Erdreich herausragende Reihen von Pfostenstümpfen als Kennzeichen freigelegter Siedlungsstrukturen.

Dem Abräumen des Humus folgt ein behutsames Putzen der Grabungsfläche mit Schaufeln und Kratzern, wobei die Reste des Humus entfernt werden, um die archäologischen Befunde für die weitere Bearbeitung vorzubereiten *(Abb. 6; 13)*. Trotz ungünstiger Erhaltungsbedingungen gelingt es doch, dem Boden die entscheidenden Informationen abzugewinnen, die für die Rekonstruktion der Häuser sowie der gesamten Siedlung erforderlich sind; denn das in das Erdreich einge-

Abb. 5 Gemeinde Kosel. Lage der Ausgrabungsflächen östlich und westlich des Dorfes.

lassene Holz der Bauten hinterläßt, nachdem es vergangen ist, dunkle Verfärbungen im Untergrund. Man spricht auch von Pfostenschatten oder Pfostenstandspuren. Alle Störungen im natürlich abgelagerten Sand oder Lehm, wie archäologische Befunde, Tiergänge oder moderne Eingriffe (z. B. Kabel- oder Rohrgräben) werden in ihren Konturen sichtbar.

Die sich vom Untergrund farblich absetzenden Strukturen werden eingemessen und maßstabgetreu gezeichnet. Meistens erkennt der Ausgräber bereits während der Baggerarbeiten die wichtigsten zusammengehörigen Verfärbungen, wie zum Beispiel Hausgrundrisse oder die Umrisse von Abfall- und Vorratsgruben. Alle als frühgeschichtlich erkannten Strukturen werden mit Hilfe von vertikal angelegten Schnitten in ihrem Verlauf im tieferen Untergrund überprüft und zeichnerisch dokumentiert. Zur Vorbereitung der Auswertung der Grabungsarbeiten zählt beispielsweise auch die dreidimensionale Einmessung der archäologischen Funde vor der Bergung.

Ein Problem großflächiger siedlungsarchäologischer Untersuchungen wird schon jetzt deutlich: Nur selten überlagern sich Befunde aus verschiedenen Zeiten und lassen sich so stratigraphisch differenzieren. Bedingt durch die Untersuchung in lediglich einer Ausgrabungsebene ist die zeitliche Abfolge nebeneinander lie-

Abb. 6 Kosel-West. Beginn einer Ausgrabung. Ein Bagger entfernt die Humusschicht. Im Vordergrund zeichnen sich humose Standspuren der Pfosten eines Hauses ab.

gender Befunde zunächst nicht zu erkennen. Die einzelnen Objekte selbst, wie auch der Gesamtplan der Siedlungsbefunde müssen näher betrachtet werden, will man die chronologische Entwicklung einer solchen Siedlung nachvollziehen.

Siedlung der Wikingerzeit

Die wikingerzeitliche Siedlung westlich von Kosel zeichnet sich durch zwei unterschiedliche Hausformen aus: Zum einen kommen ebenerdig errichtete Pfostenbauten vor, zum anderen spielen sogenannte Grubenhäuser eine dominierende Rolle. Ihnen galt das besondere Interesse während der ersten Ausgrabungskampagnen.

Grubenhäuser – Das Leben in Hütten

Als Grubenhäuser bezeichnet man relativ kleine, in den Untergrund eingetiefte, hüttenähnliche Gebäude. Dächer und Wände sind längst verfallen und vergangen. Da es sich aber um eingetiefte Wohnstätten und Handwerkerhütten handelt, blieb die eigentliche

Abb. 7 Kosel. Ausgrabungsflächen westlich des Dorfes: Schematische Darstellung wikingerzeitlicher Grubenhäuser und Pfostenbauten.

„Wohnschicht“ und das Inventar der Häuser mit Ausnahme der aus organischen Stoffen hergestellten Gegenstände erhalten. Die Füllerde in den Hausmulden enthält ausnahmslos Fundgut der Wikingerzeit. Also sind die Grubenhäuser zumindest nicht sehr lange, nachdem man sie aufgab oder zerstörte, verfüllt worden. An der Oberfläche des Sandbodens hat der Ausgräber kaum Probleme, sie zu lokalisieren; denn sie heben sich in der Regel in Form dunkler, rechteckiger, ovaler, oder seltener, runder Flächen vom hellen Sand der Umgebung ab *(Abb. 7; 8; 13; 15)*.

Die in die Hausmulde gelangte Mischerde sowie vergangene organische Stoffe verursachen eine flächenhafte dunkle Verfärbung. In vielen Grubenhäusern findet man in der Füllerde Asche, Holzkohle, Tierknochen, zerbrochene Keramikgefäße, Eisengerät und zersprungene Mahlplatten. Sogar Muschelschalen kommen vor. Es handelt sich offensichtlich um Küchenabfälle und fortgeworfenes Gebrauchsgut. Aufgegebene Grubenhäuser hat man also als Abfallplätze benutzt. Für Archäologen sind sie natürlich wichtige Informationsquellen. Die Vielfalt der Funde gibt Auf-

Abb. 8 Kosel-West. Grubenhaus. Aus der Füllerde der eingetieften Häuser stammen die meisten wikingerzeitlichen Fundstücke.

schluß über die Lebens- und Eßgewohnheiten der Siedler vor 1000 Jahren.

Der Raum in den hüttenartigen Häusern war eng bemessen. Wir ermittelten Grundflächen von durchschnittlich 10–12 m^2. Die Gruben der Häuser wiesen sehr unterschiedliche Tiefen auf. Sie schwankten zwischen 0,2 m und 1,3 m. Wir haben uns also Gebäude vorzustellen, deren größerer Teil wohl oberirdisch angelegt war. Die Wände hat man errichtet, indem am Rande der ausgehobenen Grube angespitzte Pfähle in die Erde getrieben worden sind. Ihre Standspuren konnten immer wieder an der Sohle der Häuser festgestellt werden. Offensichtlich hat man die Pfähle mit Flechtwerk umwunden und mit Lehm die Zwischenräume verschmiert. Einige Grubenhäuser wiesen an ihrer Basis keine runden Pfostenspuren auf, sondern es wurden schmale rechteckige Verfärbungen sichtbar, die dicht aneinander gepaßt, die Innenflächen der Häuser nach außen begrenzten. Solche Befunde lassen auf sogenannte Stabbautechnik schließen, womit ein Verband von Spaltbohlen oder auch von schwächeren, senkrecht nebeneinander stehenden Brettern gemeint ist.

Die Konstruktionen der Dächer lassen sich nicht belegen, denn von ihnen ist in keinem Falle etwas erhalten geblieben. In den Grubenhäusern fallen meistens zwei besonders mächtige, tief in den Untergrund eingelassene, einander gegenüberstehende Pfostenstandspuren auf. Sie befinden sich meistens in der Mitte der Schmalseiten. Es liegt also nahe, sie als Firstständer anzusehen. Demnach haben wir uns über den Grubenhäusern einfache Satteldächer vorzustellen, die vielleicht bis an die Geländeoberfläche heruntergereicht haben. Eingänge wären somit an den Schmalseiten der Häuser denkbar, also im Osten oder im Westen, denn fast alle der bisher 50 ausgegrabenen Grubenhäuser sind ostwestlich ausgerichtet. Trotz besonderen Augenmerks auf mögliche Konstellationen ist es bislang nicht gelungen, irgendwelche Hinweise auf den Einstieg in die Grubenhäuser zu erhalten. Als einziges fest

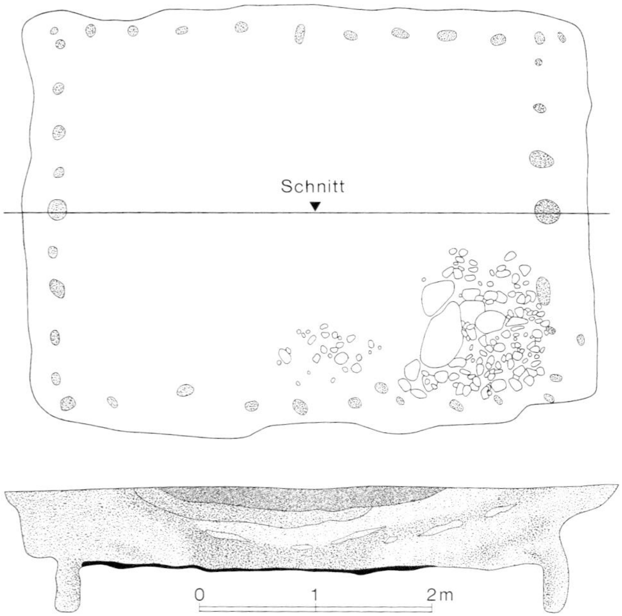

Abb. 9 Kosel-West. Grundriß eines Grubenhauses mit Firstpfosten und Wandpfählen sowie einer Herdstelle in der Ecke des Hauses.

eingebautes Inventar trifft der Ausgräber auf Öfen bzw. Herdstellen. Diese waren immer in einer Ecke, bevorzugt in der Südostecke, zu finden, niemals aber in der Hausmitte *(Abb. 9)*. Entweder sie setzten sich aus größeren, kreisförmig angeordneten Steinen zusammen, die einen offenen Brennraum umgaben, oder die Wärmequelle bestand aus faustgroßen, geschlagenen Steinen in kegel- oder kuppelförmiger Anordnung, sorgfältig um einen kleinen Hohlraum, die Brennkammer, gesetzt. Die Feuerstellen einiger anderer Häuser bestanden aus Steinpflasterungen, die zum Teil in den Hausecken hochgeschichtet waren, um Brandschutz zu gewähren. Etwa die Hälfte der Grubenhäuser war mit einer Heiz- oder Kochvorrichtung ausgestattet. Offenbar hat man sich nicht die Mühe gemacht, die anfallenden Überreste des verbrannten Holzes nach draußen zu befördern, denn die Fußbodenschichten setzten sich aus Sandlagen, vermischt mit Asche und Holzkohle, zusammen. Der bloße Sand des Untergrundes diente als Lauffläche. Vielleicht hat man die wärmeisolierende Wirkung der Holzkohle nutzen wollen und dafür den Schmutz im Grubenhaus in Kauf genommen. Also wurden die Verbrennungsrückstände ganz bewußt im Hause belassen. Unmittelbar unterhalb der Fußbodenschicht fand sich dann der unberührte anstehende Sandboden, in dem sich vielfach Vertrittspuren beobachten ließen.

Mehrfach konnte man Verfärbungen von Wandpfosten nicht nur als äußere Begrenzung der Wohngrube beobachten, sondern, bevorzugt an den Schmalseiten, war gelegentlich eine weitere Flucht aus Pfostenlöchern. Diese endete ebenfalls an den Längswänden. Es gibt also Hinweise auf Veränderungen in den Häusern, die auf Renovierungsarbeiten hindeuten. In einzelnen Fällen lassen sich rundum vollständig erneuerte Außenwände der Grubenhäuser belegen. Angesichts der leichten und scheinbar nicht auf dauerhafte Haltbarkeit ausgerichteten Bauweise verwundert es nicht, wenn nach längerer Benutzung Reparaturen erforderlich wurden. Weitere Beobachtungen bestätigten die vermuteten Renovierungen. Sie führen zur Frage, ob die Häuser überhaupt dauerhaft genutzt worden sind. Mehrfach ließen sich zwei Fußbodenschichten unterscheiden, die von hellen Sandschichten getrennt waren. Meistens gelang es, auf dem Niveau der unteren Fußbodenschicht einen dazugehörigen eigenen Pfostenaufbau nachzuweisen, der mit dem darüberliegenden nicht in Verbindung stand. Innerhalb einiger Grubenhäuser haben wir es also nicht nur mit Ausbesserungen zu tun, sondern es gibt offenbar ältere und jüngere Benutzungsphasen der Häuser. In diesem Zusammenhang erhebt sich die Frage, ob die Häuser zwischen der älteren (im Befund unteren Schicht) und der jüngeren Schicht längere Zeit ungenutzt blieben. Eine Antwort könnte sich auf folgende Beobachtungen stützen: Der steinerne Aufbau eines Ofens in der Ecke eines Hauses wurde bei der Errichtung einer zweiten Wohnschicht im oberen Teil abgetragen und ein neuer installiert. Den Sockel des älteren Ofens hatte man stehen gelassen.

Uns bleiben für solche Befunde mehrere Interpretationsmöglichkeiten. Zunächst können wir davon ausgehen, daß alle Veränderungen an den Grubenhäusern während der Belegungszeit von ihren Benutzern je nach dem Zeitpunkt der Notwendigkeit ausgeführt worden sind. Genauso sollten wir nach Kenntnis der Befunde auch eine wiederholte Belegung der Grubenhäuser in unsere Deutungsversuche mit einbeziehen. Es scheint zumindest nicht ausgeschlossen, daß die Siedlung, soweit es die Grubenhäuser betrifft, eventuell saisonal aufgesucht worden ist. Die Annahme liegt nahe, Teile der Grubenhaussiedlung könnten zeitweise leer gestanden haben.

Diese These stützt eine weitere Beobachtung. In mehreren Fällen wurden Grubenhäuser nicht alleinstehend freigelegt, sondern manchmal scheinen sie in der Aufsicht auf den ersten Blick ineinander verschachtelt zu sein. Bei genauerem Hinsehen offenbarten sich solche Befunde gerade nicht als Häuser, die ineinander übergingen. Im Gegenteil, es zeigte sich zweifelsfrei, daß man neue auch dort errichtet hatte, wo vorher bereits andere gestanden hatten. Wir dürfen in diesen Fällen davon ausgehen, daß die Hausgrube des jeweils älteren bereits verfüllt war, als man die Mulde für das jüngere Haus aushob. Teilweise Überschneidungen dürften also eher zufällig entstanden sein, geben uns aber einen Beleg dafür, daß mindestens einige der Grubenhäuser nicht gleichzeitig genutzt worden sind.

Damit ist klar, daß unser kleines wikingerzeitliches Dorf nicht in einem Zuge aufgesiedelt worden ist. Nochmals sei erwähnt, daß viele Grubenhäuser besonders im oberen Bereich der Verfüllung ihrer Hausmulden von Abfällen, die noch aus der Wikingerzeit stammten, bedeckt waren. Andere Häuser wiesen hellsandige Verfüllschichten auf, die hauptsächlich auf natürlichem Wege, nämlich durch Abschwemmung, in die Grubenhäuser gelangt sind. In ihnen kamen kaum Funde vor. Demnach sind also diejenigen Grubenhäuser die jüngsten der Siedlung, die wir bei nur einer Fußbodenschicht, ohne Umbauten und mit fundarmer sandiger Füllerde vorfinden. Überlegungen dieser Art werden vom Ausgräber meistens schon im Gelände angestellt. Im Rahmen der eigentlichen Auswertung stützen sich die Aussagen auf die maßstabsgetreuen Zeichnungen, auf denen die entscheidenden Situationen dokumentiert worden sind. Außerdem leisten auch Photographien hilfreiche Dienste. Dem Fundgut aus den Grubenhäusern kommt besonders in chronologischer Hinsicht Bedeutung zu. Mit seiner Hilfe soll nicht nur der zeitliche Rahmen einer solchen Siedlung abgesteckt werden. Vielmehr ist es nötig, feinere chronologische Unterschiede zwischen einzelnen Befunden aus dem Fundgut herauszuarbeiten. Dabei ergibt sich häufig die Schwierigkeit, daß sich die Funde in dieser Hinsicht kaum voneinander trennen lassen. Dennoch bieten gerade die Grubenhäuser und ihr Fundgut genügend Ansatzpunkte, um nach Abschluß der Grabungsarbeiten zu einer umfassenden Gliederung von Befunden und Funden zu gelangen.

Ebenerdige Häuser

Zu den Besonderheiten der wikingerzeitlichen Siedlung gehört es, daß wir außer den eingetieften Grubenhäusern als weitere Hausform einige zu ebener Erde errichtete Pfostenbauten nachgewiesen haben *(Abb. 7)*. Von ihnen ist im Gegensatz zu den Grubenhäusern recht wenig übrig geblieben. Wie eingangs beschrieben, finden wir nur die Teile der Gebäude, die in den Untergrund eingetieft worden sind. Durch eine gezielte Suche nach Pfostenstandspuren ließen sich mehrere Hausgrundrisse ermitteln. In Kosel sind allerdings die Langhäuser zahlenmäßig gegenüber den Grubenhäusern deutlich unterrepräsentiert. Auch kann man bezüglich der Pfostenbauten nicht von einer einheitlichen Hausform sprechen. So stießen wir beispielsweise auf ein Haus mit gleichmäßig konvex gebogenen Wänden. Es war 21 m lang und in der Mitte 6 m breit *(Abb. 10,1)*. Die Pfosten der Außenwände waren durchschnittlich 0,60–0,80 m voneinander entfernt. Im Inneren des schiffförmigen Gebäudes hatten mächtige paarig angeordnete Pfosten das Dach getragen. Die Wohnfläche wurde in Längsrichtung gedrittelt. Wir können also von einem dreischiffigen Gebäudegrundriß sprechen. Im Inneren des Hauses war keine weitere Unterteilung in kleinere Räumlichkeiten festzustellen. Zu Häusern dieses Typs findet man vor allem in wikingerzeitlichen Siedlungen Südskandinaviens entsprechende Parallelen.

Ein anderes Pfostenhaus war etwa 17 m lang und 6 m breit *(Abb. 10,2)*. Die Pfostenspuren bildeten ein Rechteck mit abgerundeten Ecken. Den Innenraum gliederten lediglich zwei Pfostenpaare. An diesem Haus fiel auf, daß die Pfostenstandspuren in ihren Abständen zueinander und im Verlauf der Wandführung nicht besonders sorgfältig aufeinander abgestimmt waren. Diese Feststellung gilt mit Abstrichen für alle Pfostenbauten der Wikingerzeit in Kosel. Aber auch manchen skandinavischen Parallelbefunden sieht man an, daß die Siedler nicht unbedingt Wert auf exakt ausgeführte Bauten legten.

Die Unterschiede in Größe und Form der zu ebener Erde gebauten Häuser können wir anhand einer weiteren Variante belegen, bei der außerdem die Konstruktion eine andere gewesen sein muß *(Abb. 10,3)*. Bisher wurden zwei Grundrisse ganz besonderen Typs freigelegt. Die Umrisse zeichneten sich in Form eines umlaufenden Gräbchens ab. Es umschloß eine annähernd rechteckige Fläche von 13,5 m Länge und 5,5 m Breite und war überwiegend mit dunklem Sand aufgefüllt. Innerhalb dieser Eintiefung zeichneten sich keinerlei Strukturen ab, die auf die Konstruktion hätten schließen lassen. Im Gegenteil: das Gräbchen durchschnitt in seinem Verlauf eine Lehmfläche, die aufgrund größerer Festigkeit und günstigerer Erhaltungsbedingungen das tatsächliche Aussehen am besten wiedergab.

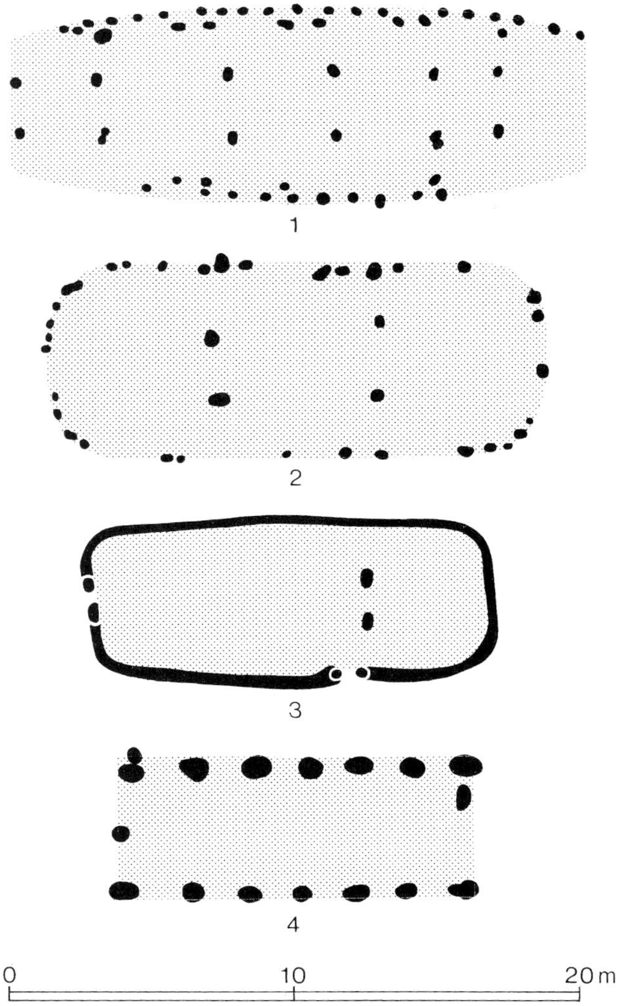

Abb. 10 Kosel-West. Ebenerdige wikingerzeitliche (1—3) und hochmittelalterliche (4) Hausgrundrisse.

Hier sah die Verfärbung besonders homogen aus. Wahrscheinlich hat man zum Bau des Hauses in horizontaler Ebene Hölzer wie Schwellen verlegt, um daran den übrigen Wandaufbau verankern zu können. Der Verlauf des Gräbchens war in der Mitte der westlichen Schmalseite und im östlichen Drittel der südlichen Längsseite jeweils auf einer Breite von einem halben Meter unterbrochen. An den Enden zur Öffnung hin zeigten sich im Vertikalprofil der Gräbchen pfostenlochähnliche Vertiefungen, die man unschwer als Wandabschlüsse bzw. Türpfosten interpretieren kann. Der Innenraum erbrachte erstmals eine Herdstelle in einem Haus zu ebener Erde. Sie befand sich in der Mitte des Hauses, ein wenig zur Nordwand hin versetzt. Das Oberteil war zwar auch hier längst abgetragen, es blieb aber ein leuchtend rot gebranntes lehmiges Unterteil. Zudem gab es im Haus drei Gruben und im östlichen Teil zwei Pfostenstandspuren, die in Verlängerung des südlichen Eingangs das östliche Hausdrittel abtrennten. Hier haben wir uns eine Querwand als innere Gebäudegliederung vorzustellen.

Häuser des hohen Mittelalters

Des weiteren kamen Grundrisse von einer Häusergruppe zutage, die nahe beieinander gestanden hatten. Sie zeichneten sich durch fast identischen Aufbau aus. Ihr besonderes Kennzeichen waren die ungewöhnlich mächtigen Pfostenstandspuren von bis zu 1 m Durchmesser. Das Längen- Breitenverhältnis der Grundflächen betrug jeweils etwa 3:1. Der abgebildete Grundriß setzte sich aus sieben Pfostenpaaren zusammen, die streng rechteckig ausgerichtet waren *(Abb. 10,4; 14).* Die Häuser dieser Gruppe werden vor allem deshalb zu einem Typ zusammengefaßt, weil sie keine dachtragenden Pfosten in den Innenräumen aufwiesen. Die Dachlast ruhte auf den kräftigen Wandpfosten. Während die Hauptausrichtung der ebenerdigen Pfostenbauten üblicherweise ostwestlich ist, hatten einige dieser Häuser auch in Nord-Süd-Richtung gestanden.
Außer den genannten Spuren von Häusern kommen noch kleinere Bauten in der Siedlung vor. Darunter befinden sich quadratische oder rechteckige Grundrisse, die als Speicher und Nebengebäude den erwähnten Häusern zuzuordnen sind. – Es zeigt sich zweifellos,

daß den eher stereotyp wirkenden Grubenhäusern ein heterogenes Bild von ebenerdig errichteten Pfostenbauten gegenübersteht. Aus dem zahlenmäßigen Mißverhältnis zwischen beiden Hausformen ergeben sich Fragen nach der sozialen Ordnung einer solchen Siedlung. Auch ist es seit langem umstritten, ob Grubenhäuser überhaupt als Wohnhäuser anzusehen sind. Die wikingerzeitliche Siedlung westlich von Kosel wird im Rahmen der abschließenden Auswertung in dieser Frage sicher einige Ergebnisse im Detail liefern können. Unabhängig von der Analyse des Fundguts zeigt sich, daß wir es hier im Umland von Haithabu, anders als erwartet, nicht mit einer vorwiegend agrarisch strukturierten Siedlung zu tun haben. Die vielen Grubenhäuser und die wenigen, vergleichsweise kleinen Langbauten geben kaum Anlaß, an intensive landwirtschaftliche Produktion, die der Versorgung von Haithabu gedient haben könnte, zu denken. Der nachgewiesene Anbau von Getreide in Kosel dürfte kaum über den Eigenbedarf hinaus gereicht haben. Wie agrarisch strukturierte Siedlungen der Wikingerzeit aussehen, wissen wir von Ausgrabungen im benachbarten Dänemark. Einige der ländlichen Siedlungen zeigten ein klares Siedlungsmuster mit großen Hauptgebäuden, mehreren Nebengebäuden, einigen Grubenhäusern, Speichern sowie Einhegungen und Zäunen. Die größeren Häuser wiesen oftmals funktionale Trennungen in Wohn- und Stallteil auf.

Erst aus der Auswertung des Fundgutes, der Hausformen und des Aufbaus der gesamten Siedlung läßt sich die Frage nach der wirtschaftlichen Grundlage, also der Existenzbasis der Bewohner beantworten.

Siedlung der Völkerwanderungszeit

Während der Ausgrabung westlich von Kosel kamen anfangs einzelne Scherben einer älteren, vorwikingerzeitlichen Periode zutage. Sie wurden zunächst als Streufunde von weiter entfernt liegenden, bereits bekannten, älteren Siedlungen gedeutet. Im Rahmen großflächiger Untersuchungen kommt häufig Fundmaterial aus anderen vorgeschichtlichen Zeiträumen zutage. Meist handelt es sich um Flintgeräte aus der Jungsteinzeit. Auf der Grabungsfläche in Kosel wurden diese älteren Scherben immer zahlreicher, bis schließlich der erste Hausgrundriß freigelegt wurde, der nicht wikingerzeitlich sein konnte. Die außerdem geborgenen Begleitfunde datierten nämlich in die Völkerwanderungszeit.

So stand bald fest, daß außer der wikingerzeitlichen Siedlung, die das eigentliche Ziel unserer Ausgrabung war, eine weitere dieses älteren Zeitabschnittes vorhanden war. Normalerweise wird eine solche Situation von dem Ausgräber nicht unbedingt gewünscht; erschwert sie doch wegen der gegenseitigen Überlagerungen und Störungen im Gelände die ohnehin schwierige Sicherstellung der Befunde. In diesem Fall aber war die Entdeckung einer Vorgängersiedlung durchaus willkommen. Durch die Präsenz beider Siedlungen an einem Orte besteht die Möglichkeit zu prüfen, ob während des 6. bis 8. Jahrhunderts, der Merowingerzeit, das Land tatsächlich unbesiedelt war. In Kosel eröffnete sich uns dank der Platzkontinuität der Siedlungen von der Völkerwanderungszeit zur Wikingerzeit die Möglichkeit, in dieser Frage mit Hilfe neuer Ergebnisse Fortschritte zu erzielen. Beispielsweise war in diesem Gebiet über Siedlungsstrukturen, Wirtschaftsweise und die Zusammensetzung des Fundgutes beider Zeitabschnitte nicht viel bekannt. Es gelang jedoch bisher nicht, Belege für eine fortgeführte Siedlung jener Zeit zu erbringen und damit außer der Platz- auch Siedlungskontinuität nachzuweisen.

Die Spuren der Wikingerzeit lagen ursprünglich über denen der Völkerwanderungszeit. Da es nur ein Ausgrabungsniveau gibt, lassen sich die Befunde oft nur schwierig einzelnen Siedlungsperioden zuordnen. Stellenweise wurden auch unmittelbare Überlagerungen von Siedlungsspuren beobachtet. Die ältere Niederlassung erstreckte sich darüber hinaus jedoch über ein erheblich größeres Gebiet. Während die Häuser zur Wikingerzeit auf relativ engem Raum nahe beieinander gestanden hatten, zeichneten sich die Bebauungsspuren der Völkerwanderungszeit durch lose, vergleichsweise weit voneinander entfernt liegende Strukturen aus. Die Siedlung war, soweit die bisherigen Befunde eine Beurteilung zulassen, offen und unbefestigt. Als Unterschied zur Wikingerzeit fiel zuerst auf, daß es während der älteren Siedlungsphase keine Grubenhäuser in Kosel gegeben hat. Lange schmale Pfostenhäuser bestimmten das Bild. Besonderes Kennzeichen dieser Gebäude von bis zu 22,5 m Länge und nur 5–6 m Breite war der halbkreisförmige Abschluß der Giebelseiten, während die Längswände grundsätzlich linear verliefen *(Abb. 11,1)*. Der innere Aufbau der Häuser ließ Dreischiffigkeit erkennen. In einem Falle gliederten zwei sich gegenüberliegende Eingänge das Haus in Längsrichtung im Verhältnis 4:3. Der größere Teil zeigte mehrere Querunterteilungen, während in der kleineren Hälfte zwei in Längsrichtung aufgestellte Pfostenreihen gefunden wurden *(Abb. 11,2)*. Ähnliche

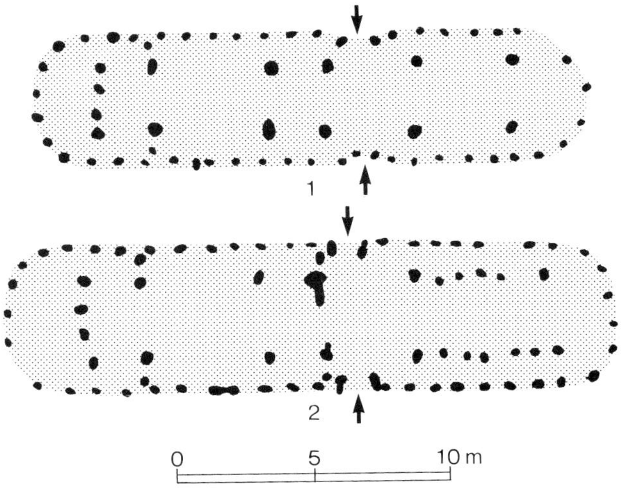

***Abb. 11** Kosel-West. Hausgrundrisse der Völkerwanderungszeit. Ein Haus ist in Wohn- und Stallteil gegliedert.*

Befunde anderer Ausgrabungen ließen weitere Details solcher Häuser erkennen. Man fand Spuren von Wänden zwischen den Pfosten, die offenbar Viehboxen voneinander abtrennten. Eine funktionale Aufteilung in Wohn- und Stallteil scheint daher auch für das Haus aus Kosel vorzuliegen.

Zu den bisher ausgegrabenen Siedlungsspuren aus der Völkerwanderungszeit gehören Nebengebäude und Speicher *(Abb. 12)*. Ebenso fanden sich kleinere Einhegungen, die möglicherweise mit der Viehhaltung in Zusammenhang zu bringen sind. Zu den Befunden zählen außerdem Gruben, die unterschiedlichen Funktionen dienten. Gerade die fundreicheren von ihnen gruppierten sich um die Häuser herum. Eine davon war eine Darrgrube für Getreide. Darin befanden sich mehrere Keramikgefäße und ein Vorrat von Gerste, der botanisch untersucht wird *(Abb. 19)*.

Funde der Wikingerzeit – Leben und Handel in Kosel

Die Ausgrabungen brachten bisher erstaunlich viel Fundgut zutage. Gerade weil es sich in Kosel um flächenhafte Untersuchungen handelt, war das nicht zu erwarten gewesen. Je mehr Funde aus genau eingemessenen Positionen stammen und je breiter ihr Spektrum ist, desto besser läßt sich der Zeitraum der Besiedlung chronologisch einengen und das Leben in der Siedlung nachzeichnen. Dazu gehört beispielsweise die Frage nach den Handelsbeziehungen. Hier sollen beispielhaft die materiellen Hinterlassenschaften der wikingerzeitlichen Siedlung und die sich daraus ergebenden Aussagen vorgestellt werden.

Gebrauchsgegenstände

Die wikingerzeitlichen Fundstellen enthielten zahlreiche verschiedene Arten von Funden. Weitaus am häufigsten sind Keramikscherben vertreten. Inzwischen gelangten mehrere Tausend in die Auswertung; darun-

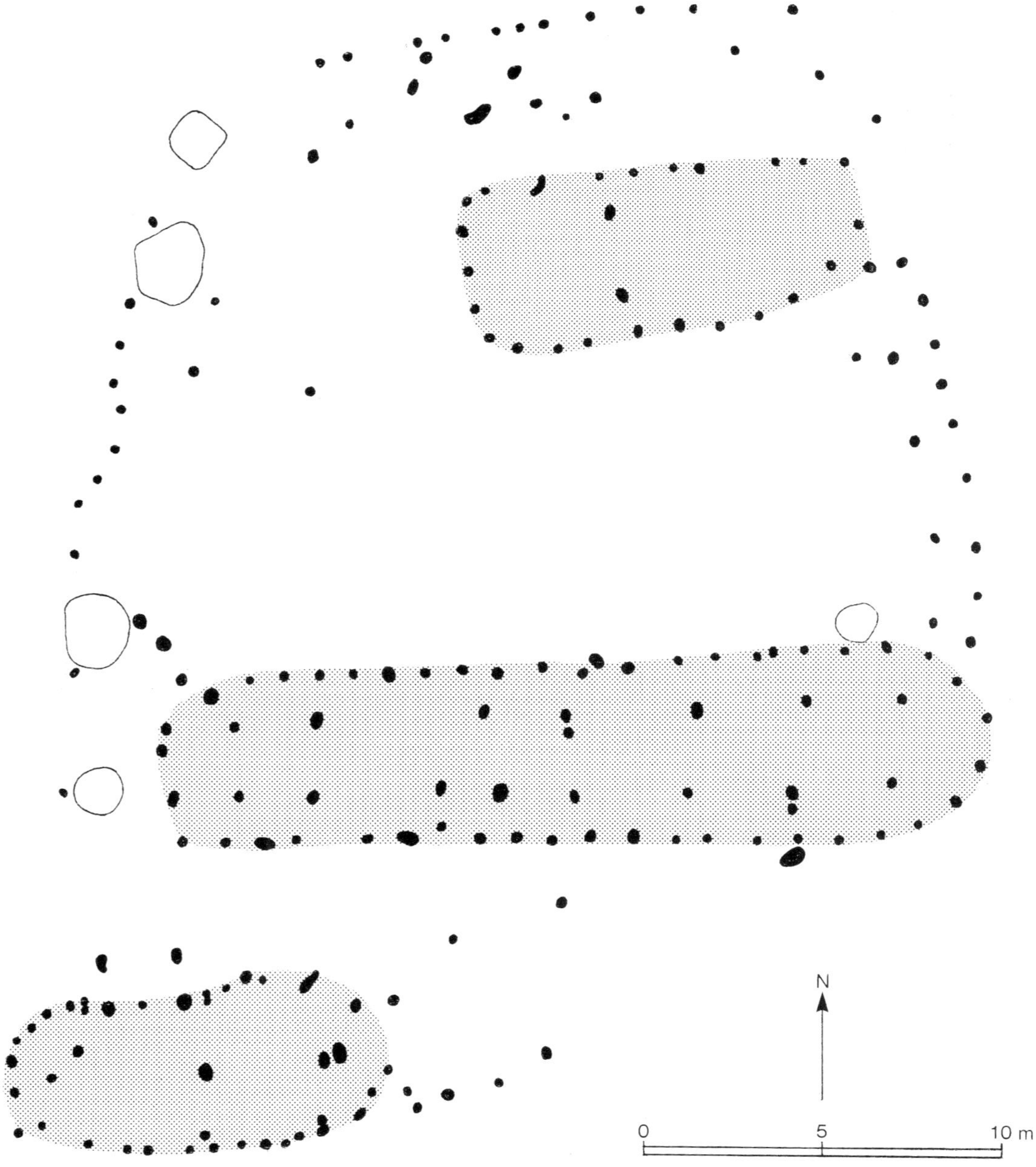

Abb. 12 Kosel-West. Grundriß einer Hofanlage aus der Völkerwanderungszeit mit einem Haupthaus und zwei Nebengebäuden sowie mehreren Gruben und einer Einhegung.

ter waren auch einige vollständig erhaltene und weitere aus Scherben wieder zusammengesetzte Gefäße. Die Wikinger waren zweifellos hervorragende Schiffsbauer und exzellente Metallhandwerker, doch war die Töpferei, verglichen mit der römischen Kaiserzeit, auf einem eher einfachen Niveau stehengeblieben. Grob gemagerter Ton, nachlässig gebrannte Gefäße und einfache handgemachte Formen sind charakteristisch für die Keramik der wikingerzeitlichen Siedlung von Kosel. Die Ware ist an ihrer Oberfläche meistens ungeglättet und rauh belassen. Verzierungen kommen nur selten vor. Die Motive beschränken sich auf regelmäßige Einstiche in Randnähe oder auf Kreuzstempel auf den Gefäßen. Dadurch, daß die einheimische Töpferware nicht auf der Drehscheibe hergestellt wurde, fielen die Gefäße in ihrer Form manchmal unsymmetrisch aus. Sogar Knetspuren mit den Fingerabdrücken der Hersteller findet man auf dem Ton. Als Gefäßformen kommen am häufigsten sogenannte Kumpfformen vor. Es handelt sich um Behältnisse mit bogenförmigem Profil und mit nach innen geneigtem Rand. Der Boden ist plan. Solche Gefäße findet man in jeder wikingerzeitlichen Siedlung im skandinavischen Raum. Eine andere sehr geläufige Form stellt der Kugeltopf dar. Als besondere Merkmale sind der auch an seinem Unterteil runde Gefäßkörper und der ausladende Rand anzuführen. Beispielsweise in Haithabu war diese Gefäßform sehr gebräuchlich.

Neben einheimischen Keramikprodukten stieß man mehrfach auf Gefäße und Scherben, die in ihrer Machart, Form und Ornamentik slawische Elemente aufweisen. Der Ton setzt sich offenbar aus denselben Bestandteilen wie der Rohstoff der einheimischen Ware zusammen. Er ist ähnlich grob. Auch hat man diese Keramik nicht besser gebrannt. Die wesentlichen Unterschiede zur einheimischen Ware bestehen vor allem in der oftmals reichen, wenn auch manchmal flüchtig ausgeführten Verzierung. Als Beleg für die Verwendung einer Töpferscheibe zur Herstellung von keramischen Erzeugnissen finden wir im Fundgut aus Kosel Achsabdrücke der Töpferscheiben auf den Gefäßböden. Nun ist mit der Auffindung solcher in slawischer Tradition hergestellter Keramik noch nicht geklärt, ob sie von slawischen Töpfern am Fundort selbst produziert oder importiert wurden. Denkbar wäre beispielsweise auch, daß man Herstellungsweise und Ziermotive entsprechend der Mode imitierte. Auf slawisch geprägte Keramik stößt man in Siedlungen des frühen Mittelalters nicht nur in den Randgebieten des damaligen slawischen Siedlungsgebietes, sondern im gesamten Ostseeraum. Man spricht daher auch von „Ostseekeramik".

Aus ganz anderem Rohstoff bestehen einige Gefäßbruchstücke, die in einem Grubenhaus vorkamen. Sie sind verhältnismäßig schwer und dickwandig und fühlen sich seifig an. Es handelt sich um Speckstein, der hervorragende Eigenschaften als Werkstoff besitzt. Man kann ihn schneiden oder schnitzen, und vor allem wegen seiner Hitzebeständigkeit war er ein begehrtes Handelsobjekt während der Wikingerzeit. Metallhandwerker nutzten die Eigenschaften, indem sie aus Speckstein Gußformen herstellten. Der Rohstoff ist als Importgut aus Westschweden und dem südlichen Norwegen zu uns gekommen. Ebenso häufig wie Keramik, nämlich in fast jedem Grubenhaus, fanden sich Hinweise auf Textilherstellung. Zwar ergaben sich in keinem Falle Befunde, die einen Webstuhl selbst belegen könnten; tönerne Spinnwirtel und Webgewichte aber erteilen uns dieselbe Auskunft. Spinnwirtel kommen in konischer und doppelkonischer Gestalt vor, während die Webgewichte ausnahmslos linsenförmig sind. Manche zeigen regelmäßige Dellen und Eindrücke, andere weisen Stempel als Verzierungs- oder Besitztumsmarken auf. Es scheint zunächst fraglich, ob in den beengten Verhältnissen der Grubenhäuser ein Webstuhl Platz gefunden hätte. Der Befund eines abgebrannten Grubenhauses brachte jedoch Klarheit in diese Frage. Das Feuer muß ausgebrochen sein, als das Haus noch in Benutzung war. Unter den verbrannten Überresten fanden die Ausgräber mehr als 20 Webgewichte etwa in einer Reihe auf dem Fußboden des Hauses liegend. Der Webstuhl selbst war nicht mehr identifizierbar. Die lineare Ausrichtung der Webgewichte läßt nur den Schluß zu, daß sie während des Brandes von den Kettfäden, an denen sie aufgereiht hingen, herabfielen, und dann auf dem Fußboden des Hauses ihre Anordnung beibehielten.

Ebenfalls als Importgut anzusprechen sind Bruchstükke von Getreidemühlen, die vor allem in der Füllerde der Grubenhäuser häufig vorkamen. Sie bestanden aus vulkanisch entstandener Basaltlava, die im heimischen eiszeitlichen Geschiebematerial nicht zu finden ist. Das Gestein stammt aus der Eifel, wo es abgebaut und exportiert worden ist. Der Vorteil des Getreidemahlens mit Mühlsteinplatten aus Basaltlava bestand in der Härte und Porosität des Rohstoffes.

Unter den vielen Funden aus Eisen sei in diesem Zusammenhang auf eine kleine Sichel hingewiesen, die bei der Getreideernte zum Einsatz gekommen sein dürfte. Allgemein müssen wir dem Eisengerät, was das tägliche Leben in der wikingerzeitlichen Siedlung betrifft, eine zentrale Funktion einräumen. Vor allem die Weiterverarbeitung von Holz wird zweifellos ein wichtiger Wirtschaftsfaktor gewesen sein. Dafür sprechen zahlreiche Messerfunde unterschiedlicher Größen. Die Klingen zeigten meistens deutliche Abnutzungsspuren. An den Griffangeln blieben gelegentlich Reste des Holzgriffes erhalten. Während die Messer eher universell eingesetzt wurden, läßt der Fund eines Zieh- oder Schabeisens eine spezialisierte Holzverarbeitung erkennen. Die Holzgriffe des Geräts waren nicht erhalten. Immer wieder fand man in der Siedlung Niete und Nägel, deren Funktion mit dem Holzhandwerk in Verbindung zu bringen ist.

Die große Zahl eiserner Gerätschaften geht mit ebenso häufigem Auftreten von Wetzsteinen einher. Von oftmaliger Benutzung gekennzeichnet, handelt es sich größtenteils um unbrauchbar gewordene und daher fortgeworfene Exemplare. Man trug sie wohl meistens am Körper, denn viele Wetzsteine weisen an einem Ende eine Durchlochung auf. Beim sogenannten Wetzschiefer handelt es sich nicht um Schiefer im geologischen Sinne, sondern um ein äußerst feinkörniges, aber dichtes Gestein, dessen Oberfläche sich ölig-glatt anfühlt. Der Rohstoff ist wiederum bei uns nicht heimisch, sondern stammt aus Norwegen.

Schmuck

Überraschenderweise beschränkte sich die Zusammensetzung des Fundgutes nicht allein auf die profanen Dinge des täglichen Lebens. Einige unserer Metallfunde könnten durchaus als Beigaben in Gräbern vorkommen. Gelegentlich sind Vergleichsstücke schon aus Gräbern anderer Regionen bekannt. Bereits in früheren Jahren war in skandinavischen ländlichen Siedlungen der Wikingerzeit vereinzelt Schmuck gefunden worden, mit dem man angesichts der Fundumstände nicht unbedingt hätte rechnen können. Mehrfach kamen prächtige Stücke aus der Füllerde von Grubenhäusern und Gruben nach rund 1000 Jahren wieder an das Tageslicht. Anscheinend sind sie nicht absichtlich, etwa wegen geringfügiger Beschädigungen, weggeworfen worden. Die Tatsache, daß Schmuckstücke vergleichbarer Qualität ebenfalls in dänischen und südschwedischen Grubenhäusern präsent waren, läßt andere Ursachen vermuten. Beispielsweise könnten von dem einen oder anderen der hier vorgestellten Metallfunde sehr viel mehr Exemplare im Umlauf gewesen sein, als wir es zur Zeit annehmen. Einzelne Verluste wären dann eher erklärbar. Eventuell überschätzen wir auch den damaligen Wert der Objekte. Vergleichsfunde lassen gelegentlich den Schluß zu, daß es von manchem Stück prunkvolle aber auch einfachere Ausführungen gab. – Hiermit sei nur eine denkbare Variante des Ansatzes zur Klärung dieser Frage angesprochen.

In der Wikingerzeit waren unterschiedliche Fibeln, also Gewandspangen und Broschen gebräuchlich. Die wegen ihrer prägnanten Form allgemein bekanntesten sind die Kleeblattfibeln. Wahrscheinlich hat man im

Norden die Idee, die Grundform des Kleeblattes als Schmuck zu nutzen, nicht selbst entwickelt, sondern sie aus dem westlichen Mitteleuropa übernommen. Von dort hat man auch einige Ziermotive entlehnt. Ein großer Teil der Kleeblattfibeln trägt reiche Verzierung, andere, wie die aus einem Grubenhaus aus Kosel, sind vergleichsweise schlicht gehalten *(Abb. 16,2)*. Zierelemente wie Punktkreise und Furchen füllen die Flächen der drei Blätter in annähernd symmetrischer Form. Unsere Fibel ist verhältnismäßig klein. Ihre Flügel stehen leicht unregelmäßig zueinander. Es gibt im Norden ganz wenige bekannte Fibeln, die ähnliche Merkmale aufweisen. Dennoch dürfte sie im skandinavischen Raum hergestellt worden sein.

Während der Wikingerzeit gab es einen regen, überregionalen Handel. Wie wir bereits gesehen haben, profitierten selbst kleine ländliche Siedlungen davon. Waren wechselten im Tauschhandel den Besitzer. Als Zahlungsmittel dienten aber auch Münzen und Schmuck. Es gab fein tarierbare Klappwaagen und Gewichtssysteme, mit deren Hilfe die Währungen verschiedenster Regionen auf ihren reinen Metallwert reduziert wurden. Eine besondere Rolle spielte dabei das sogenannte Hacksilber, also in kleine und kleinste Fragmente zerlegte Gegenstände aus Silber. Auch in Kosel fand man das Waagschälchen einer Klappwaage und ein einzelnes, wohl verlorengegangenes Tariergewicht. In Zusammenhang mit diesen Funden ist eine arabische Silbermünze zu betrachten. Diese war nur zur Hälfte erhalten. Man hatte sie offensichtlich durchtrennt, um über „Kleingeld" verfügen zu können. Aus der teilweise erhaltenen arabischen Inschrift geht hervor, daß die Münze im frühen 8. Jahrhundert geprägt worden ist. Sie ging sicher durch viele Hände, bevor ihre Reise ein vorläufiges Ende in einem Grubenhaus in Kosel fand, ganz in der Nähe des Handelsplatzes Haithabu.

Halb Münze, halb Schmuckstück, so müßte man genau genommen eine vergoldete, bronzene Brosche bezeichnen *(Abb. 16,1)*. Darum gibt die numismatische Benennung mit dem Begriff Münzbrosche die Mittelstellung unseres Exemplares treffend wieder. Wir erkennen die grob stilisierte Darstellung einer männlichen Person. Mit Hilfe von Vergleichsfunden läßt sich verfolgen, daß auf den ersten Münzen dieser Art ursprünglich Ludwig der Fromme als Herrscher porträtiert worden ist. Nachdem das Münzrecht gelockert worden war, brachten unabhängige Hersteller Nachahmungen in Umlauf. Die bildliche Darstellung auf den ehemals goldenen, später dann bronzenen, nur noch vergoldeten Münzen fiel zunehmend ungenauer aus. Die Halterung auf der Rückseite dieses auch als Pseudomünze bezeichneten Exemplares weist es von seiner letzten Funktion her schon eher als Schmuckstück aus. Auch dieses Exemplar ist als Handelsobjekt nach Kosel gekommen, denn die weitaus meisten vergleichbaren Stücke stammen von Fundplätzen aus den nördlichen Niederlanden und dem Rheinmündungsgebiet.

Ebenfalls aus vergoldeter Bronze besteht eine Schließe *(Abb. 16,4)*. An einem Ende deuten uns zwei krallenartige Haken ihre Funktion an. Der andere Abschluß wird von einem Scharnier gebildet, das ursprünglich paarig vorhanden war. Symmetrisch angeordnete Kerbschnittzier charakterisiert die Schauseite der Schließe. Wir erkennen geschweifte Stege und regelmäßig angeordnete Durchbrechungen. Solche Zierelemente sind im Norden zu jener Zeit nicht gebräuchlich gewesen. Wahrscheinlich stammt das Fundstück aus dem karolingischen Reich.

Dagegen wurde ein Riemenzungenende mit Sicherheit in einer nordischen Werkstatt gefertigt *(Abb. 16,5)*. Das Zierstück zeigt auf seiner Schauseite Verschlingungen auf engstem Raum. Genauere Betrachtung führt uns an Details heran, die zunächst ein Auge, einen Tierkopf, eine Pfote und dann den verwundenen Leib erkennen lassen. Darstellungen unbestimmbarer Tiere oder Fabelwesen schmückten häufig die Metallarbeiten aus der Wikingerzeit im Norden. In der stilistischen Ausführung gleicht das Exemplar unter anderem der eines

Abb. 13 Kosel-West. Ausgrabungsflächen während der Freilegung frühgeschichtlicher Gruben und Pfostenstandspuren. Abb. 14 Kosel-West. Pfostenstandspuren eines Hauses des hohen Mittelalters. Abb. 15 Kosel-West. Eine Gruppe wikingerzeitlicher Grubenhäuser während der Ausgrabung. Die Hausmulden sind mit humoser Erde angefüllt.

1

2

3

4

5

Abb. 16 Kosel-West. Fundstücke aus wikingerzeitlichen Grubenhäusern (vergrößert dargestellt): 1 Münzbrosche (Bronze, vergoldet), 2 Kleeblattfibel (Bronze), 3 Kamm (Bronze), 4 Schließe (Bronze, vergoldet), 5 Riemenzungenende (Bronze).

silbernen Bechers aus den königlichen Grabhügeln von Jelling, Jütland.
Normalerweise rechnet man archäologisches Fundgut, wie beispielsweise Kämme, zu den einfachen Dingen des täglichen Gebrauchs. Nahezu alle Kämme der Wikingerzeit wurden aus Knochen oder aus Geweih hergestellt. Die Grubenhäuser in Kosel bargen mehrere Fragmente davon. Ganz wenige Ausnahmen belegen, daß gelegentlich bronzene Kämme Verwendung fanden. Das Prinzip der Herstellung beruhte darauf, zwei gegossene Bronzeschienen mit dazwischengefügten gezähnten Geweihplättchen miteinander zu vernieten. Einige solcher Kämme stammen aus Fundstellen, die kaum Rückschlüsse auf ihre ehemaligen Besitzer zulassen. Andere Bronzekämme jedoch fand man unter den Beigaben auffallend reich ausgestatteter Gräber in Schweden. Wahrscheinlich haben wir uns die wenigen Eigentümer solcher Kämme als sozial herausragende Persönlichkeiten oder vielleicht als wohlhabende Händler vorzustellen. Der Kamm aus Kosel ist wie die meisten anderen Kämme dieses Typs durch Flechtbandornamentik auf den Griffleisten verziert *(Abb. 16,3)*. Die nächsten Parallelen kennen wir aus Haithabu, wo mehrere bronzene Kämme gefunden wurden. Hier entdeckte man auch die bislang einzigen Gußformen für Kammgriffleisten.
Die Reihe importierter Metallgegenstände aus Kosel ließe sich fortführen. Hinter dem für eine ländliche Siedlung vergleichsweise hohen Aufkommen an Importgütern und qualitätvollen Metallfunden verbirgt sich offenbar eine Beteiligung der Bewohner der Siedlung am Handel in Haithabu. Vielleicht ist die Gründung der Niederlassung an dieser Stelle, im Hinterland von Haithabu, mit der Schlei, dem Hauptverkehrsweg jener Zeit, durch ein Flüßchen verbunden, sogar in erster Linie auf die Sogwirkung der überregionalen Handelsverbindungen in der frühen Stadt zurückzuführen.
In Zusammenhang mit der Beteiligung am Handel sind wohl auch die verschiedenen handwerklichen Aktivitäten in der Siedlung zu sehen. Dagegen dürfte der durch botanische Analysen nachgewiesene Anbau landwirtschaftlicher Produkte nur eine nennenswerte Rolle für den Eigenbedarf gespielt haben. Zulieferfunktion für Haithabu kommt allenfalls in geringem Umfang in Frage.
Ähnlich wie in Kosel sah es zur Wikingerzeit in Schuby, etwa 5 km westlich von Haithabu aus *(Abb. 4)*. Hier wurde eine weitere ländliche Siedlung entdeckt, die zu großen Teilen ausgegraben worden ist. Man stieß ausschließlich auf Grubenhäuser, während zu ebener Erde angelegte Bauten gänzlich fehlten. Im Fundgut des Platzes findet man ein ähnlich umfangreiches Ensemble von Importen sowie Hinweise auf handwerkliche Tätigkeiten wie in Kosel. Offenbar hat es noch weitere solcher Siedlungsplätze in der Nähe Haithabus gegeben, die im Zuge des regen Warenumschlags an verkehrsgünstiger Stelle gegründet worden sind. Rein landwirtschaftlich geprägte Siedlungsplätze, wie wir sie beispielsweise aus Dänemark kennen, sind bislang in der Umgebung Haithabus nicht bekannt.

Kirche und Gräber

Der Bestattungsplatz der Bewohner der wikingerzeitlichen Siedlung westlich von Kosel wurde nicht gefunden. Wir nehmen an, daß die Bestattungen unweit des Siedlungsplatzes vorgenommen wurden. Vor allem kommt der benachbart gelegene Kirchhügel dafür in Frage, der aufgrund seiner exponierten Lage die weithin markanteste Erhebung darstellt. Auch können wir mit einiger Sicherheit davon ausgehen, daß dem romanischen Feldsteinbau der Koseler Kirche aus dem späten 12. Jahrhundert ein hölzerner voranging. Die Bewohner des jüngeren Teiles der ausgegrabenen Siedlung könnten als frühe Christen also durchaus an der Kirchengründung beteiligt gewesen sein.
Während es westlich der Kirche nicht möglich war, die wikingerzeitliche Nekropole auszugraben, ist dies an anderer Stelle in Kosel gelungen. Nur etwa 1,5 km öst-

Abb. 17 Kosel-Ost. Blick in ein Kammergrab mit Verfärbung der Holzkammer, Resten des Leichenschattens und eisernem Kistchen als eine der Beigaben zu Füßen der Bestatteten.

lich des hier vorgestellten Siedlungskomplexes hatte sich eine weitere Siedlung der Wikingerzeit befunden. Der Platz ist inzwischen ebenfalls vollständig ausgegraben worden. Ohne auf die Ergebnisse an dieser Stelle weiter einzugehen, seien nur einige Bemerkungen zu dem 1991 gefundenen Gräberfeld der Siedlung angefügt. Trotz sorgfältiger Begehungen und Beobachtungen aus der Luft war es bisher nicht bekannt. Seine Entdeckung war mehr zufällig, weil es unmittelbar neben der Siedlung lag. Wie wir von anderen Plätzen wissen, hat man zur Wikingerzeit Bestattungsplatz und Siedlung nicht unbedingt nebeneinander angelegt. Im Falle des Areals östlich von Kosel hatte man eine besonders hohe Moräne zur Anlage der Siedlung ausgewählt und die Kuppe der benachbarten Anhöhe als Bestattungsplatz genutzt, so daß zwischen den Häusern und dem Friedhof lediglich eine kleine Senke lag. Diese Konstellation berechtigt zusätzlich zu der Annahme, der Kirchhügel westlich von Kosel könnte bereits zur Wikingerzeit als Ort für Beisetzungen gedient haben, sind

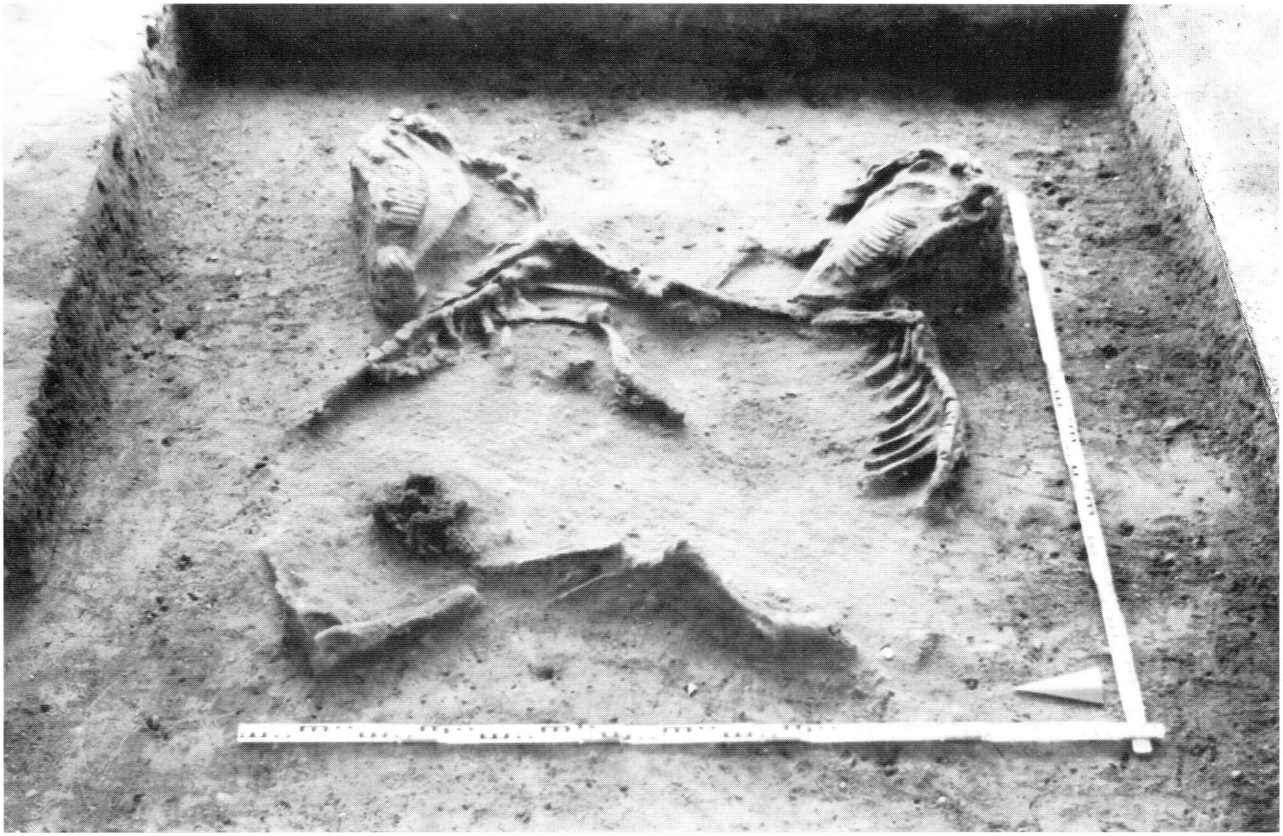

Abb. 18 Kosel-Ost. Zwei Pferdeskelette in einer Bestattungsgrube vor dem Kammergrab.

doch die topographischen Gegebenheiten beider Siedlungsplätze und ihrer Umgebung vergleichbar.
Über den Gräbern östlich von Kosel hatte man kleine Hügel aufgeworfen und sie somit obertägig gekennzeichnet. Während die ehemals vielleicht etwa 1 m hohen Hügel heute völlig nivelliert und in der Ackerschicht aufgegangen sind, zeichneten sich die Erdentnahmegruben, die manchmal die Gräber ringförmig umgaben, noch deutlich im hellen Sandboden als Störungen ab, nachdem die Humusschicht entfernt war.

Die Gräber sind nicht nur insofern von herausragendem Interesse, als die wissenschaftliche Analyse der Bestattungen wichtige Informationen zur Interpretation der Siedlungsbefunde liefern wird, sondern sie sich auch hinsichtlich einer anderen Frage als wertvoll erweisen können: Die Anlage der Gräber dürfte zum größten Teil in das 10. Jahrhundert zu datieren sein, also eine Zeit, in der welcher der allmähliche Übertritt vom heidnischen zum christlichen Glauben vollzogen wurde. In heidnischer Zeit gab man den Verstorbenen ihre persönliche Habe als Beigabe mit in das Grab. Wohlhabendere Menschen bestattete man nicht nur mit ihrem Schmuck und ihren Waffen, sondern oftmals auch mit ihrem Pferd oder sogar, wie auf dem Gräberfeld von Kosel-Ost beobachtet werden konnte, mit ihrem Pferdegespann *(Abb. 17; 18)*. Die Bestattungssitten änderten sich, als der Norden missioniert wurde. Gräber, in denen Christen beerdigt wurden, zeichnen sich dem Glauben entsprechend zum überwiegenden Teil durch Beigabenlosigkeit aus. In Kosel stoßen wir sowohl auf beigabenführende Bestattungen in Kammergräbern als auch auf einfache Erdgräber ohne Beigaben. Im Rahmen der Auswertung wird beispielsweise die Frage zu klären sein, ob die Ausstattung der Gräber in erster Linie die soziale Stellung der Bestatteten widerspiegelt oder als Ausdruck von Glaubensvorstellungen zu werten ist.

Botanische Großreste – Früchte und Samen

Von Helmut Kroll

In Böden oder Schichten, die archäologische Funde enthalten, verbergen sich in vielen Fällen auch pflanzliche Reste. Sind die Erhaltungsbedingungen ungünstig, so bleibt oft nur verkohltes Material wie gebranntes Getreide oder Holzkohle erhalten, sind sie besser, findet man auch unverkohlte Pflanzenteile.

Die Ausgrabungsflächen der eisenzeitlichen bis mittelalterlichen Siedlungen von Kosel sind heute Ackerland. Der Pflug hat die Fußböden und Laufhorizonte ehemaliger Siedlungen vermischt, aussagekräftige Funde stammen demnach nur aus eingegrabenen Strukturen, aus Pfostengruben, Gruben und Grubenhäusern, die unter den Pflughorizont reichen. Bedingungen für die Erhaltung unverkohlter pflanzlicher Reste sind nicht gegeben: Die Aufmerksamkeit konzentriert sich deshalb auf verkohlte Funde.

Bei der Gewinnung dieser Überreste macht man sich deren geringes Gewicht zunutze: Die fundbergende Erde wird mit reichlich Wasser aufgeschwemmt, so daß sich leichte und schwere Bodenbestandteile trennen. Die leichten werden in ein feines Sieb abgegossen. Tonige und humose Stoffe fließen mit dem Wasser durchs Sieb, die groben Bestandteile, Wurzeln, Samen heutiger Pflanzen und die gesuchten verkohlten Reste liegen auf den Maschen. Dies Material wird nachgewaschen, getrocknet und unter der Lupe handverlesen. Das geschilderte Schwemmverfahren kann im kleinen mit Eimern Anwendung finden oder in speziellen Überlaufapparaten, in denen sich Schubkarreninhalte in kurzer Zeit auswaschen lassen.

Neben Routineproben aus den erwähnten eingegrabenen Strukturen, in deren Füllerde sich etliche bis zahlreiche Pflanzenreste wie Getreidekörner oder Unkrautsamen befinden, erhellen Glücksfunde das Bild der Nahrungswirtschaft der Vorzeit. Ein solcher Fund ist der Getreideinhalt einer Grube aus einer Grabungsfläche des Jahres 1985 westlich von Kosel. Die Grube kann wohl als Darre, als eine heizbare Trockenanlage für Erntegut gedeutet werden. Das mit dem Erdreich der Grubenfüllung vermischte verkohlte Getreide wurde aus etlichen Schubkarren Material ausgeschwemmt, schonend getrocknet und handsortiert. Es wog dann mehr als 5 kg und zählte fast eine halbe Million Körner.

Das Getreide stammt aus der Völkerwanderungszeit, das dabeigefundene Gefäß datiert den Körnerfund ins 4. oder 5. Jahrhundert n. Chr. Gerste stellt die Hauptmenge *(Abb. 19)*, doch zeigt ein zehnprozentiger, recht hoher Roggenanteil, daß die Zeit der Gerstenvorherrschaft im nördlichen Mitteleuropa zu Ende geht: Roggen, hier noch ein ungrashaftes Beigetreide, macht Karriere; aus einem mißbilligten Unkraut wird in der Folgezeit das hauptsächliche Brotgetreide des Mittelalters und der Neuzeit. Die beigesellten Unkrautsamen zeigen in ihrer Zusammensetzung an, daß Roggen noch nicht eigenständig kultiviert wird. Seine bezeichnenden Unkräuter kommen noch nicht vor, wie die Kornrade, deren Samen in jüngeren Funden mit viel Roggen

Abb. 19 Kosel-West. Getreidefund und Gefäß der Völkerwanderungszeit.

nie fehlen, oder sie sind sehr selten. Auch die geringe Größe der Roggenkörner – sie wiegen halb soviel wie die Gerstenkörner – spricht gegen eine Kultur des Roggens, doch weisen in geringer Zahl auftretende Beifunde auch in die Vergangenheit: So kommt spärlich noch Emmer vor, eine Weizenart, die im älteren Teil der Vorgeschichte große Bedeutung hatte und auf die noch eine kleine Nachblüte im Mittelalter wartet. Die Zwischenzeit dürfte Emmer als Ungras in Gerstenfeldern überlebt haben.

Eine größere Zahl Hafer- und Hirsekörner zeugt wohl vom eigenständigen Anbau dieser Arten. Je eine Haselnuß, ein Schlehenstein, ein Erdbeer- und ein Holunderkern sind als Hinweise auf Sammelwirtschaft deutbar. So sind allein aus diesem Darreninhalt eine ganze Reihe von Informationen über die vorgeschichtliche Landwirtschaft zu erhalten. Gemeinsam mit den Pflanzenresten aus den zahllosen Routineproben lassen sich solche Hinweise dann zu abgesicherten Aussagen erhärten. Die in Kosel erfaßte Zeitenfolge von der römischen Kaiserzeit bis zum Mittelalter ermöglicht es, die Entwicklung des mittelalterlichen Kulturpflanzeninventars zu verfolgen. Im Hochmittelalter erweitert es sich um angebaute und importierte Obst-, Gemüse- und Gewürzarten zum frühdeutschen Inventar, das einen gehobenen Lebens- und Essens-Stil prägt. Dieses Inventar ist komponiert aus bodenständig eisenzeitlichen Herkünften, aus abendländisch-römischen Einflüssen der christlichen Kultur und, ganz besonders, aus ostmitteleuropäischer, slawischer Lebensart. Das bisherige Koseler Fundgut läßt hoffen, daß umfangreiches weiteres Material insbesondere die slawische Komponente des mittelalterlichen Lebensstils erhellen hilft.

Siedlungs- und vegetationsgeschichtliche Untersuchungen in der Gemarkung von Kosel

Von Walter Dörfler

Die archäologischen Forschungsergebnisse aus den kaiser- und wikingerzeitlichen Siedlungen von Kosel können nicht ohne Kenntnis der historischen Umweltverhältnisse ausgewertet werden. Deren Rekonstruktion verlangt eine enge Zusammenarbeit mit naturwissenschaftlichen Fachdisziplinen, wobei botanischen Untersuchungen, besonders der Pollenanalyse, große Bedeutung zukommt.

Der Blütenstaub besteht aus 0,02–0,06 mm großen Pollenkörnern, deren Aussehen charakteristisch ist für die Pflanzen, von denen sie stammen. Mit Regen und Wind werden die Pollen windblütiger Pflanzen über die Umgebung verteilt und gelangen dabei auch in Seen und Moore, wo sie unter Luftabschluß konserviert werden; andernorts werden sie durch Mikroorganismen zersetzt oder durch mechanischen Abrieb, zum Beispiel im Sand, zerstört. In Mooren und Seen lagern sich im Laufe von Jahrhunderten Schichten ab, in die jeweils ein für die entsprechende Zeit charakteristisches Spektrum an Pollen eingebettet ist. Analysiert man diese Schichten, lassen sich Veränderungen der Vegetation rekonstruieren. Daraus kann man auf Klimaveränderungen oder Siedlungstätigkeit in der Umgebung schließen.

Die Proben für die Untersuchungen werden durch Kernbohrungen gewonnen, die auf Seen vom Floß oder im Winter vom Eis aus durchgeführt werden *(Abb. 20; 21)*. Im Labor entnimmt man aus den Bohrkernen in regelmäßigen Abständen Proben. Sie werden chemisch aufbereitet, um den Pollen anzureichern und zu färben. Danach werden die Pollenkörner unter dem Mikroskop bestimmt sowie ihre Arten und Häufigkeit in eine Zählliste eingetragen. Die Untersuchungsergebnisse der einzelnen Proben werden entsprechend der Entnahmetiefe im Boden in einem Pollendiagramm dargestellt, aus dem Veränderungen der Vegetationszusammensetzung zu entnehmen sind. Bei der quantitativen Auswertung muß allerdings auch die Transportfähigkeit der einzelnen Pollentypen und die von den Pflanzen produzierte Menge an Pollen berücksichtigt werden; außerdem hängt die Aussagefähigkeit von der Größe eines Sedimentationsraumes ab. Im Zentrum großer Seen und Moore kann man die Vegetation einer ganzen Region erfassen, während kleine Moore und Seen zusätzlich die lokalen Besonderheiten widerspiegeln.

In der Vergangenheit hat man durch Untersuchung von Bohrkernen aus großen Mooren und Seen die nacheiszeitliche Vegetationsgeschichte einzelner Regionen Deutschlands und Europas erforscht. Heute versucht man, durch eine Reihe von Analysen aus kleinen Lokalitäten eines Untersuchungsgebietes, wie etwa der Region um Kosel, ein engräumiges Mosaik des prähistorischen Landschaftsbildes zu rekonstruieren.

Seitdem die Menschen durch Waldrodungen sowie mit Ackerbau und Viehhaltung die Landschaft verändert haben, treten bestimmte Pflanzen, sogenannte Siedlungsanzeiger, wie zum Beispiel Wegerich, Sauerampfer, Beifuß, Gänsefußgewächse und Gräser, verstärkt auf. Findet man solche Siedlungszeiger im Pollendia-

Abb. 20 ***Seebohrungen – hier auf dem Bültsee – müssen im Winter vom Eis oder im Sommer von einem Floß aus durchgeführt werden.***

gramm, so läßt sich eine Besiedlungsphase erkennen. Die Höhe der Werte gilt als Maß für die Intensität und Nähe einer Siedlung mit ihrer Ackerflur. Die Art ihrer Zusammensetzung erlaubt einen Einblick in die vom Menschen verursachten Landschaftsveränderungen. Ohne diese würde ganz Mitteleuropa bis auf die Küstenregion, das Hochgebirge und die Moore ein mehr oder weniger dichtes Waldland sein. Während die Jäger und Sammler der Alt- und Mittelsteinzeit das Vegetationsbild nur wenig beeinflußten, haben die Siedler der darauffolgenden Perioden dies zunehmend getan. So ist in der Region um den Kollsee bei Kosel während der Jungsteinzeit eine kürzere Waldlichtungsphase nachzuweisen *(Abb. 22)*. Vornehmlich die Linde wurde vom Menschen zurückgedrängt, zum einen, weil ihre relativ günstigen Standorte sich für Ackerbau nutzen ließen; zum andern mag ihr Laub und ihre Rinde als Viehfutter gedient haben. Nach Abbruch dieser Besiedlung konnte der Wald sich wieder schließen. Für die Bronzezeit ist aus den bisher erstellten Pollendia-

Abb. 21 Die Landschaft um Kosel mit dem Bültsee. Im Zentrum des Bildes befindet sich das Floß, mit dem die Seebohrungen durchgeführt werden.

grammen eine Ausbreitung des Siedlungsareals mit Ackerbau und Viehhaltung in der Region erkennbar. Das Gebiet um den Kollsee war von dieser Expansion jedoch nicht direkt betroffen. Die stärksten Siedlungszeiger, die mit der unmittelbaren Nähe der Siedlung in Zusammenhang gebracht werden können, sind hier für die römische Kaiserzeit belegt. Der erste Anbau von Roggen ist pollenanalytisch und auch durch Untersuchung der verkohlten pflanzlichen Reste aus Pfosten- und Siedlungsgruben belegt. Neben anderen Getreidearten konnte auch Pollen des Lein gefunden werden. Vermutlich ist er sowohl für die Faser- als auch für die Ölgewinnung angebaut worden.

Das Verhältnis von Baumpollen zu den sonstigen Pollen zeigt, daß die Landschaft schon sehr stark entwaldet war. Die Heide muß große Flächen eingenommen haben, ähnlich wie noch zu Anfang unseres Jahrhunderts, bevor mit Hilfe des Kunstdüngers, starker Maschinen und schwerer menschlicher Arbeit die weiten Heideflächen kultiviert oder aufgeforstet wurden.

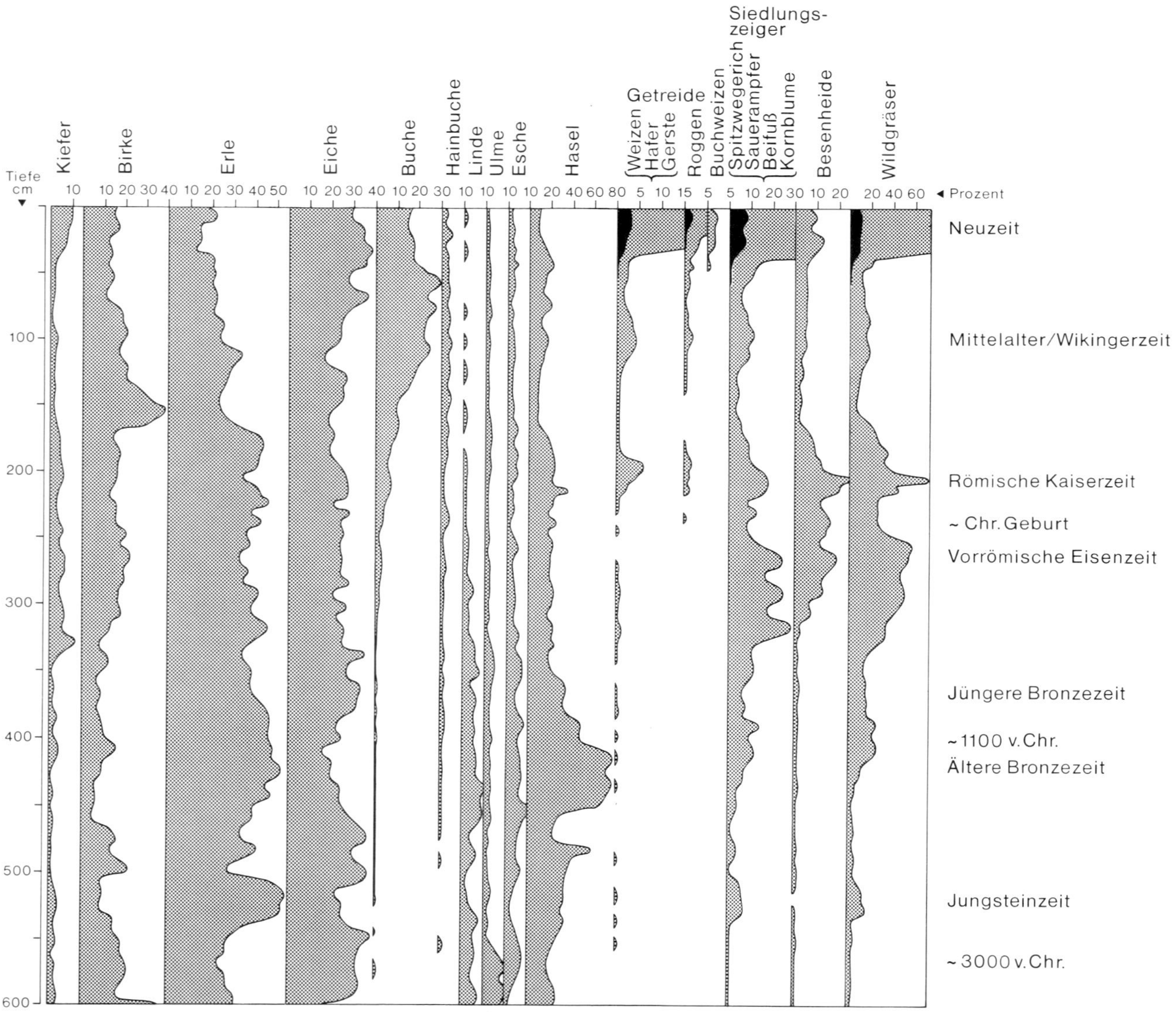

Abb. 22 Vereinfachtes Pollendiagramm aus dem Kollsee. Bezugssumme Baumpollen.

Durch die Pollenanalyse läßt sich sicher nachweisen, daß zwischen diesen sehr ähnlichen, durch Heideflächen geprägten Landschaften keine Kontinuität bestanden hat. Zur Völkerwanderungszeit ist es in Kosel, ebenso wie in anderen Regionen Schleswig-Holsteins, zu einem Siedlungsabbruch gekommen. Die Siedlungs- und Ackerflächen sind brachgefallen, und der Wald hat sich allmählich wieder ausgebreitet. Für etwa 200–250 Jahre ist kein erneuter Eingriff in die Landschaft festzustellen. Damit konnte durch die botanischen Untersuchungen klargestellt werden, daß auch in Kosel keine Siedlungskontinuität von der römischen Kaiserzeit zur Wikingerzeit bestanden hat. Aufgrund der identischen Lage von Wohnplätzen beider Zeitphasen war das aus archäologischer Sicht vermutet worden. Die wikingerzeitlichen Bauern mußten als Neusiedler den Wald wieder roden und neue Ackerflächen anlegen. Auch diese Phase ist durch hohe Werte von Siedlungszeigern im Pollendiagramm gut zu fassen. Im Laufe des Mittelalters treten Pollenkörner von Buchweizen und Hanf als neue Kulturpflanzen auf.
Schon in vorgeschichtlicher Zeit haben die Menschen nicht nur in den Naturhaushalt der Wälder, sondern unbewußt auch in den der Seen eingegriffen. Veränderungen in der Sedimentationsrate des Kollsees zeigen eine Einwehung und Einschwemmung von Sand, Ton und Nährstoffen in den See, die mit den Siedlungsphasen einhergeht. Sobald durch das Pflügen des Bodens die Vegetationsdecke zerstört und damit der Boden „geöffnet“ wird, setzt Erosion ein, die dem See Nährstoffe und Sand zuführt. Besonders in vor- und frühgeschichtlicher Zeit stellte das Leben sehr viel stärker als wir es heute in Mitteleuropa erleben, ein Wechselspiel zwischen Natur und Menschen dar. Nur in Zusammenarbeit verschiedener Fachdisziplinen lassen sich die Lebensbedingungen und die Abhängigkeit vom Klima, von Mißernten und Bodenverarmung erschließen.

Weiterführende Literatur zur Siedlungsgeschichte von Angeln und Schwansen, auf die sich auch dieser Beitrag stützt, ist in der Bibliographie unter folgenden Nummern zu finden: 1, 10 , 15, 16, 17, 53, 54, 60, 61, 62, 63, 64, 65, 71, 73, 74, 76, 77, 78, 79, 80, 81, 83, 84, 85, 86, 97, 98, 99, 103, 104, 105, 106, 107, 108, 109, 110, 111, 112, 113, 114, 115.

Slawen in Ostholstein

Ausgrabungen in Bosau am Plöner See

Von Torsten Kempke

Einleitung

Im östlichen Norddeutschland wird die Siedlungsgeschichte nach Christi Geburt durch zwei tiefgreifende Zäsuren geprägt. Die erste fällt ungefähr in die Zeit um 600. Das einst von germanischen Stämmen dicht besiedelte Gebiet war im 4.–6. Jahrhundert durch Abwanderung der Bevölkerung vornehmlich nach Britannien und in die Gebiete an Rhein und Donau weitgehend verödet, streckenweise womöglich ganz unbesiedelt. Erst im Laufe des 7. Jahrhunderts wird eine neue Besiedlung archäologisch faßbar, die sich in den nachfolgenden Jahrhunderten zusehends verdichtet und seit der Karolingerzeit zudem anhand historischer Quellen lokalisiert werden kann.

Im Prinzip gilt diese Zäsur auch für das westliche Norddeutschland. Während aber westlich einer Grenzlinie, die etwa von Kiel bis Magdeburg verläuft, seit dem 7. Jahrhundert erneut eine germanische Bevölkerung ansässig ist, nämlich die Sachsen und Friesen, siedeln sich zur gleichen Zeit im Osten verschiedene slawische Stämme an. Zu nennen sind in unserem Zusammenhang die Abodriten in Ostholstein und Westmecklenburg sowie einer ihrer Teilstämme, die Wagrier, nördlich der Trave.

Die slawische Einwanderung als solche ist in den Schriftquellen nicht bezeugt, aber in Mitteldeutschland ist die Anwesenheit von Slawen seit dem 7. Jahrhundert, in Nordostdeutschland seit dem fortgeschrittenen 8. Jahrhundert historisch belegt. Das Ausgangsgebiet der slawischen Landnahme ist bislang nur unscharf zu umreißen; historische wie archäologische Indizien deuten auf ein Gebiet nordöstlich der Karpaten, das ungefähr die westliche Ukraine umfaßt.

Die zweite Zäsur in der Siedlungsgeschichte betrifft nur das bis dahin slawische Nordostdeutschland und fällt, mit regionalen Unterschieden und mit einer gewissen Verzögerung von West nach Ost, in das 12.–13. Jahrhundert. Es ist die deutsche Ostsiedlung, die massive Zuwanderung von deutschen Siedlern. Verbunden hiermit war das Erlöschen einer eigenen slawischen Kultur; so ist in Ostholstein, wo der deutsche Zustrom 1142 einsetzt, die slawische Sprache nicht über das Spätmittelalter hinaus nachzuweisen. Seit dem Ende der Ostsiedlung ist es bis in die Neuzeit hinein zu keinen nennenswerten Bevölkerungsverschiebungen mehr gekommen.

Abb. 1 Lage des Untersuchungsgebietes.

Bei der Planung des Forschungsvorhabens Bosau *(Abb. 1)* haben die beiden siedlungsgeschichtlichen Zäsuren und die mit ihnen verknüpften Fragen eine nicht unwesentliche Rolle gespielt. Die zweite Zäsur, die deutsche Ostsiedlung, ist nämlich an kaum einem anderen ländlichen Ort Ostholsteins historisch so gut beleuchtet wie in Bosau für die Jahre 1151–1163. Anlaß hierfür bot zum einen der Umstand, daß Bosau das erste Besitztum des 1149 wiederhergestellten Bistums Oldenburg war, zum anderen die Anwesenheit der Bischöfe Vizelin und Gerold sowie des Chronisten Helmold. Er war um 1170 Pfarrer in Bosau, und seine *Chronica Sclavorum*, die Slawenchronik, zählt zu den wichtigsten historischen Quellen jener Zeit.

Archäologisch war vor Beginn der Feldforschungen ein slawischer Burgwall auf der Halbinsel Bischofswarder bekannt, außerdem hatte man slawische Scherben bei der Kirche gefunden und an einigen anderen Stellen in der Umgebung. Naturräumlich war das Untersuchungsgebiet zudem sehr gut abzugrenzen, wie noch zu zeigen ist.

So haben historische, archäologische und geographische Gesichtspunkte zusammen bewirkt, daß ausgerechnet Bosau zum ersten großen siedlungsarchäologischen Forschungsprojekt im ehemals slawischen Teil Schleswig-Holsteins wurde. Die Untersuchungen im Gelände fanden in den Jahren 1970–1980 statt; die daran anschließenden Auswertungsarbeiten sind nahezu abgeschlossen.

Inwiefern durfte man sich versprechen, durch die archäologischen Forschungen in Bosau neue Erkenntnisse zur Siedlungsgeschichte zu gewinnen? Für das 12. Jahrhundert war zu klären, ob das heutige Dorf Bosau erst seit der Zeit um 1150 bestand, oder ob an Ort und Stelle schon vor Beginn der deutschen Einwanderung eine slawische Siedlung vorhanden war. Weiterhin mußte man herausfinden, ob im Zusammenhang mit der deutschen Dorfgründung slawische Siedlungen verlassen worden waren. Neben diesen beiden denkbaren Extremfällen, völlige Umgestaltung durch die Kolonisation ohne Anknüpfung an ältere Siedlungen, beziehungsweise reine Vergrößerung der schon vorhandenen Orte durch die deutschen Zuwanderer ohne sonstige Veränderung der slawischen Besiedlungsstruktur, kam natürlich auch eine Mittellösung in Betracht, bei der die deutsche Einwanderung nur eine partielle Strukturveränderung bewirkt hätte.

Fragen dieser Art sind durch archäologische Forschungen durchaus zu beantworten. Im Prinzip betrafen sie auch die erste Besiedlungszäsur um 600, falls damals überhaupt späte Germanen und frühe Slawen zusammengetroffen waren. Soweit zu den archäologischen Hauptfragen, jetzt wollen wir versuchen, nach einer Einführung in die geographischen Gegebenheiten die Grundlinien der Besiedlung für Bosau von der Zeit um Christi Geburt bis in das späte Mittelalter nachzuzeichnen. Ältere und jüngere Zeitperioden, für die ebenfalls archäologische Forschungsergebnisse vorliegen, müssen hierbei unberücksichtigt bleiben.

Geographische Verhältnisse und ihr Wandel

Die Landschaft um Bosau hat ihr besonderes Gepräge durch die in der Eiszeit entstandenen Seen und die wiederholten Schwankungen ihres Wasserstandes erhalten *(Abb. 15–17)*. Die Seen – das sind der Große Plöner See und seine Randseen, der Bischofssee und der Vierer See. In der Eiszeit war der Wasserstand des Plöner Sees rund 7 m höher als heute, und mancherorts war ein Steilufer von fast 20 m Höhe entstanden. Die Geologen bezeichnen eine solche Uferabbruchkante, auch wenn sie nur flach ist, als Kliff. In den folgenden Jahrtausenden ist der Seespiegel allmählich gesunken. So gliedert das eiszeitliche Kliff die Landschaft am Plöner See noch immer in zwei ziemlich scharf gegeneinander abgesetzte Teile, in Hochfläche und Uferareal. Bevorzugtes Siedlungsland war in vor- und frühgeschichtlicher Zeit, so auch in slawischer Zeit, die Uferzone zwischen dem eiszeitlichen Kliff im Osten und der Seenkette im Westen; die archäologischen Forschungen haben sich daher auf dieses Areal konzentriert *(Abb. 2)*. Die Ausdehnung der flachen Uferzone unterhalb des eiszeitlichen Kliffs war natürlich von der Höhe des jeweiligen Seespiegels abhängig. So war im ersten Jahrtausend nach Christus der Wasserstand des Plöner Sees rund 1,5 m niedriger als heute. Für die Uferlinie des Bischofssees ergeben sich daraus keine gravierenden Abweichungen, aber der sehr flach zum Plöner See einfallende Uferstreifen, namentlich im Westen des Bischofswarder, dürfte stellenweise mehr als 100 m breiter gewesen sein als in unserer Zeit.

Um 1200 begann man im nördlichen Ostholstein, Wassermühlen zu bauen. Die Slawen hatten das Getreide, ebenso wie vor ihnen die Germanen, noch mit Handmühlen gemahlen. Das Wassermühlwesen hatte sich über Römer, Franken und Deutsche nach dem Norden und Osten ausgebreitet. An der Schwentine, durch die der Große Plöner See in die Ostsee entwässert, entstanden ab 1221 mehrere Wassermühlen, so daß es nach und nach im Flußoberlauf und in den zugehörigen Seen zu einem Rückstau des Wassers kam; der Plöner See stieg insgesamt um rund 3 m an. Den Bosauern ging dadurch im 13. Jahrhundert viel ufernahes Land verloren; die Halbinsel Bischofswarder wurde fast ganz überflutet.

Von 1844–1883, als die Stillegung von Wassermühlen begann, hat man den Seespiegel um etwa 1,5 m abgesenkt, so daß er heute nur noch 1,5 m über dem Pegel der Slawenzeit liegt. Das Land, das im 19. Jahrhundert wieder zum Vorschein kam, sah allerdings anders aus als vor der Überflutung im 13. Jahrhundert. So ist der frühslawische Ringwall auf dem Bischofswarder durch Wellenschlag bis auf einen kurzen, noch erhaltenen Abschnitt völlig abgetragen. Auch an anderen Stellen um Bosau sind die höheren, nach der Überflutung nur noch als kleine Inseln oder Halbinseln aus dem See herausragenden Partien der alten Uferzone mit vor- und frühgeschichtlichen Fundstellen oftmals dem Uferabbruch des 13.–19. Jahrhunderts zum Opfer gefallen. Die Abbruchkante, das Kliff, ist noch heute im Gelände streckenweise gut erkennbar.

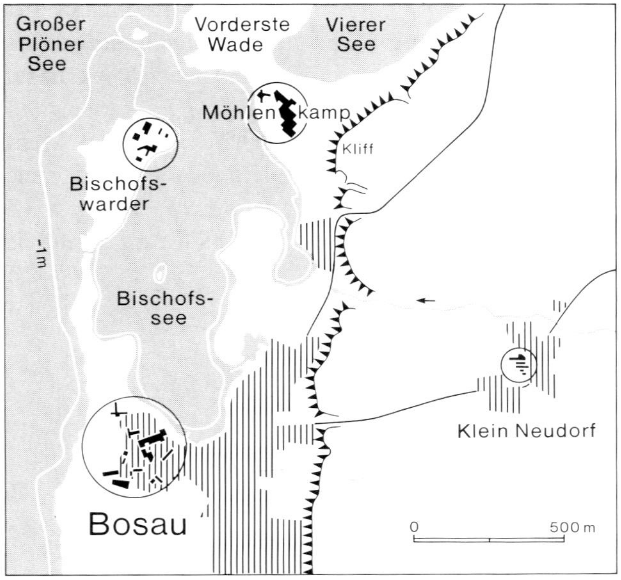

Abb. 2 Bosau. Schwerpunkte der Ausgrabungen. Dorfkern mit germanischen, slawischen und deutschen Siedlungsresten, Bischofswarder mit slawischem Burgwall und Siedlung, Möhlenkamp mit germanischer Siedlung und Gräberfeld sowie slawischer Siedlung und Klein Neudorf mit deutschen Siedlungsresten; letztere werden im Text nicht behandelt, da sie vornehmlich der Neuzeit angehören. Der Wasserstand war vor 1200 niedriger als heute; die alte Uferlinie ist angedeutet.

Bei der Betrachtung der Bosauer Fundplätze müssen wir somit drei Uferlinien berücksichtigen: die der Slawenzeit, das spätmittelalterlich-neuzeitliche Ufer des 13.–19. Jahrhunderts und das heutige Seeufer.

Grabungsgebiete

Die frühgeschichtliche Kulturlandschaft am Plöner See wurde an drei Stellen durch Ausgrabungen intensiv erforscht, nämlich erstens im Bereich des jetzigen Dor-

fes, zweitens beim Burgwall auf dem Bischofswarder und drittens auf dem Möhlenkamp, einer flachen Kuppe zwischen Bischofssee und Vierersee *(Abb. 2)*. Von allen drei Fundstellen war zu Beginn des Projektes bereits slawische Keramik bekannt. Viertes Grabungsgebiet wurde die erst in deutscher Zeit gegründete Ortschaft Klein Neudorf östlich von Bosau, bereits oberhalb des eiszeitlichen Kliffs gelegen; es kann in dieser Darstellung unberücksichtigt bleiben.
Selbstverständlich beschränkten sich die Arbeiten im Gelände nicht auf diese vier Punkte, sondern im gesamten Untersuchungsgebiet erfolgten, nach einer Bestandsaufnahme der bereits in die Museen gelangten Funde, wiederholte Feldbegehungen, Gelände- und Seegrundvermessungen, Luftbildauswertungen, Phosphatkartierungen, Pollenanalysen, Flurkartenstudien, eine historische Landesaufnahme und eine vollständige Auswertung der Ortsnamen. Dabei zeigten sich auch außerhalb der Hauptgrabungsgebiete Hinweise auf eine frühgeschichtliche Besiedlung, denen allerdings nicht in wünschenswerter Intensität nachgegangen werden konnte.

Germanische Besiedlung zur römischen Kaiserzeit und Völkerwanderungszeit

Am Nordrand des Dorfes Bosau fanden sich Scherben der römischen Kaiserzeit *(Abb. 10)*. Sie konzentrierten sich auf zwei Bereiche in den Seewiesen nördlich und östlich des heutigen Friedhofs und sind in die ältere römische Kaiserzeit zu datieren, vornehmlich in die Zeit zwischen etwa 50 v. bis 100 n. Chr. Einige Scherben gehören der jüngeren Kaiserzeit und Völkerwanderungszeit an (3.–6. Jahrhundert). Sie stammen aus einem archäologisch kaum erforschten Bereich zwischen den beiden älterkaiserzeitlichen Fundkonzentrationen.
In der römischen Kaiserzeit dienten als Urnen vornehmlich kleinere, gut gearbeitete Gefäße, während größere, gröbere Töpfe meist nur im Haushalt Verwendung fanden. Grab- und Siedlungskeramik sind also, sofern größere Mengen vorliegen, durchaus voneinander zu unterscheiden. Bei den Funden aus den Bosauer Seewiesen handelt es sich um Siedlungskeramik. Die Schnitte erbrachten jedoch keinerlei Baubefunde aus der Kaiserzeit und Völkerwanderungszeit, weder Hausreste noch Gruben oder andere Überreste einer Siedlung. Möglicherweise befand sich die eigentliche Siedlung noch etwas weiter seewärts, wo keine Grabungen erfolgten. Über die Lage des gewiß zur Siedlung gehörenden Urnenfriedhofes ist nichts bekannt.
In der jüngeren Kaiserzeit und Völkerwanderungszeit lag eine weitere Siedlung am Nordostufer des Bischofssees, auf dem Möhlenkamp *(Abb. 8)*. Dieser, ein rund 100 m breiter Geländestreifen zwischen dem Seeufer im Westen und dem eiszeitlichen Kliff im Osten, diente in der Neuzeit als Ackerland. Die meisten Fundstücke und Baubefunde stammen aus slawischer Zeit. Die slawische Besiedlung mit ihren Grubenhäusern, aber auch die neuzeitliche Beackerung hat zu einer erheblichen Zerstörung der germanischen Fundstelle geführt. Nicht wenige Gruben enthalten sowohl kaiserzeitlich-völkerwanderungszeitliches als auch slawisches Material, und es läßt sich nicht mit genügender Sicherheit sagen, welcher der beiden Hauptperioden sie angehören.
Von der Siedlung der jüngeren Kaiserzeit und Völkerwanderungszeit hat sich ein Baubefund besonders gut erhalten, nämlich ein Grubenhaus mit einer Grundfläche von 4×4 m, mit Pfosten an den Ecken und an der Giebelseite *(Abb. 3)*.
Im 4.–5. Jahrhundert bestand auf dem Möhlenkamp unmittelbar neben der Siedlung ein Gräberfeld. Es ist dies ein sogenanntes gemischtbelegtes Gräberfeld. Das heißt, es gibt sowohl Brand- als auch Körpergräber. Als Überreste von Brandbestattungen wurden geborgen: drei Urnen mit Leichenbrand, einige aus Scherben vollständig rekonstruierbare Gefäße – wohl durchweg von Urnengräbern, die durch slawische Gruben oder spätere Beackerung zerstört sind –, eine Grube mit ei-

Abb. 3 Bosau – Möhlenkamp. Ein Grubenhaus des 4.—5. Jahrhunderts ist an einer 4×4 m breiten dunklen Verfärbung erkennbar. Ansicht von Nordosten, im Hintergrund der Bischofssee und als flache, baumlose Halbinsel der Bischofswarder.

nigen Beigaben, aber ohne Urne und Leichenbrand, außerdem Konzentrationen verbrannter Knochen (Leichenbrand?) aus meist recht kleinen Gruben.

Zu den Brandbestattungen kommt ein Körpergrab vom Anfang des 5. Jahrhunderts. Auf der Sohle der rund 1,4 m tiefen, West-Ost ausgerichteten Grabgrube waren Sarg und Leichnam anhand von Verfärbungen erkennbar. Vom Skelett hatten sich nur einige Zahnreste erhalten, anhand derer sich ein Sterbealter von etwa zwölf Jahren abschätzen läßt. Es handelt sich um ein Mädchen, wie die reichen Schmuckbeigaben zeigen *(Abb. 4)*. Mengenmäßig stehen an erster Stelle mehr als 500 Perlen aus Glas, Ton und Bernstein. Aus Silber mit Vergoldung sind zwölf Anhänger verschiedener Form. Nach der Lage im Grab lassen sich daraus zwei Halsketten rekonstruieren, ein weiteres, wohl dreireihiges Kettengehänge verband die beiden an den Schultern getragenen kreuzförmigen Fibeln aus Bronze. Am Gürtel hingen ein Messer und ein Hakenschlüssel aus Eisen sowie eine in Bronzebänder gefaßte Walnuß. Außer-

Abb. 4 Bosau – Möhlenkamp. Ein Körpergrab ermöglicht die Rekonstruktion einer germanischen Mädchentracht des 5. Jahrhunderts. Die dreifache Perlenkette auf der Brust hängt an zwei kreuzförmigen Fibeln. An den beiden Halsketten sind zwischen den Perlen einige verzierte Anhänger aus Silber und Gold. Am Gürtel trug das Mädchen Hakenschlüssel und Messer und, wohl als Amulett, eine Walnuß.

dem hatte man dem Mädchen ein Tongefäß an das Fußende gestellt.
Kreuzförmige Fibeln, wie sie das Mädchen von Bosau trug, sind rings um die Nordsee verbreitet und stehen zweifellos mit der Abwanderung der Angeln und Sachsen nach Britannien in Zusammenhang. Die Anhänger verraten Kulturbeziehungen zu gotischen Siedlungsgebieten in Südosteuropa. Die überregionale Bedeutung des Bosauer Körpergrabes besteht darin, daß hier erstmals „nordwestliche“ Fibeln und „südöstlicher“ Schmuck in einem Grab zusammen auftreten.
Ungewiß bleibt, ob Zeitstellung und räumliche Ausdehnung von Siedlung und Gräberfeld auf dem Möhlenkamp schon vollständig erfaßt sind oder ob außerhalb der Grabungsflächen womöglich noch ältere oder jüngere Funde vorhanden sein mögen *(Abb. 8)*. Was das ergrabene Material betrifft, so reicht es bis in das späte 5., möglicherweise sogar bis in das beginnende 6. Jahrhundert.

Späte Germanen und frühe Slawen.

Minimale Siedlungskontinuität oder Siedlungslücke?

Wie müssen wir uns die Zeit zwischen dem frühen 6. und dem 8. Jahrhundert, als die ersten slawischen Funde einsetzen, vorstellen? Pollenanalysen, die an mehreren Punkten um Bosau erarbeitet wurden, lassen zwar auf einen deutlichen Rückgang des Getreidebaus in spätgermanischer Zeit schließen und auf eine starke Zunahme seit frühslawischer Zeit. Eine dazwischenliegende Periode ganz ohne Ackerbau und Viehzucht ist jedoch nicht nachgewiesen, vielmehr zeichnet sich ein Minimum an landwirtschaftlicher Tätigkeit ab. Anders als die Botaniker können die Archäologen mit ihren Methoden bislang keine Siedlungskontinuität erkennen. Die historisch so interessante Frage nach dem Verhältnis zwischen späten Germanen und frühen Slawen ist allerdings nicht nur in Bosau, sondern auch an vielen Orten östlich der Elbe noch nicht präzise beantwortet. Nur neue großflächige Siedlungsgrabungen können weiterführen.

Slawische Besiedlung im frühen Mittelalter

Der slawische Stamm der Abodriten erreichte sein späteres Siedlungsgebiet in Ostholstein und Westmecklenburg offenbar in der zweiten Hälfte des 7. Jahrhunderts. Damals schon entstanden die später als Stammesvororte erwähnten Burgwälle Mecklenburg (bei Wismar) und Oldenburg. Aus der Zeit um 700 liegen gut datierbare Funde und dendrochronologische Bestimmungen von etlichen weiteren Plätzen im Stammesgebiet der Abodriten vor.

Auch in Bosau beginnt die slawische Besiedlung um 700. Das Zentrum liegt in frühslawischer Zeit auf der Halbinsel Bischofswarder, die in der Kaiserzeit und Völkerwanderungszeit unbesiedelt gewesen war *(Abb. 5)*. Wegen des damals rund 1,5 m niedrigeren Wasserstandes war die Halbinsel erheblich größer als heute, und der Bischofssee hatte allenfalls einen ganz schmalen, bachartigen Ausfluß zum Plöner See. Auf dem Bischofswarder liegen mehrere frühslawische Fundstellen, von denen einige seit dem 13. Jahrhundert überflutet sind.

Am besten erforscht ist der Burgwall auf einem nach Osten weisenden Vorsprung der Halbinsel. Der Wall selbst ist seit dem 13. Jahrhundert durch Wellengang des Plöner Sees weitgehend abgetragen. Nur auf der tropfenförmigen, rund 100 m langen „Restinsel" des 13.–19. Jahrhunderts blieb ein kurzes Wallstück leidlich erhalten. Im Profil gibt sich der Wall als Erdblock aus wechselnden dunklen und hellen Schichten zu erkennen *(Abb. 6)*. Krone und Böschungen sind so sehr der Erosion zum Opfer gefallen, daß sich ursprüngliche Höhe und Breite des Walles kaum noch präzise berechnen lassen. Die noch erhaltene Höhe beträgt knapp 2 m, die Breite ist mit mindestens 6 m, allerhöchstens 15 m zu veranschlagen. Analog zu anderen ostholsteinischen Burgwällen jener Zeit wäre eine Wallbreite von rund 10 m zu rekonstruieren.

Über die Form des Burgwalls gibt der vorgelagerte Graben Aufschluß, dessen Sohle in mehreren Schnitten erfaßt wurde. Der Graben beschreibt einen Dreiviertelkreis, und die Burganlage ist wohl als Ringwall mit einem Durchmesser von rund 80×60 m zu rekonstruieren. Im Südosten war vermutlich kein Graben vorhanden, da der Wall sich dort direkt an den See anlehnte. Der Graben war nicht mit Wasser gefüllt, denn seine Sohle liegt rund 1 m über dem damaligen Seespiegel. Im Norden hat der Grabenring eine ungefähr 4 m breite Lücke. Hier lag das Tor; die Pfosten des von Norden zum Burgtor führenden Torweges sind ergraben. Auf dem Burgplatz kamen einige größere rundliche Gruben zum Vorschein *(Abb. 7)*. Funde aus diesen Gruben weisen auf Fischerei, auf die Herstellung von Kämmen und anderen Dingen aus Geweih sowie auf Bronze- und Eisenverarbeitung. Als herausragender Fund ist eine Hufeisenfibel finnischen Ursprungs zu nennen.

Die Hauptmasse des Fundmaterials aus dem Burgwall besteht aus Keramik und Tierknochen. Bei den Tierknochen überwiegen, wie üblich, Schlachtabfälle von Rind und Schwein und ebenso sind Schaf bzw. Ziege gut vertreten. Mehr als 10 % der Knochen stammen vom Rothirsch. Hierbei handelt es sich nicht nur um Geweihstücke als Rohstoff zur handwerklichen Weiterverarbeitung, sondern auch um andere Skelettelemente. Die Jagd hat somit eine nicht unwesentliche Rolle gespielt.

An Keramik liegen einige Tausend Scherben der frühslawischen Typen Sukow und Feldberg vor, aber nur einzelne jüngere Stücke. Demnach reicht die Besiedlung nicht über die zweite Hälfte des 9. Jahrhunderts hinaus. Der sehr hohe Anteil unverzierter Gefäße spricht für einen Beginn im 8. Jahrhundert, wenn nicht gar im späten 7. Jahrhundert. Die Jahre 837–870 sind überdies durch zwei Holzreste mit Rinde belegt, bei denen sich das Fälljahr dendrochronologisch exakt bestimmen ließ; bei sechs weiteren Holzresten ohne Splint und Rinde läßt sich nur ein frühestmögliches Fälljahr angeben („um oder nach"). Die Dendrodaten fügen sich ganz in den aus der Keramik erschlossenen

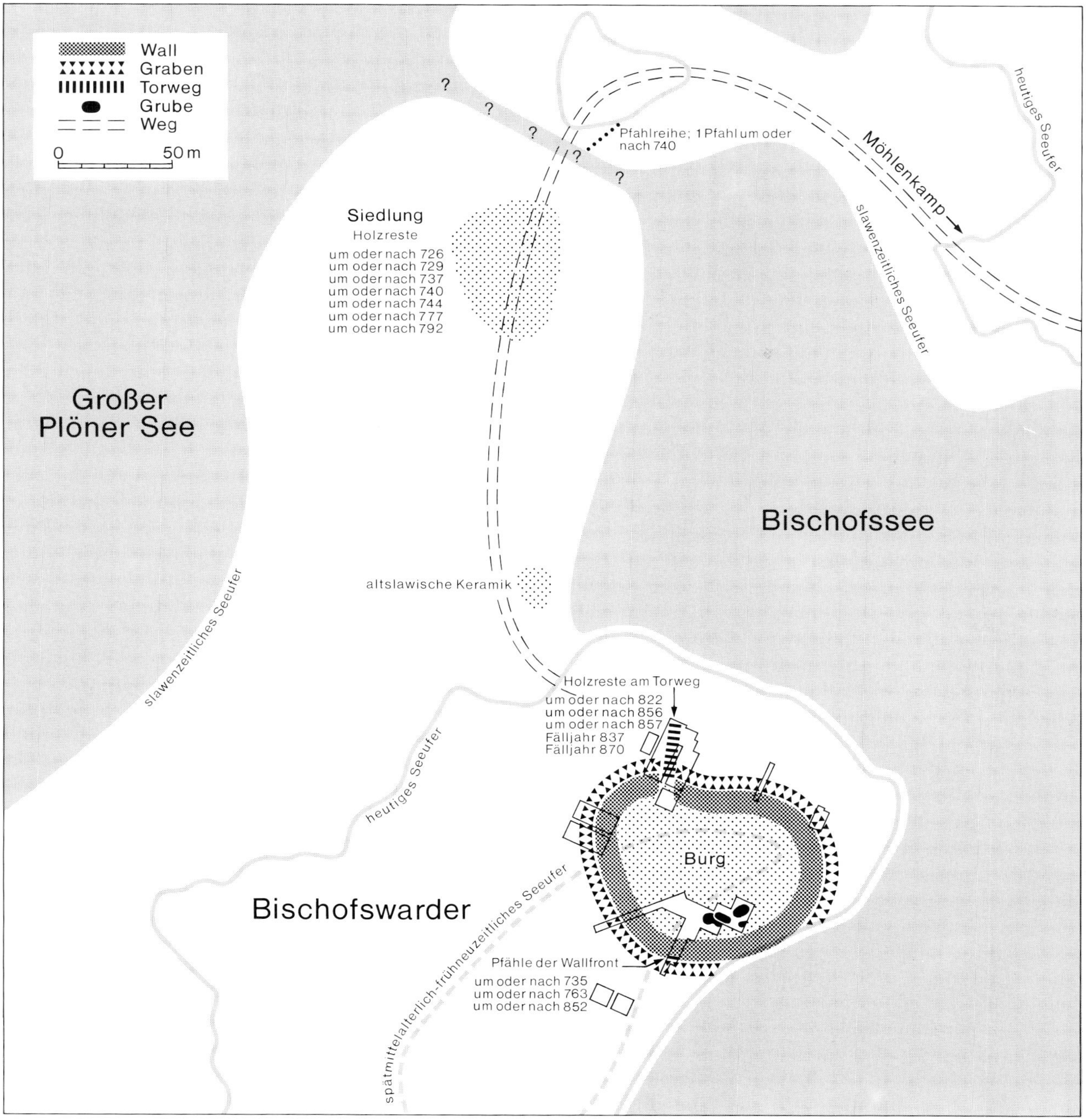
Wall
Graben
Torweg
Grube
Weg
0
50 m
Pfahlreihe; 1 Pfahl um oder nach 740
Möhlenkamp
heutiges Seeufer
slawenzeitliches Seeufer
Siedlung
Holzreste
um oder nach 726
um oder nach 729
um oder nach 737
um oder nach 740
um oder nach 744
um oder nach 777
um oder nach 792
Großer Plöner See
Bischofssee
altslawische Keramik
slawenzeitliches Seeufer
Holzreste am Torweg
um oder nach 822
um oder nach 856
um oder nach 857
Fälljahr 837
Fälljahr 870
heutiges Seeufer
Burg
Bischofswarder
spätmittelalterlich-frühneuzeitliches Seeufer
Pfähle der Wallfront
um oder nach 735
um oder nach 763
um oder nach 852

◁ *Abb. 5 Bosau – Bischofswarder. Burgwall und Siedlungsreste aus frühslawischer Zeit wurden durch den Mühlenstau im 13. Jahrhundert fast ganz überflutet. Nach einer Senkung des Seespiegels im 19. Jahrhundert kam der Burgwall wieder in vollem Umfang zum Vorschein, während die weiter nördlich gelegenen Siedlungsreste noch heute unter Wasser sind. Zur Orientierung sind alle drei Uferlinien eingezeichnet, wobei das slawische Ufer anhand heutiger Seetiefen in groben Zügen zu rekonstruieren ist. Ob die Verbindung zwischen Bischofssee und Großem Plöner See an der mit Fragezeichen versehenen Stelle gelegen hat, ist ungewiß. Die einstigen Feuchtgebiete sind mangels ausreichender Anhaltspunkte nicht eingezeichnet. Der Wegeverlauf außerhalb der Grabungsflächen vor dem Burgwall ist nur Vermutung. Die Jahreszahlen geben die Ergebnisse der dendrochronologischen Untersuchungen an. M. 1:2 800.*

Abb. 6 Bosau – Bischofswarder, Wallschnitt. Der Wall der frühslawischen Burg ist nur auf einem kurzen Abschnitt erhalten. Der Wallkern zeichnet sich als dunkler Block in dem 2 m hohen Profil ab. Die ursprünglich wohl schräg ansteigenden Böschungen vor und hinter dem Wallkern sind nicht zu sehen. Die dunkle Schicht unter dem Wallkern ist die alte Oberfläche vor Errichtung der Burg. Ansicht von Süden; nach rechts führt der Grabungsschnitt zum Burginnenraum.

Abb. 7 Bosau – Bischofswarder, frühslawische Burg. Große Gruben im Innenraum zeichnen sich als dunkle Verfärbungen ab. Die freigeschaufelte Grabungsfläche hat eine Größe von 9×9 m. Auf halber Strecke zwischen Grabungsfläche und Seeufer verlief einst der Wall; er ist durch Uferabbruch im 13.—19. Jahrhundert ganz verschwunden. Jenseits des Bischofssees liegt die Halbinsel Vorderste Waade.

Benutzungszeitraum der Burg ein; das Gründungsdatum können sie nicht geben, stammen doch die datierten Holzreste aus Konstruktionen an Wallfront und Torweg, die jederzeit zugänglich waren *(Abb. 5)*.

Ob die Uferzone unmittelbar nördlich der Burg besiedelt war, ist nicht mit genügender Sicherheit zu sagen. Keramik, die in den ergrabenen Flächen vor dem Tor kaum weniger zahlreich auftritt als in der Burg, spricht für diese Vermutung, ebenso die Tatsache, daß das Tor direkt nach Norden führt. Allerdings sind im dort ergrabenen Bereich keine eindeutigen Baubefunde einer Siedlung angetroffen worden, so daß eine Einzeichnung auf der Karte unterblieb.

Auf dem einstigen Nordteil des Bischofswarder, heute unter Wasser, entdeckte man rund 250 m vor der Burg weit über 100 Pfahlstümpfe. Die dendrochronologi-

sche Untersuchung an sieben Pfahlstümpfen ergab Daten von „um oder nach 726“ bis „um oder nach 792“. Die flächenhafte Ausdehnung der Pfähle wie auch Steinsetzungen, wohl Feuerstellen, deuten auf eine Siedlung; sie wird in der älteren Literatur oft als „Slawendorf“ bezeichnet.
Wegen der Dendrodaten darf als sicher gelten, daß die Siedlung zur gleichen Zeit bestand wie der Burgwall. Etwa auf halbem Wege zwischen Burg und Siedlung fand man im Wasser einige altslawische, das heißt früh- oder mittelslawische Scherben. So läßt sich, auch wenn keine Grabungsbefunde vorliegen, ein Weg rekonstruieren, der vom Burgwall zur Siedlung auf dem damaligen Nordende des Bischofswarder führte. Nördlich der Siedlung ist der Seegrund durch die neuzeitliche Ausbaggerung einer Fahrrinne gestört; ein Durchfluß vom Bischofssee zum Plöner See mag aber zur Slawenzeit dort bestanden haben. Nördlich der modernen Fahrrinne erstreckt sich eine Pfahlreihe. Einer der Pfähle ist dendrochronologisch datiert auf „um oder nach 740“. So darf man den rekonstruierten Weg durch dieses Areal weiterlaufen lassen, wobei dann eine Fortsetzung über die Vorderste Waade zum ebenfalls in frühslawischer Zeit besiedelten Möhlenkamp naheliegt *(Abb. 5)*.
Von der Siedlung auf dem Möhlenkamp am anderen Ufer des Bischofssees liegen mangels Holzerhaltung keine Dendrodaten vor, aber die älteste Keramik stimmt gut mit der Tonware vom Burgwall auf dem Bischofswarder überein.
Die Siedlung auf dem Möhlenkamp war bis in die spätslawische Zeit bewohnt, wohl bis zum 12. Jahrhundert. Große dunkle Verfärbungen mit quadratischem Grundriß und Feuerstellen zeigen, wo Grubenhäuser gestanden haben. Zu den Hausgruben kommen viele andere kleinere Gruben sowie zahlreiche Pfostenlöcher. Wie die völkerwanderungszeitlichen Befunde sind auch die slawischen Siedlungsreste durch Bodeneingriffe in späterer Zeit in Mitleidenschaft gezogen worden. Der ufernahe Teil der Siedlung ist zudem durch Wellenschlag zerstört worden; die Uferlinie des 13.–19. Jahrhunderts wird durch ein flaches Kliff markiert. Wie weit die Siedlung ursprünglich nach Westen reichte, ließ sich daher nicht mehr feststellen.
Die Funde der slawischen Siedlung auf dem Möhlenkamp umfassen neben Keramik etliche Dinge des häuslichen Bedarfs: Messer, Wetzsteine, Spinnwirtel, Nägel, diverses Eisengerät und anderes mehr. Zahlreiche Schlackereste deuten auf Eisenverarbeitung hin, die offenbar erst in mittel- oder spätslawischer Zeit einsetzte.

In frühslawischer Zeit, bis in das späte 9. Jahrhundert hinein, bestand somit rings um das Nordende des Bischofssees eine überschaubare kleine Siedlungslandschaft; die zugehörigen landwirtschaftlichen Nutzflächen dürften im gleichen Gebiet Platz gehabt haben. Die höhergelegenen Flächen oberhalb des eiszeitlichen Kliffs waren, zumal keine Funde von dort vorliegen, wohl größtenteils bewaldet. Solche kleinen Siedlungslandschaften im Umfeld frühslawischer Burgen zeichnen sich auch in anderen gut erforschten Gebieten östlich der Elbe ab.
Im Bereich der abodritischen Stämme gab es, wie die archäologischen Funde zeigen, wohl niemals so viele Burgen wie im 9. Jahrhundert. Um die Mitte des 9. Jahrhunderts verfaßte der sogenannte Geographus Bavarus, wohl ein Mönch aus Regensburg, eine Übersicht über die slawischen Stämme im östlichen Vorfeld des Frankenreiches, wobei er auch die Anzahl der zugehörigen Burgen *(civitates)* nennt. Danach hatten die Nortabtrezi, wie die Abodriten in Norddeutschland zur Unterscheidung von den Osterabtrezi im Donauraum bezeichnet werden, 53 Burgwälle. Nach den Wilzen im östlichen Mecklenburg (95 Burgen) waren die Abodriten damit der wehrhafteste Stammesverband im östlichen Norddeutschland. Archäologisch sind ungefähr 35 Burganlagen nachgewiesen, wenngleich sich die Datierung oft nur auf Oberflächenfunde stützt. Der Burgwall auf dem Bischofswarder ist mit Sicherheit

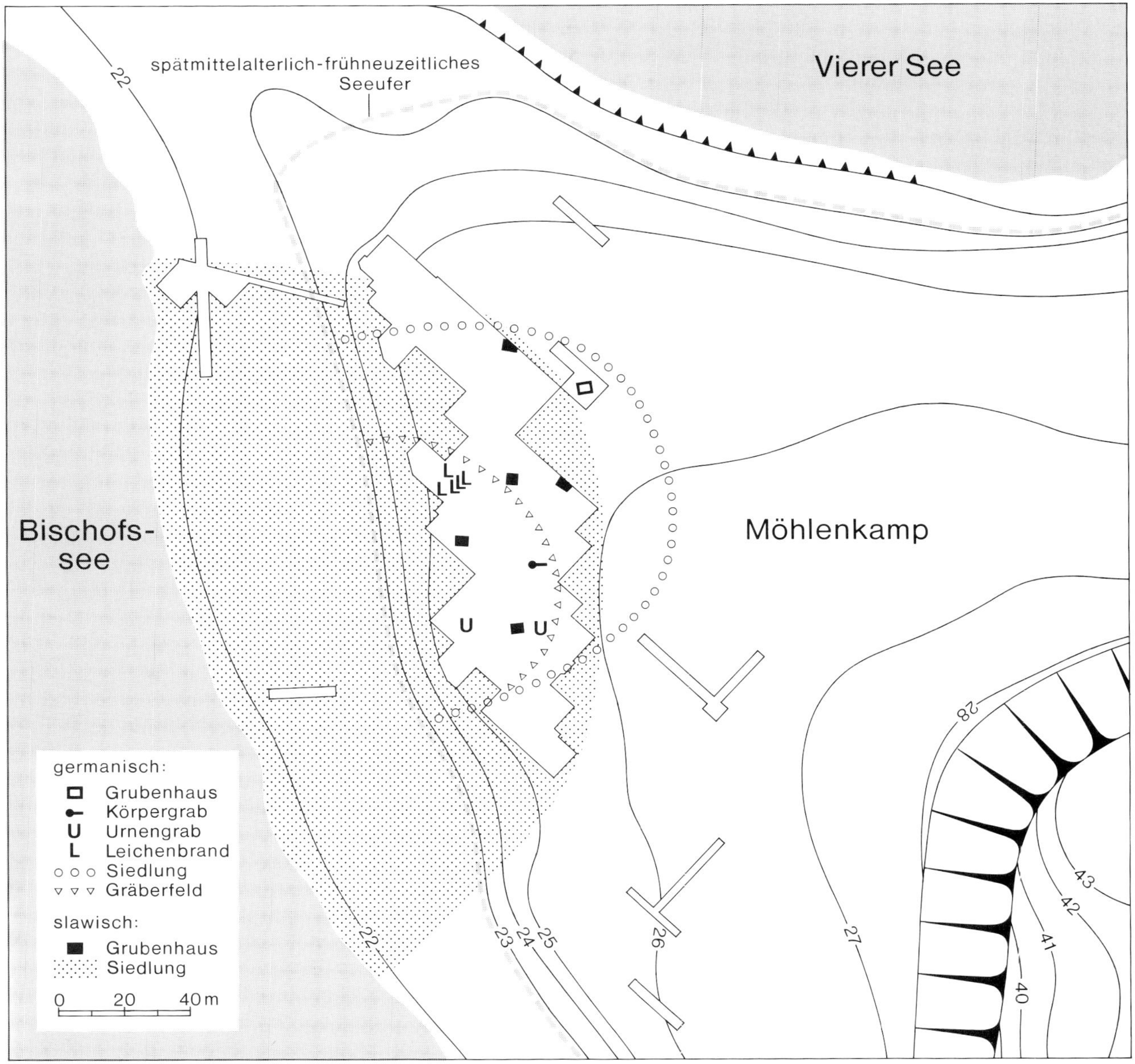

Abb. 8 Bosau – Möhlenkamp. Eine slawische Siedlung bestand auf dem Möhlenkamp vom 8./9. bis zum 12. Jahrhundert. An gleicher Stelle befand sich im 3.—5. Jahrhundert eine germanische Siedlung mit Gräberfeld. Das germanische Grubenhaus ist auch auf Abb. 3 dargestellt; die slawischen Grubenhäuser hinterließen die gleichen Verfärbungen im Boden, enthielten aber jüngere Keramik. Im Westen ist die Fundstelle durch Uferabbruch seit dem 13. Jahrhundert zerstört. M. 1:2 000.

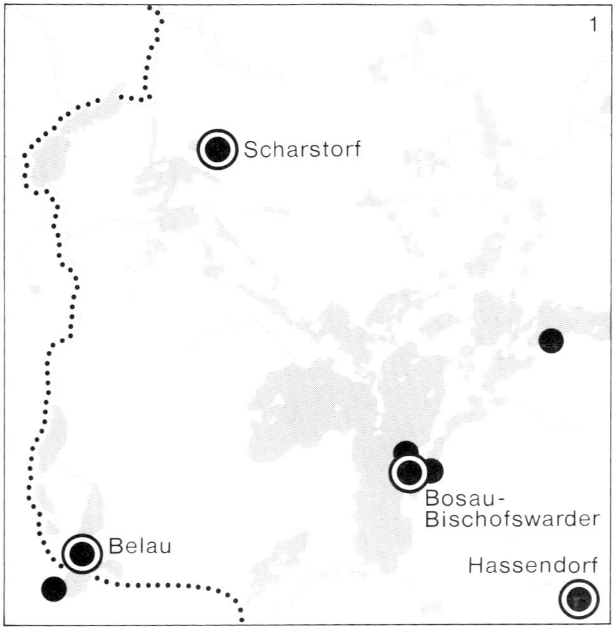

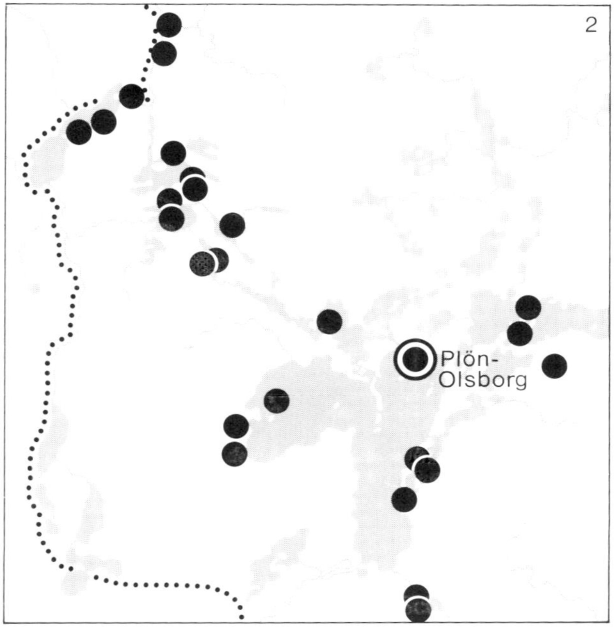

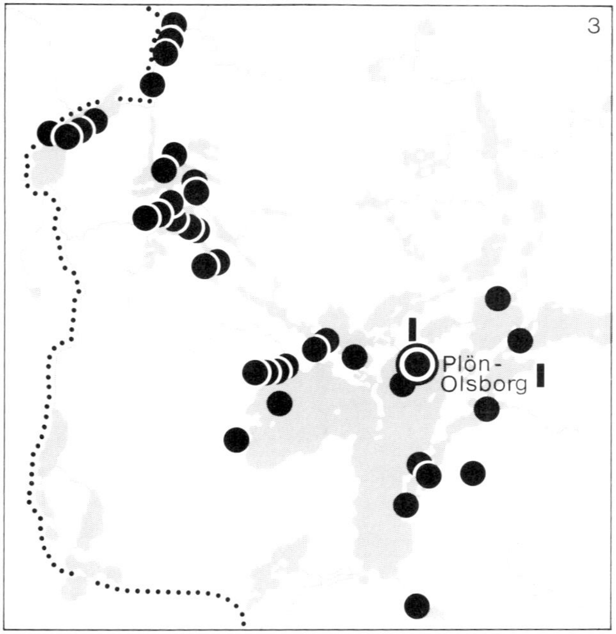

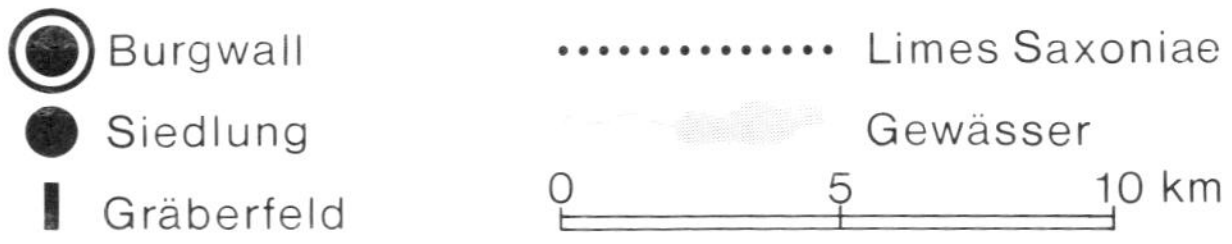

Abb. 9 Slawische Funde im Bereich des Großen Plöner Sees. 1 Frühslawische Zeit (8.—9. Jahrhundert), 2 Mittelslawische Zeit (Ende 9.—10. Jahrhundert), 3 spätslawische Zeit (11.—12. Jahrhundert). Vom 8.—12. Jahrhundert verdichtet sich die Besiedlung, aber die Anzahl der Burgwälle sinkt. Zu Beginn der deutschen Kolonisation (1143) sind die slawischen Gaue noch durch große fundleere Waldgebiete voneinander getrennt, die auch einen breiten Grenzsaum zwischen Sachsen und Slawen bilden. Der Limes Saxoniae als Ostgrenze der nordelbischen Sachsen ist historischer Überlieferung zufolge unter Karl dem Großen (814) festgelegt worden.

eine der 53 abodritischen *civitates* in der Mitte des 9. Jahrhunderts gewesen.
Gegen Ende der frühslawischen Zeit, in der zweiten Hälfte des 9. Jahrhunderts, werden viele Burgwälle aufgegeben. Neben die wenigen weiterhin benutzten Burgen treten zwar einige neue Anlagen, insgesamt aber gibt es in mittelslawischer Zeit deutlich weniger Burgwälle als in frühslawischer Zeit. Die Neugründungen werden offenbar, sofern die geographischen Voraussetzungen gegeben sind, bevorzugt auf Inseln in Seen oder breiten Flußläufen angelegt.
In der Landschaft um den Plöner See ist dieser Prozeß besonders gut zu verfolgen *(Abb. 9)*. Hier sind es die Burgwälle von Belau, Hassendorf, Scharstorf und Bosau, deren Benutzung ungefähr am Übergang zwischen früh- und mittelslawischer Periode abbricht. Neu errichtet wird die Burg Plön auf der Insel Olsborg. Sie ersetzt zweifellos die Burgwälle von Scharstorf und Bosau, möglicherweise auch Belau. Die Burg Hassendorf kann hier unberücksichtigt bleiben, da sie im Flußgebiet der Trave liegt.
Es ist bislang nicht gelungen, diesen Strukturwandel im Burgenwesen befriedigend zu deuten. Bei etlichen anderen, aber keineswegs bei allen westslawischen Stämmen haben sich, wenngleich nicht überall zum selben Zeitpunkt, ähnliche Veränderungen vollzogen. Möglicherweise kommen hier gewandelte Macht- oder Verfassungsverhältnisse bei den slawischen Stämmen zum Ausdruck.
In diesem Zusammenhang stellt sich natürlich die Frage, was aus den Siedlungen im Umfeld der aufgelassenen Burgwälle wird. In Bosau bleibt die Siedlung auf dem Möhlenkamp bestehen. Dagegen sind vom Bischofswarder keine eindeutigen mittelslawischen Siedlungsspuren bekannt. Stattdessen ist im Bereich des heutigen Dorfes, vor allem im Umkreis der späteren Kirche, jetzt erstmals eine offene Siedlung faßbar *(Abb. 10)*. Es ist denkbar, wenngleich nicht zu beweisen, daß die Bewohner des Burgwalls samt vorgelagerter Siedlung am Ende des 9. Jahrhunderts die Halbinsel verließen, um rund einen Kilometer weiter südlich eine neue Siedlung zu gründen, aus der später das Dorf Bosau hervorgehen sollte. Dabei ist nicht völlig ausgeschlossen, daß für einen kurzen Zeitraum die Burg und die Siedlung in jetziger Dorflage nebeneinander bestanden *(Abb. 15)*.
Die Ausgrabungen im Dorfkern von Bosau mußten in starkem Maße auf die heutige Bebauung Rücksicht nehmen. Graben konnte man in Vorgärten und Gärten, besonders großflächig im Pfarrgarten südlich der Kirche. Weitere Grabungsschnitte wurden bei der Kirche und auf dem Friedhof gezogen, auf den Seewiesen nördlich und östlich der Kirche sowie auf einer Ackerfläche südlich des Dorfes. Erfaßt wurde unter anderem das Kliff des 13.–19. Jahrhunderts, jenseits dessen ältere Befunde durch Wellengang oft vernichtet sind.
Die Besiedlung des 10.–13. Jahrhunderts, der mittelslawischen bis frühesten deutschen Zeit, erstreckte sich in offenbar konstantem Umfang auf den nördlichen Teil des heutigen Dorfkernes, reichte aber noch etwas weiter nach Norden *(Abb. 10)*. Dort schob sich ein flacher, zum Bischofswarder führender Geländerücken

***Abb. 10** Bosau – Dorf. Karte des 10.—12. Jahrhunderts. Slawische und frühe deutsche Siedlungsreste lagen beim heutigen Dorfkern, dicht nördlich davon, in den heutigen Seewiesen, war eine germanische Siedlung des 1.—5. Jahrhunderts n. Chr. gewesen. Die vielen Grabungsflächen mußten die heutige, hier nicht eingezeichnete Bebauung aussparen. Die Grenze der einstigen Niederung ist in den Seewiesen archäologisch erfaßt, ansonsten ebenso wie der ungefähre Wegeverlauf aus der Topographie erschlossen. Der Brunnen im Norden und der Ofen im Süden des Siedlungsareals sowie das Fundament der Rotunde (Rundkirche) unter der heutigen Saalkirche sind auf den folgenden Abbildungen dargestellt. Die Datierung eines wohl als Bootsschuppen dienenden Gebäudes in das Jahr 1176 erfolgte mit Hilfe der Dendrochronologie. Der nördliche Teil des Siedlungsareals ist durch den Wasseranstieg seit dem 13. Jahrhundert überflutet worden. Das Dorf verlagerte sich nach Süden (vgl. Abb. 2), wie die erst im 13. Jahrhundert einsetzenden Funde aus den Grabungsflächen zeigen.* ▷

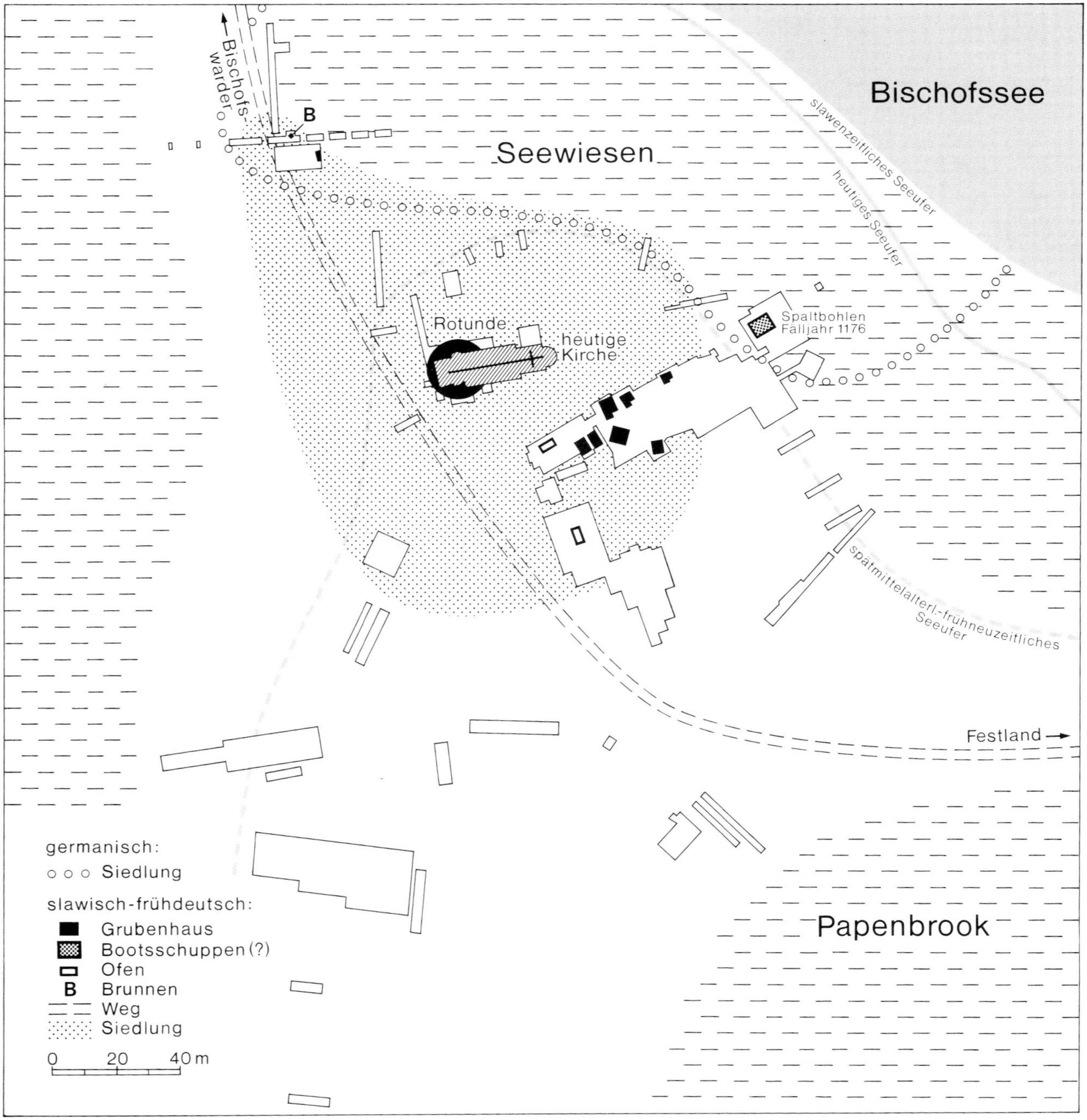
Bischofssee
Seewiesen
Bischofs-
warder
B
slawenzeitliches Seeufer
heutiges Seeufer
Rotunde
heutige
Kirche
Spaltbohlen
Fälljahr 1176
spätmittelalterl.-frühneuzeitliches
Seeufer
Festland
Papenbrook
germanisch:
Siedlung
slawisch-frühdeutsch:
Grubenhaus
Bootsschuppen (?)
Ofen
B Brunnen
Weg
Siedlung
0 20 40 m

◁ *Abb. 11 Bosau – Dorf. Ein Kastenbrunnen nahe dem Nordende der Siedlung ist nach der ^{14}C-Methode in die slawische Zeit datiert. Er ist 1×1 m breit und nur im unteren Teil erhalten. Die Steine in der Mitte gehören einer Zeit an, als der Brunnen nicht mehr offen war. Die hellen Schichten hinten über dem Brunnen sind Sedimente des Sees, der den nördlichen Siedlungsteil seit dem 13. Jahrhundert überflutet hat. Ansicht von Süden.*

Abb. 12 Bosau, Pfarrgarten. Ein aus Feldsteinen kuppelförmig gebauter Ofen liegt am südlichen Rand der Siedlung. Einige dort gefundene Gefäßscherben stammen aus dem 13. Jahrhundert. Die von Holzkohle geschwärzte Erde im Brennraum enthielt keine Funde, die auf die Funktion des 2 m langen Ofens schließen lassen. Möglicherweise diente er zum Rösten, Räuchern oder Darren von Lebensmitteln. Die beiden Pfostenlöcher, die sich im Hintergrund dunkel abzeichnen, gehörten wohl zu einer Konstruktion an der Ofenöffnung. Ansicht von Nordwesten.

zwischen die beiden Niederungszonen am Bischofssee im Osten und am (auf der Karte nicht erfaßten) Großen Plöner See im Westen. Als nördlichste Siedlungsbefunde kamen dort ein Kastenbrunnen, der durch die ^{14}C-Methode datiert ist *(Abb. 11)*, und eine nur teilweise erfaßte größere Grube, wohl als Grubenhaus zu deuten, zum Vorschein. Im Südostteil des Siedlungsareals wurden einige Grubenhäuser aufgedeckt, die offenbar teils der slawischen, teils der frühdeutschen Zeit angehören, ganz im Süden sind zwei größere Ofenanlagen (möglicherweise zum Backen und Brauen) ausgegraben *(Abb. 12)*. Die übrigen Befunde, kleinere Gruben, Pfostenlöcher und Feuerstellen, sind auf der Karte nicht dargestellt. Ansonsten ist das einstige Siedlungsareal durch zahlreiche Scherbenfunde erfaßt; die Grabungsflächen im Süden und Südosten des heutigen Dorfkernes lieferten hingegen so gut wie keine Funde, die vor das 13. Jahrhundert zurückreichen.

Insgesamt ergibt sich ein etwa 200 m langes Siedlungsareal. Ein von dem Geländerücken zwischen Papenbrook und Seewiesen durch die Siedlung zum Bischofswarder im Norden führender Weg ist aus topographischen Gründen rekonstruiert, aber archäologisch nicht nachgewiesen. Die Siedlungen im heutigen Dorfkern und auf dem Möhlenkamp hatten ungefähr die gleiche Ausdehnung.

Was der Siedlung im Dorfkern eine besondere Bedeutung verleiht, ist die Kirche in der Mitte. Helmold von Bosau zufolge – er war um 1170 Pfarrer am Ort – ist die

Abb. 13 Bosau, Kirche. Die Bosauer Kirche, in der zweiten Hälfte des 12. Jahrhunderts errichtet, bildete ursprünglich den Mittelpunkt des Ortes. Sie zeigt den typischen Aufbau der Kolonisationszeit mit (von links) Apsis, Chor, Langhaus und Turm, der seine jetzige Form erst im 17. Jahrhundert erhielt. An der Wand des Chores ist noch der Dachumriß der nachträglich angefügten, 1967 abgerissenen Grabkapelle zu erkennen. Ansicht von Nordosten.

Kirche 1151 gebaut worden, wenige Jahre nach Beginn der deutschen Kolonisation in Ostholstein. Die heutige Kirche, ein Feldsteinbau mit Turm, Langhaus, Chor und halbrunder Apsis entspricht in der Tat dem üblichen Typ der Kolonisationszeit *(Abb. 13)*. Anstatt des eckigen Turms bestand bis zum 17. Jahrhundert ein runder Turm. Auch das Langhaus war ursprünglich etwas anders gebaut, wir können sein ursprüngliches

Abb. 14 Bosau. Rotunde. Das Fundament einer Rotunde, einer Rundkirche, kommt unter dem Langhaus zum Vorschein und läuft um den dahinter liegenden Turm herum. Mit dem Bau der Rotunde hat man 1151, wenn nicht schon vor 1066 begonnen. Das Fundament hat einen Durchmesser von 15 m und eine Mauerstärke von 2 m. Ansicht von Nordosten.

Aussehen aber kaum rekonstruieren. Daß die heutige Kirche in ihren Ursprüngen bis in die zweite Hälfte des 12. Jahrhunderts zurückgeht, gilt aufgrund zahlreicher vergleichbarer Bauten als sicher.
Eine Überraschung war es, als bei den Grabungen unter der heutigen Kirche ein großes rundes Fundament aus Feldsteinen sichtbar wurde *(Abb. 14)*. Es hatte einen Durchmesser von 15 m und eine Mauerstärke von rund 2 m und zieht sich annähernd um den jetzigen Kirchturm herum. Das alte Rundfundament ist aber für einen Kirchturm viel zu groß. Es handelt sich eindeutig um den Überrest einer Rundkirche, einer Rotunde. Solche Rotunden sind in Mitteleuropa seit der Karolingerzeit nachweisbar, oft als Eigenkirchen hoher geistlicher oder weltlicher Herren. Seit dem 12. Jahrhundert wurden in Dänemark auch etliche Pfarrkirchen als Rundkirchen errichtet.
Die Ausgrabungen lieferten leider keine ausreichenden Anhaltspunkte zum Alter der Rotunde; die Schichten waren durch spätere Bestattungen fast vollständig gestört. Ein Gründungsdatum 1151 mit baldigem Abbruch der Bauarbeiten und anschließendem Bau der jetzigen Kirche ist denkbar, ebenso aber kann die Rotunde irgendwann zwischen 980 und 1066 gegründet worden sein.
Im 10. Jahrhundert waren die Abodriten zunehmend unter deutschen Einfluß geraten. Wohl 934 trat der Abodritenkönig zum Christentum über, 972 (?) kam es zur Gründung des Bistums Oldenburg, das dem Erzbistum Bremen unterstellt war. Zur Ausstattung des Bistums ab etwa 980 zählten unter anderem einige Edelhöfe *(curtes nobiles)*, darunter auch Buzu (Busu) in Wagrien, das mit Bosau identifiziert wird. Die großen Aufstände heidnischer Slawen gegen die christlich-deutsche Herrschaft 983 und 1066 haben nach historischer Überlieferung zur Zerstörung sämtlicher Kirchen geführt.
Es ist zwar nur eine Hypothese, daß die Bosauer Rundkirche in die Zeit vor 1066 gehören könnte. Sicher aber ist, daß sich Bosau damals in bischöflichem Besitz befand. Wo aber lag der Hof des Bischofs? Der Bischofswarder hat seinen Namen mindestens seit dem 17. Jahrhundert und ist bis in die Neuzeit als kirchlicher Besitz bezeugt. Es ist gerade im slawischen Gebiet nicht ungewöhnlich, daß einstige Burgwälle später in kirchliche Hand kamen. Dies gilt sogar für die abodritische Hauptburg Alt Lübeck (ab 1141), ebenso für die polnischen Hauptburgen Poznań (Posen) und Gniezno (Gnesen), die noch heute der Kirche gehören. So dürfte auch der Abodritenfürst, der um 980 dem Oldenburger Bischof Bosau überwies, den verlassenen Burgwall auf dem jetzigen Bischofswarder von dieser Schenkung nicht ausgenommen haben. Das Problem ist aber, daß vom Burgwall nur ganz wenige mittelslawische, spätslawische und frühdeutsche Scherben stammen, die eine Nutzung als Bischofshof nicht ausreichend belegen. Insgesamt bleibt damit das Bild des bischöflichen Bosau 980–1066 unscharf, aber man wird Burgwall und Rotunde aus ihm nicht ganz verdrängen dürfen.

Deutsche Besiedlung im hohen Mittelalter

Hatten sich in den sächsisch-abodritischen Beziehungen des 8. bis frühen 12. Jahrhunderts immer wieder Perioden eines friedlichen Nebeneinanders mit Zeiten erbitterter Kämpfe abgelöst, so waren doch die Sachsen im Westen des heutigen Holstein geblieben, die Abodriten im Osten; es kam zu keiner Bevölkerungsverschiebung.
In den Jahren 1138–1142 eroberten die Sachsen den ganzen Westteil des Abodritenreiches. Wagrien geriet unter die Herrschaft des Grafen Adolf von Schauenburg. Er rief 1143 Siedler aus Flandern, Holland, Westfalen und Friesland ins Land. Auch die Holsten, die alten Grenznachbarn der Abodriten, erhielten einen Teil Wagriens zugewiesen; der nördliche Landesteil blieb slawisch.
Weiter im Süden, an der mittleren Elbe, begann ebenfalls in jener Zeit die Kolonisation. Es waren zunächst

Abb. 15 Bosau am Ende des 9. Jahrhunderts n. Chr. 1 Burgwall, 2 Siedlung auf dem Bischofswarder, 3 Siedlung Möhlenkamp, 4 beginnende Besiedlung im Bereich des heutigen Dorfes.

Abb. 16 Bosau am Ende des 13. Jahrhunderts n. Chr. 1 Bosau, 2 Klein Neudorf, 3 ehemaliger Burgwall auf dem Bischofswarder. Durch den Mühlenstau sind weite Gebiete überflutet.

Abb. 17 Bosau heute. Luftbild aus ähnlicher Perspektive wie Abb. 15—16.
Im Vordergrund das Dorf Bosau, in der Mitte der Bischofswarder, am rechten Bildrand als hellgrünes Feld der Möhlenkamp. Im Hintergrund am Nordufer des Sees die Stadt Plön.

die deutschen Eroberer, die die Einwanderer ins Land holten, später aber, vornehmlich im 13. Jahrhundert, förderten sogar einheimische slawische Herrscher die Kolonisation, so in Pommern, Schlesien und Polen. Die Landesherren waren auf eine Steigerung ihrer Einnahmen bedacht, und die Neusiedler fanden im Osten offenbar günstigere Lebensbedingungen als im Westen. Im Zusammenhang mit der Kolonisation wurde das 1066 eingegangene Bistum Oldenburg 1149 wiedergegründet. Bischof wurde der in der Slawenmission erfahrene Vizelin. Als Erstausstattung des Bistums erbat und erhielt er vom Sachsenherzog Heinrich dem Löwen lediglich das Dorf Bosau samt dem zugehörigen Ort Dulzaniza. Offenbar wollte Vizelin die Besitzverhältnisse des Oldenburger Bistums vor 1066 so weit wie möglich wiederherstellen. Dulzaniza, das später nicht mehr genannt wird, ist wohl mit der Siedlung auf dem Möhlenkamp zu identifizieren *(Abb. 8)*.

1151 ließ Vizelin in Bosau die Kirche bauen, außerdem Häuser für die Neusiedler. Helmold, der diese Ereignisse überliefert, berichtet nichts über die Volkszugehörigkeit der Siedler. Die Geistlichkeit war damals rein deutsch. In Alt Lübeck und in Oldenburg blieb Vizelin in slawischer Umgebung nur für ganz kurze Zeit. Er bevorzugte auch nach der Neugründung des Bistums den Aufenthalt in den Klöstern Neumünster und Segeberg. So ist anzunehmen, daß Vizelin deutsche Siedler nach Bosau holte; von vorher dort ansässigen Slawen berichtet Helmold nichts. Es ist möglich, daß die slawischen Bewohner in das von der Kolonisation nicht betroffene nördliche Wagrien übergesiedelt waren. Die slawische Siedlung auf dem Möhlenkamp endet ebenfalls in jener Zeit. In Bosau selbst ist es in den Jahrzehnten nach 1151 zu keiner Verlagerung oder Vergrößerung des in slawischer Zeit vorhandenen Siedlungsplatzes gekommen. Dies deutet im Zusammenhang mit der historischen Überlieferung eher auf Bevölkerungswechsel als auf Zusiedlung.

Die baulichen Überreste sind oft nicht deutlich von denen der slawischen Zeit zu trennen *(Abb. 10)*. Dendrochronologisch auf das Jahr 1176 datiert ist ein Haus etwas östlich der Siedlung, das in den feuchten Seewiesen errichtet wurde. Möglicherweise diente es als Bootsschuppen *(Abb. 18)*. Es scheint fast, als würde eine Reihe kleinerer Grubenhäuser nach Nordwesten auf das Haus von 1176 hinführen. Größere Bauernhäuser waren in den begrenzten Grabungsflächen nicht nachzuweisen; wahrscheinlich sind ihre Überreste durch spätere Bodeneingriffe vollständig zerstört worden.

Das Hauptportal im Langhaus der Kirche führte nach Norden; der nördliche Ortsteil dürfte somit eine erhebliche Bedeutung gehabt haben. Zudem wird der Weg zum Möhlenkamp wie auch zur 1156 wieder aufgebauten Burg Plön noch über den Bischofswarder, damals noch eine große Halbinsel, verlaufen sein.

Abb. 18 Bosau, Seewiesen. Reste eines Holzhauses kamen östlich des kolonisationszeitlichen Siedlungsareals in den Seewiesen zum Vorschein. Dendrochronologischen Untersuchungen zufolge stammen die Spaltbohlen alle von einer Eiche, die im Jahre 1176 gefällt wurde.

Das Dorf Bosau im späten Mittelalter und in der frühen Neuzeit

Eine schwerwiegende landschaftliche Umgestaltung erfuhr die Uferzone am Plöner See im 13. Jahrhundert durch den Bau etlicher Wassermühlen an der Schwentine unterhalb des Großen Plöner Sees. Durch den Mühlenstau stieg der Wasserspiegel des Plöner Sees um rund 3 m. Nicht nur die Niederungsgebiete, sondern auch andere Teile der Uferzone wurden überflutet. Ob allein der erste historisch bezeugte Mühlbau von 1221 den Wasseranstieg bewirkt hat, ist fraglich; eher hat man mit einem sich über Jahrzehnte erstrekkenden Vorgang zu rechnen. Am Ende war der Bischofswarder fast ganz unter Wasser, auch der nördliche Teil des Dorfes mußte aufgegeben werden. Westlich des Papenbrook stand kaum noch Ackerland zur Verfügung. Das Wasser reichte bis an den Kirchhof. Die Kirche selbst war nicht gefährdet, da sie auf dem höchsten Punkt des Ortes stand *(Abb. 19)*.

Der Mühlenstau bewirkte so einen grundlegenden Strukturwandel des Dorfes. Neue Höfe errichtete man im Süden; die Funde aus den dortigen Ausgrabungsflächen reichen bis in das 13. Jahrhundert zurück; es entstand im Laufe der Zeit dort sogar ein kleiner Dorfplatz. Vielleicht hat auch der östlich des Papenbrook gelegene Teil des Ortes, der archäologisch weder untersucht noch auf der Karte erfaßt ist, seinen Ursprung in jener Zeit. Anstelle der alten Felder im Norden und Süden des Ortes mußten neue im Osten angelegt werden. Dort hatte mit der Kolonisation die Rodung und Besiedlung der in slawischer Zeit noch bewaldeten Hochfläche *(Abb. 15)* östlich des Plöner Sees bereits begonnen *(Abb. 16)*. Im Jahre 1156 sind die Dörfer Hutzfeld und Wöbs, aus denen wir keine slawischen Funde kennen, bischöflicher Besitz. Für 1215/16 liegt ein Verzeichnis der bischöflichen Einkünfte vor, in der mit hoher Wahrscheinlichkeit sämtliche Siedlungen um Bosau erfaßt sind, soweit sie auf Bischofsgebiet liegen. Hier wird – nach Bosau – erstmals der Ort Klein Neudorf dicht nordöstlich von Bosau genannt. Er dürfte erst um 1200 gegründet worden sein; zumindest hat man trotz archäologischer Untersuchungen keine älteren Besiedlungsspuren entdeckt. Anschließend an Klein Neudorf ist von einem slawischen Dorf (slavica villa) mit nahegelegener Mühle die Rede, danach von Hutzfeld. Der Reihenfolge nach müßte das slawische Dorf in der Feldmark des erst 1280 genannten Brackrade liegen. Dort gibt es indes keine Mühle aus jener Zeit. Für eine Identifizierung mit der Siedlung auf dem Möhlenkamp, wie sie von manchen erwogen wurde, zeigen sich keine überzeugenden Anhaltspunkte. Wie auch immer, die Existenz eines slawischen Dorfes macht deutlich, daß noch um 1215 die Bosauer Gegend von einer gemischten Bevölkerung besiedelt war. Durch die deutsche Kolonisation waren die Slawen zu einer benachteiligten Volksgruppe geworden. Um diesen tragischen Verhältnissen zu entgehen, blieb ihnen auf lange Sicht nur die Übernahme der deutschen Sprache, womit alteingesessene Slawen und zugewanderte Deutsche im späten Mittelalter zu einem Volk verschmolzen sind.

Weiterführende Literatur zur vor- und frühgeschichtlichen Besiedlung um Bosau, auf die sich auch dieser Beitrag stützt, ist in der Bibliographie unter folgenden Nummern zu finden: 2, 12, 21, 29, 30, 31, 32, 33, 34, 35, 41, 43, 44, 45, 59, 66, 82, 92, 93, 94, 96, 101, 110, 111, 120.

***Abb. 19** Bosau – Dorf, Karte der Neuzeit. Das Dorf Bosau lag vom 13.—19. Jahrhundert infolge des mittelalterlichen Mühlenstaus ganz am Wasser. Die Karte zeigt den gleichen Ausschnitt wie Abbildung 10. Das Ufer jener Zeit war in den Grabungsflächen gut zu erkennen. Häuser und Grundstücksgrenzen sind anhand alter Katasterkarten und schriftlicher Aufzeichnungen in ihrer annähernden Lage um 1700 erschlossen. M. 1:2 000* ▷

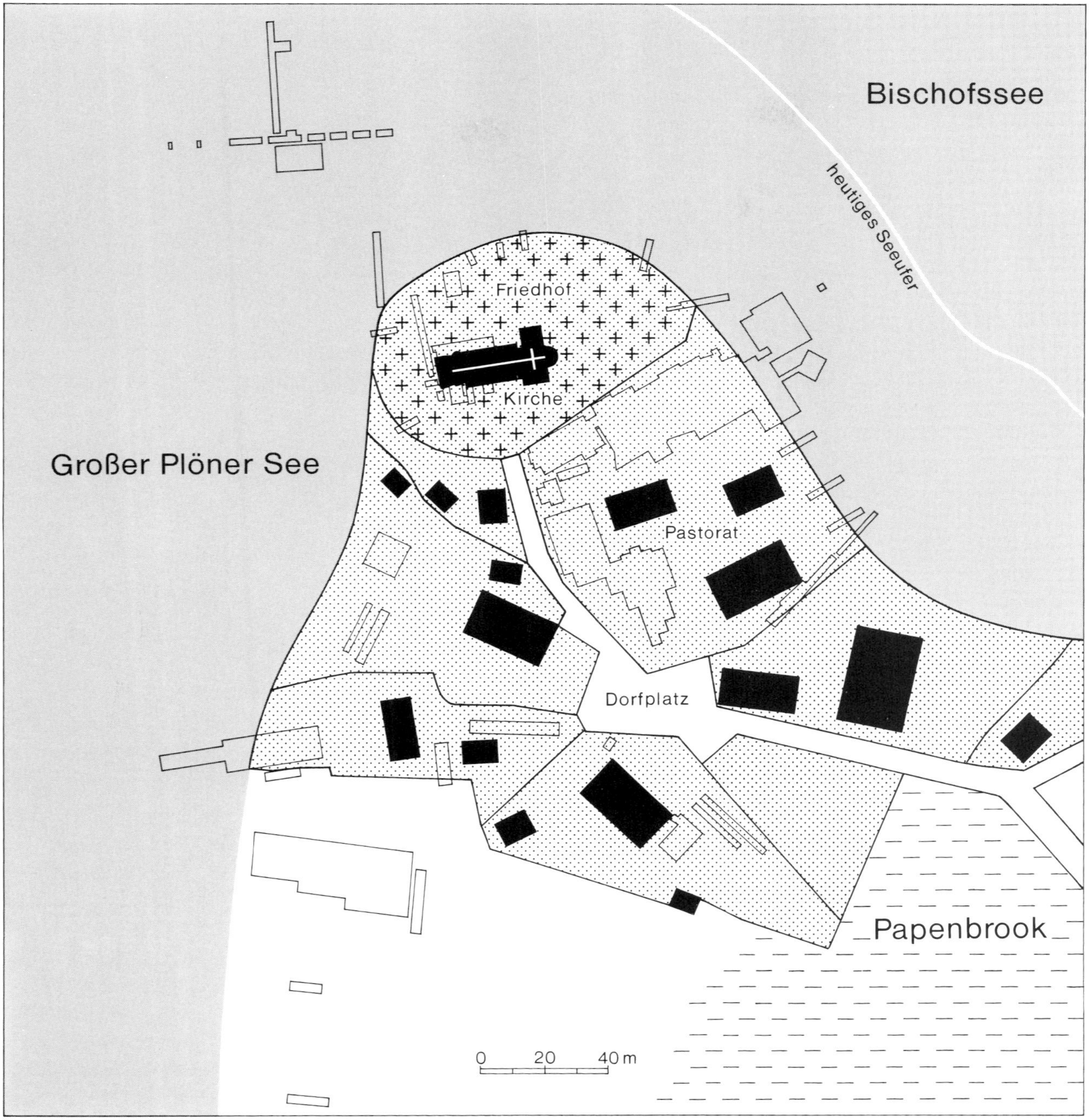

Bischofssee
heutiges Seeufer
Friedhof
Kirche
Großer Plöner See
Pastorat
Dorfplatz
Papenbrook
0 20 40 m

Archäologische Zeittabelle

Mittelalter		
	1200 n. Chr.	
Wikingerzeit		*Slawische*
	800 n. Chr.	
Merowingerzeit		*Zeit*
	600 n. Chr.	
Völkerwanderungszeit		
	400 n. Chr.	
Römische Kaiserzeit		
	Chr. Geb.	
Vorrömische Eisenzeit		
	700 v. Chr.	
Bronzezeit		
	1800 v. Chr.	
Jüngere Steinzeit (Neolithikum)		
	3000 v. Chr.	
Mittlere Steinzeit (Mesolithikum)		
	8000 v. Chr.	
Ältere Steinzeit (Paläolithikum)		

Geologische Zeittabelle

Nacheiszeit (Holozän)			
			10 000 Jahre vor heute
	Weichsel-Eiszeit		
Eiszeit			*90 000 Jahre vor heute*
	Eem-Zwischeneiszeit (Interglazial)		
(Pleistozän)			*100 000 Jahre vor heute*
		Warthe-Stadium	
	Saale-Eiszeit		
		Drenthe-Stadium	
	Holstein-Zwischeneiszeit		

Bibliographie (Auswahl)

1. H. H. Andersen, W. Dörfler, H. Kroll, D. Meier, A. Schmitz, H. Unverhau, u. K.-H. Willroth, Beretning fra niende tværfaglige vikingesymposium Kiels Universitet 1990 (Kiel/Moesgård 1990).
2. F.-R. Averdieck, Seen als Grundlage für palynologische Arbeiten in Schleswig-Holstein. Bericht der Römisch-Germanischen Kommission 67, 1986, S. 513–528.
3. A. Bantelmann, Ergebnisse der Marschenarchäologie in Schleswig-Holstein. Offa 8, 1949, S. 75–87.
4. A. Bantelmann, Tofting, eine vorgeschichtliche Warft an der Eidermündung. Offa-Bücher 12 (Neumünster 1955).
5. A. Bantelmann, Die Landschaftsentwicklung an der schleswig-holsteinischen Westküste. Offa-Bücher 21 (Neumünster 1967).
6. A. Bantelmann, Die frühgeschichtliche Marschensiedlung beim Elisenhof in Eiderstedt. Landschaftsgeschichte und Baubefunde. Studien zur Küstenarchäologie Schleswig-Holsteins, Serie A, Elisenhof 1 (Bern-Frankfurt 1975).
7. K.-E. Behre, Die Pflanzenreste aus der frühgeschichtlichen Wurt Elisenhof. Studien zur Küstenarchäologie Schleswig-Holsteins, Serie A, Elisenhof 2 (Bern-Frankfurt 1976).
8. K. Bielenin u. S. Woyda, Zwei Eisenverhüttungszentren des Altertums im Weichselbogen (1. Jh. v. Chr. – 4. Jh. n. Chr.). Eisen + Archäologie, Veröffentlichungen Deutsches Bergbaumuseum 14, 1978, S. 25–55.
9. K. Bokelmann: Wurten und Flachsiedlungen der römischen Kaiserzeit. Ergebnisse einer Prospektion in Norderdithmarschen und Eiderstedt. In: M. Müller-Wille u. a. (1988) S. 149–162.
10. W. Dörfler, Neue Untersuchungen zur Frage der Siedlungskontinuität im 6., 7. und 8. Jahrhundert in Angeln und Schwansen. In H. H. Andersen u. a. (1990) S. 39–42.
11. A. Dücker u. G. C. Maarleveld, Hoch- und spätglaziale Sande in Nordwestdeutschland und den Niederlanden. Geologisches Jahrbuch 73, 1957, S. 215–234.
12. I. Ericsson. Kontinuität und Diskontinuität im slawisch-deutschen Siedlungsraum (Futterkamp und Bosau). Lauenburgische Heimat, Neue Folge 103, 1982, S. 1–20.
13. P. Ethelberg, Die eisenzeitliche Besiedlung von Hjemsted Banke, Skærbæk sogn, Sønderjyllands amt. Offa 45, 1988, S. 119–154.
14. P. Frahm, Abbau von Eisenerz auf der schleswigschen Geest. Jahrbuch der Schleswigschen Geest 28, 1980, S. 217–222.
15. W. Gebers, Bosau. Untersuchung einer Siedlungskammer in Ostholstein unter Leitung von Hermann Hinz. V Der slawische Burgwall auf dem Bischofswerder. 1 Katalog und Beilagen. Offa-Bücher 45 (Neumünster 1981).
16. W. Gebers, Bosau, Untersuchung einer Siedlungskammer in Ostholstein unter Leitung von Hermann Hinz. V Der slawische Burgwall auf dem Bischofswerder. 2 Auswertung der Funde und Befunde. Offa-Bücher 57 (Neumünster 1986).
17. W. Gebers, H. Hinz, F. Konerding u. G. Löffler, Bosau. Untersuchung einer Siedlungskammer in Ostholstein. II Die Ausgrabungen und Untersuchungen im Dorf 1971–1974. Offa-Bücher 37 (Neumünster 1977).
18. W. Haarnagel, Die Grabung Feddersen Wierde. Methode, Hausbau, Siedlungs- und Wirtschaftsformen sowie Sozialstruktur. Text- u. Tafelband. Feddersen Wierde 2 (Wiesbaden 1979).

19. O. Harck, Die Ausgrabungen in den römerzeitlichen Erdwerken Archsumburg, Tinnumburg und Trælbanken an der Westküste Schleswigs. Studien zur Küstenarchäologie Schleswig-Holsteins Serie B, Archsum 3 = Römisch-Germanische Forschungen 50 (Mainz 1990).
20. G.-D. v. d. Heide, Dijkbouw in de Historie. Land en Water 3, Hl. 4.
21. J. Herrmann (Hrsg.), Die Slawen in Deutschland. Geschichte und Kultur der slawischen Stämme westlich von Oder und Neiße vom 6.–12. Jahrhundert. Ein Handbuch. Veröffentlichungen des Zentralinstituts für Alte Geschichte und Archäologie der Akademie der Wissenschaften der DDR 14 (Berlin 1985).
22. B. Higelke, Geländeuntersuchungen im nordfriesischen Wattenmeer. Zur Korrektur einer historischen Karte von Johannes Meier aus dem Jahre 1649. Offa 43, 1986, S. 337–341.
23. B. Higelke, D. Hoffmann, H. J. Kühn u. M. Müller-Wille, Geowissenschaftlich-archäologische Untersuchungen zur Landschafts- und Siedlungsgeschichte von Nordfriesland. Archäologisches Korrespondenzblatt 9, 1979, S. 223–239.
24. B. Higelke, D. Hoffmann u. M. Müller-Wille, Zur Landschaftsentwicklung und Siedlungsgeschichte der nordfriesischen Marscheninseln und Watten im Einzugsbereich der Norderhever. Probleme der Küstenforschung im südlichen Nordseegebiet 11, 1976, S. 163–185.
25. H. Hingst, Vorgeschichtliche Eisenverhüttung auf dem Neumünsteraner Sander. In K. Gripp, R. Schütrumpf u. H. Schwabedissen (Hrsg.), Frühe Menschheit und Umwelt 1. Fundamenta A 2 (Festschrift A. Rust) 1970, S. 423–452.
26. H. Hingst, Eine eisenzeitliche Waldschmiede auf dem Auberg bei Süderschmedeby, Kreis Flensburg. Jahrbuch Schleswigsche Geest 22, 1974, S. 57–58.
27. H. Hingst, Das Eisenverhüttungsrevier auf dem Kammberg-Gelände in Joldelund, Kreis Nordfriesland. Offa 40, 1983, S. 163–176.
28. H. Hingst, Schmiedegräber aus Schleswig-Holstein. Hammaburg Neue Folge 7, 1986, S. 61–68.
29. H. Hinz, Die Entwicklung des Burgbezirkes Bosau vom 8.–13. Jahrhundert. Rapports du IIIe Congrés International d' Archéologie Slave. Bratislava 7.–14. septembre 1975. (Bratislava 1979) S. 367–373.
30. H. Hinz, G. Löffler u. H.-M. Kiefmann, Siedlungsgeschichtliche Untersuchungen in Klein Neudorf, Gemeinde Bosau, Kreis Ostholstein: Offa 33, 1976, S. 147–161.
31. H. Hinz, Zur Frauentracht der Völkerwanderungs- und der Vendelzeit im Norden. Bonner Jahrbücher 178, 1978, S. 347–365.
32. H. Hinz, Bosau. Seine Entwicklung vom 1.–13. Jahrhundert (Bosau 1981).
33. H. Hinz, Bosau. Untersuchung einer Siedlungskammer in Ostholstein. VI Die Grabungen auf dem Möhlenkamp von 1974–1979. Offa-Bücher 51 (Neumünster 1983).
34. H. Hinz u. W. Gebers, Ein Körpergrab der Völkerwanderungszeit aus Bosau, Kreis Ostholstein. Offa 34, 1977, S. 5–39.
35. H. Hinz, H.-E. Nellissen, H. Helmuth, W. Prange und F.-R. Averdieck, Bosau I, Untersuchung einer Siedlungskammer in Ostholstein. Offa-Bücher 31 (Neumünster 1974).
36. D. Hoffmann, Meeresspiegeldaten aus landschafts- und siedlungsgeschichtlichen Untersuchungen auf Pellworm (Nordfriesische Inseln). Eiszeitalter und Gegenwart 30, 1980, S. 229–236.
37. D. Hoffmann, Beobachtungen und Daten zur jüngeren Entwicklung des Küstengebietes von Dithmarschen und Nordfriesland. Ergebnisse von Profilaufnahmen beim Bau einer Erdgasleitung. Offa 43, 1986, S. 251–264.
38. D. Hoffmann, Das Küstenholozän im Einzugsbereich der Norderhever, Nordfriesland. In:

M. Müller-Wille u. a. (1988) S. 51–115.
39. D. Hoffmann u. B. Higelke, Verteilung und Dynamik der jungen Wattsedimente um Pellworm (Nordfriesische Inseln). Meyniana 32, 1980, S. 73–87.
40. D. Hoffmann, H. J. Kühn u. B. Higelke, Landschafts- und Siedlungsgeschichte im Bereich der heutigen Marscheninseln und Watten Nordfrieslands. Ergebnisse archäologisch-geowissenschaftlicher Untersuchungen (1975–1981). Siedlungsforschung. Archäologie – Geschichte – Geographie 2, 1984, S. 165–185.
41. U. Kampffmeyer, Archäologische und bodenkundliche Untersuchungen in Klein Neudorf, Gemeinde Bosau, Kreis Ostholstein. Offa-Ergänzungsreihe 8 (Neumünster 1985).
42. I. Keesmann, Chemische und mineralogische Detailuntersuchungen zur Interpretation eisenreicher Schlacken. In: R. Pleiner, Archaeometallurgy of Iron, Results Achieved 1967–1987, International Symposium of the Comité pour la sidérurgie ancienne de l'UISSP, Liblice 1987 (Prag 1989) S. 17–33.
43. T. Kempke, Bemerkungen zur Delvenau-Stecknitz-Route im frühen Mittelalter. Hammaburg N.F. 9 (Festschrift W. Hübener) 1989, S. 175–184.
44. H.-M. Kiefmann, Bosau. Untersuchung einer Siedlungskammer in Ostholstein unter Leitung von Hermann Hinz. III Historisch-geographische Untersuchungen zur älteren Kulturlandschaftsentwicklung. Offa-Bücher 38 (Neumünster 1978).
45. H.-M. Kiefmann u. H. E. Müller, Die Tiefenkarte des Großen Plöner Sees als Beitrag zur Erforschung einer frühen Kulturlandschaft und der regionalen Morphogenese. Offa 32, 1975, S. 16–29.
46. H. Koehn, Die Nordfriesischen Inseln. Die Entwicklung ihrer Landschaft und die Geschichte ihres Volkstums (Hamburg 4. Aufl. 1954).
47. G. Kossack, Stand und Probleme siedlungsarchäologischer Forschung in Archsum auf Sylt. Offa 39, 1982, S. 183–188.
48. G. Kossack, F.-R. Averdieck, H.-P. Blume, O. Harck, D. Hoffmann, H. J. Kroll u. J. Reichstein, Archsum auf Sylt. 2 Landwirtschaft und Umwelt in vor- und frühgeschichtlicher Zeit. Studien zur Küstenarchäologie Schleswig-Holsteins, Serie B, Archsum 2 = Römisch-Germanische Forschungen 44 (Mainz 1987).
49. G. Kossack, K.-E. Behre u. P. Schmid (Hrsg.), Archäologische und naturwissenschaftliche Untersuchungen an ländlichen und frühstädtischen Siedlungen im deutschen Küstengebiet vom 5. Jahrhundert v. Chr. bis zum 11. Jahrhundert n. Chr. 1 Ländliche Siedlungen (Weinheim 1984).
50. G. Kossack, O. Harck, J. Newig, D. Hoffmann, H. Willkomm, F.-R. Averdieck u. J. Reichstein, Archsum auf Sylt. 1 Einführung in Forschungsverlauf und Landschaftsgeschichte. Studien zur Küstenarchäologie Schleswig-Holstein, Serie. B, Archsum 1 = Römisch-Germanische Forschungen 39 (Mainz 1980).
51. G. Kossack, O. Harck u. J. Reichstein, Zehn Jahre Siedlungsforschung in Archsum auf Sylt. Bericht der Römisch-Germanischen Kommission 55, 1975, S. 261–427.
52. R. Krämer, Die wüsten Warften auf Pellworm. Unveröffentlichte Diplomarbeit Univ. Münster (Münster 1977).
53. H. Kroll, Zur Bearbeitung der Pflanzenfunde der Ausgrabungen von Kosel, Schwansen (Kr. Rendsburg-Eckernförde). Bericht der Römisch-Germanischen Kommission 67, 1986, S. 445–453.
54. H. Kroll, Untersuchungen an botanischen Makroresten der wikingerzeitlichen und hochmittelalterlichen Siedlungen von Kosel. In: H. H. Andersen u. a. (1990) S. 43–47.
55. H. J. Kühn, Siedlungsarchäologische Untersuchungen auf den nordfriesischen Marscheninseln. Die Heimat 85, 1978, S. 383–386.

56. H. J. Kühn u. M. Müller-Wille, Siedlungsarchäologische Untersuchungen im nordfriesischen Marschen- und Wattengebiet und in Eiderstedt. In: M. Müller-Wille u. a. (1988) S. 181–193.
57. H. J. Kühn u. A. Panten, Der frühe Deichbau in Nordfriesland. Archäologisch-historische Untersuchungen (Bredstedt 1989).
58. H. Liedtke, Die nordischen Vereisungen in Mitteleuropa. Forschungen zur deutschen Landeskunde, 204, (Bonn 1975).
59. G. Löffler, Die Flur der Dorfschaft Bosau / Klein Neudorf vor der Einkoppelung. Rekonstruktion und Interpretation einer Flurkarte. Offa 32, 1975, S. 30–41.
60. Dietr. Meier, Ausgrabungen frühgeschichtlicher Siedlungen in Kosel. Jahrbuch der Heimatgemeinschaft Eckernförde 44, 1986, S. 169–183.
61. Dietr. Meier, Ausgrabungen eisenzeitlicher und frühmittelalterlicher Siedlungen in Kosel, Schwansen (Kr. Rendsburg-Eckernförde). Bericht der Römisch-Germanischen Kommission 67, 1986, S. 429–444.
62. Dietr. Meier, Ländliche wikingerzeitliche und mittelalterliche Siedlungen im Umland von Haithabu. In: H. H. Andersen u. a. (1990) S. 16–32.
63. Dietr. Meier, Die wikingerzeitliche und hochmittelalterliche Siedlung westlich von Kosel, Kreis Rendsburg-Eckernförde. Ein Beispiel für das ländliche Siedlungswesen im Umland von Haithabu. In: H. Menke (Hrsg.), Die Niederlande und der europäische Nordosten. Ein Jahrtausend weiträumiger Beziehungen (700–1700). Landesforschung 1 (Neumünster 1992) S. 51–71.
64. Dietr. Meier, Die wikingerzeitliche Siedlung von Kosel (Kosel-West), Kr. Rendsburg-Eckernförde. Siedlungsarchäologische Untersuchungen in Angeln und Schwansen 3. Offa-Bücher 77 (im Druck).
65. Dietr. Meier u. J. Reichstein, Eine wikingerzeitliche Siedlung westlich von Kosel, Kreis Rendsburg-Eckernförde (LA 117). Grabungen des Landesamtes für Vor- und Frühgeschichte von Schleswig-Holstein (1975–1976). Offa 41, 1984, S. 113–168.
66. Dirk Meier, Scharstorf, eine slawische Burg in Ostholstein und ihr Umland. Archäologische Funde. Offa-Bücher 70 (Neumünster 1990).
67. Dirk Meier, Mittelalterliche Halligwarften im nordwestlichen Eiderstedt. Die Heimat 98, 1991, S. 253–262.
68. Dirk Meier, Küstenarchäologie in Dithmarschen. In: Frühe Siedler an der Küste, Ausstellungskatalog Kreismuseum Prinzeßhof Itzehoe – Museum für Dithmarscher Vorgeschichte – FTZ-Westküste (Heide 1991) S. 128–148.
69. Dirk Meier, D. Hoffmann u. M. Müller-Wille, Zum mittelalterlichen Landesausbau Eiderstedts. Ein Forschungsprojekt der Arbeitsgruppe Küstenarchäologie, Forschungs- und Technologiezentrum Büsum. Offa 46, 1989, S. 285–300.
70. F. Müller u. O. Fischer, Das Wasserwesen an der schleswig-holsteinischen Nordseeküste. 3 Das Festland. 3 Eiderstedt (Berlin 1956).
71. M. Müller-Wille, Das wikingerzeitliche Gräberfeld von Thumby-Bienebek, Kreis Rendsburg-Eckernförde I. Offa-Bücher 36 (Neumünster 1976).
72. M. Müller-Wille, Zehn Karten zur Besiedlung der Nordseemarschen. Offa 38, 1981, S. 193–210.
73. M. Müller-Wille, Siedlungsarchäologische Untersuchungen in Nordwestdeutschland und benachbarten Gebieten. In: B. Stjernquist (Hrsg.), Perspective on Archaeological Theory and Method. University of Lund. Institute of Archaeology Report Series No 20 (Lund 1984), S. 63–101.
74. M. Müller-Wille, Westeuropäischer Import der Wikingerzeit in Nordeuropa. In: S.-O. Lindquist (Hrsg.), Society and Trade in the Baltic during the Viking Age. Acta Visbyensia VII (Visby 1985) S. 79–102.
75. M. Müller-Wille, Frühgeschichtliche Fundplätze

in Eiderstedt. Offa 43, 1986, S. 295–310.
76. M. Müller-Wille, Das wikingerzeitliche Gräberfeld von Thumby-Bienebek (Kr. Rendsburg-Eckernförde). Teil II. Offa-Bücher 62 (Neumünster 1987).
77. M. Müller-Wille, Zu zwei frühmittelalterlichen Metallfunden aus Kosel, Schleswig-Holstein. Folia Praehistorica Posnaniensia 3, 1987, S. 197–208.
78. M. Müller-Wille, Bebyggelsearkæologiske undersøgelser i Kosel, Kr. Rendsburg-Eckernförde. In: H. Thrane (Hrsg.), Diakrone bebyggelse undersøgelser. Beretning fra et bebyggelseshistorisk symposium på Hollufgård – afholt den 8.–9. oktober 1985. Skrifter fra Historisk Institut, Odense Universitet nr. 34 (Odense 1987) S. 66–77.
79. M. Müller-Wille, Fremdgut und Import östlicher Provenienz in Schleswig-Holstein (9.–12. Jahrhundert). Bericht der Römisch-Germanischen Kommission 69, 1988, S. 740–783.
80. M. Müller-Wille, Hedeby und sein Umland. Archäologische Zeugnisse des Handels. In: B. Hårdh, L. Larsson, D. Olausson u. R. Petré (Hrsg.), Trade and Exchange in Prehistory. Studies in Honour of Berta Stjernquist. Acta archaeologica Lundensia, Ser. 8°, Nr. 16 (Lund 1988) S. 271–278.
81. M. Müller-Wille, Frühstädtische Siedlungen und ihr Umland. Beispiele Haithabu und Ribe. In: H. Brachmann u. J. Herrmann (Hrsg.), Frühgeschichte der europäischen Stadt. Voraussetzungen und Grundlagen. Zentralinstitut für Alte Geschichte und Archäologie, Schriften zur Ur- und Frühgeschichte 44 (Berlin 1991) S. 226–236.
82. M. Müller-Wille (Hrsg.), Starigard/Oldenburg. Ein slawischer Herrschersitz des frühen Mittelalters in Ostholstein (Neumünster 1991).
83. M. Müller-Wille, Archäologischer Import im Umkreis von Haithabu. In: H. Menke (Hrsg.), Die Niederlande und der europäische Nordosten. Ein Jahrtausend weiträumiger Beziehungen (700–1700). Landesforschung 1 (Neumünster 1992) S. 29–50.
84. M. Müller-Wille u. Dietr. Meier, House Types of the Migration Period, the Viking Age and the High Middle Ages. Examples from Rural Settlements near Hedeby. Kongreß Dublin 1988 (Dublin im Druck).
85. M. Müller-Wille u. K.-H. Willroth, Zur eisenzeitlichen und frühmittelalterlichen Besiedlung von Angeln und Schwansen. Offa 40, 1983, S. 275–320.
86. M. Müller-Wille, W. Dörfler, Dietr. Meier u. H. Kroll, The Transformation of Rural Society, Economy and Landscape during the First Millennium AD: Archaeological and Palaeobotanical Contributions from Northern Germany and Southern Scandinavia. Geografiska annaler, Stockholm 70 B, 1988, S. 53–68.
87. M. Müller-Wille, B. Higelke, D. Hoffmann, B. Menke, A. Brande, K. Bokelmann, H. E. Saggau u. H. J. Kühn, Norderhever-Projekt. 1 Landschaftsentwicklung und Siedlungsgeschichte im Einzugsgebiet der Norderhever (Nordfriesland). Studien zur Küstenarchäologie Schleswig-Holsteins, Serie C, Norderhever-Projekt 1 = Offa-Bücher 66 (Neumünster 1988).
88. W. Oelsen u. E. Schürmann, Untersuchungsergebnisse alter Rennfeuerschlacken. Archiv für Eisenhüttenwesen 11/12, 1954, S. 507–514.
89. B. Osann, Rennverfahren und Anfänge der Roheisenerzeugung. Verein Deutscher Eisenhüttenleute, Fachausschußbericht 9.001.
90. J. Piaskowski, Hypothetische Eigenschaften des in Schleswig-Holstein geschmolzenen Rennfeuereisens. Offa 40, 1983, S. 157–162.
91. W. Prange, Die Bedeichungsgeschichte der Marschen in Schleswig-Holstein, Probleme der Küstenforschung im südlichen Nordseegebiet 16, 1986, S. 1–53.
92. H. Reichstein, K.-Ch. Taege, H.-P. Vogel, D. Heinrich, C. Becker, F.-R.Averdieck, D. Eck-

stein u. H. Willkomm, Bosau. Untersuchung einer Siedlungskammer in Ostholstein unter Leitung von Hermann Hinz. IV Naturwissenschaftliche Untersuchungen, Beiträge zur Zoologie, Palynologie, Dendrochronologie und Radiokohlenstoff-Datierung. Offa-Bücher 42 (Neumünster 1980).

93. A. Schmitz, Die Orts- und Gewässernamen des Kreises Ostholstein. Kieler Beiträge zur deutschen Sprachgeschichte 3 (Neumünster 1981).

94. A. Schmitz, Die Orts- und Gewässernamen des Kreises Plön. Kieler Beiträge zur deutschen Sprachgeschichte 8 (Neumünster 1986).

95. E. Schürmann, Die Reduktion des Eisens im Rennfeuer. Stahl und Eisen 19, 1958, S. 1297–1308.

96. K. W. Struve, Die Burgen in Schleswig-Holstein. 1 Die slawischen Burgen. Offa-Bücher 35 (Neumünster 1981).

97. H. Unverhau, Zur mittelalterlichen Siedlungsgeschichte des südlichen Schleswig. Berichte der Römisch-Germanischen Kommission 67, 1986, S. 502–512.

98. H. Unverhau, Untersuchungen zur historischen Entwicklung des Landes zwischen Schlei und Eider im Mittelalter. Siedlungsarchäologische Untersuchungen in Angeln und Schwansen 2. Offa-Bücher 69 (Neumünster 1990).

99. H. Unverhau, Das südöstliche Schleswig in der Wikingerzeit und dem hohen Mittelalter aus historischer Sicht. In: H. H. Andersen u. a. (1990) S. 48–58.

100. T. Utecht u. H. Stümpel 1983, Magnetische Sondierung im Eisenverhüttungsrevier von Joldelund, Kreis Nordfriesland. Offa 40, 1983, S. 177–182.

101. O. Voss, Drengsted, Reallexikon der Germanischen Altertumskunde 6 (1986) S. 177–180.

102. O. Voss 1991, Jernproduktionen i Danmark i perioden 0–550 e. Kr. – Samfundsorganisation og Regional Variation. Norden i romers jernalder og folkevandringstid. Beretnning fra 1. nordiske jernaldersymposium på Sandbjerg Slot 11–15 april 1989. Jysk Arkæologisk Selskabs Skrifter XXVII, 1991, S. 171–184.

103. K.-H. Willroth, Siedlungsarchäologische Forschungen in Schwansen. Jahrbuch der Heimatgemeinschaft Eckernförde 44, 1986, S. 184–201.

104. K.-H. Willroth, Siedlungsarchäologische Untersuchungen in Angeln und Schwansen (Eisenzeit und frühes Mittelalter). Bericht der Römisch-Germanischen Kommission 67, 1986, S. 397–428.

105. K.-H. Willroth, Eine frühmittelalterliche Siedlung bei Gammelby, Kreis Rendsburg-Eckernförde. Die Heimat 94, 1987, S. 50–60.

106. K.-H. Willroth: Siedlungsarchäologische Untersuchungen in Thumby-Bienebek (Grabungen 1983–1984). In: M. Müller-Wille, Das wikingerzeitliche Gräberfeld von Thumby-Bienebek (Kr. Rendsburg-Eckernförde). Teil II. Offa-Bücher 62 (Neumünster 1987) S. 146–157.

107. K.-H. Willroth, Zur Besiedlungsgeschichte des östlichen Schleswig im ersten nachchristlichen Jahrtausend. In: H. H. Andersen u. a. (1990) S. 7–15.

108. K.-H. Willroth, Untersuchungen zur Besiedlungsgeschichte der Landschaften Angeln und Schwansen von der älteren Bronzezeit bis zum frühen Mittelalter. Eine Studie zur Chronologie, Chorologie und Siedlungskunde. Siedlungsarchäologische Untersuchungen in Angeln und Schwansen 1, Offa-Bücher 72 (1992).

109. K.-H. Willroth, M. Müller-Wille u. J. Reichstein, Zur vor- und frühgeschichtlichen Besiedlung von Schwansen, dargestellt am Beispiel der Gemeinde Kosel, Kreis Rendsburg-Eckernförde. Offa 40, 1983, S. 321–344.

110. R. Zölitz, Bodenphosphat als Siedlungsindikator: Möglichkeiten und Grenzen der siedlungsgeographischen und archäologischen Phosphatmethode. Offa-Ergänzungsreihe 5 (Neumünster 1980).

111. R. Zölitz, Geographische Siedlungsprospektion in Schleswig-Holstein. Archäologisches Korrespondenzblatt 12, 1982, S. 517–533.
112. R. Zölitz, Geographische Siedlungsprospektion in Bienebek. Jahrbuch Heimatgemeinschaft Eckernförde 40, 1982, S. 267–273.
113. R. Zölitz, Phosphatuntersuchungen zur Siedlungsprospektion in der Gemarkung Kosel (Kreis Rendsburg-Eckernförde). Bericht der Römisch-Germanischen Kommission 67, 1986, S. 454–464.
114. R. Zölitz, Geographische Siedlungsprospektion in Thumby-Bienebek. In: M. Müller-Wille, Das wikingerzeitliche Gräberfeld von Thumby-Bienebek in Schwansen (Kr. Rendsburg-Eckernförde). Bericht der Römisch-Germanischen Kommission 67, 1986, S. 465–478.
115. R. Zölitz u. U. Heinrich, Geographische Siedlungsprospektion in Bienebek. Jahrbuch Heimatgemeinschaft Eckernförde 40, 1982, S. 267–273.

Quellenverzeichnis

116. *Catalogus vetustus:* Verteknis Aller Propositurn, Stede vnd Caspell Kercken vnd Capellen, so wannerdags dem Bischopps Stifft Schleßwich, incorporirt gewesen sin, e Vetusto Catalogo, hesg. v. Anton Heimreich, Schleßwigische Kirchen Historie (Schleswig 1683) 122–127; Nicolaus Falck; StM 4, 1824, 195–200; Reimer Hansen, Zeitschrift für Schleswig-Holsteinische Geschichte 24, 1894, 77–82.
117. *Chronicon Eiderostadense Vulgare* – Die gemeine Eiderstedter Chronik 1103–1547. Hrsg. v. J. Jasper u. C. Heitmann (St. Peter-Ording 1977).
118. C. Danckwerth, Newe Landesbeschreibung der zwey Herzogthümer Schleswich und Holstein. 13. Cap. Von dem Lande Eyderstede (Husum 1652). Neu hrsg. v. K. Domeier u. M. Haack (Hamburg 1963).
119. Heimreich, Ernewerte Nordfresische Chronik (Schleswig 1688). Neu hrsg. v. N. Falck (Tondern 1819).
120. Helmold von Bosau, Slawenchronik. Neu übertragen und erläutert von H. Stoob. Ausgewählte Quellen zur deutschen Geschichte des Mittelalters 19 (Darmstadt 1973).
121. P. Sax, *Frisia Minor, hoc est, Tabulae, Insularum et Peninsularum, tam Maiorum, quam Minorum, juxta Ducatum, starum* . . . (76 Tafeln zur Topographie Nordfrieslands. Hrsg. nach der Handschrift von 1638. Werke zur Geschichte Nordfrieslands und Dithmarschens Bd. 4 (Hrsg. A. Panten) (St. Peter-Ording 1987).
122. Saxo Grammaticus. Die ersten neun Bücher der dänischen Geschichte von H. Jantzen. (Berlin 1900).
123. Saxo Grammaticus, *Danorum Regum Heroumque Historia.* The text of the first edition with translation and commentary in three volumes. E. Christiansen, BAR Internat. Ser. 118, Bd. 1 u. 2 (Oxford 1981).
124. J. Schultze, Kurtzer Bericht von den Landen Eyderstett, Everschop vnd Utholm. In: Neues Staatsbürgerliches Magazin 2 (Schleswig 1834), S. 610–617.

Abbildungsnachweise

Kapitel 1
Abb. 1: Institut für Ur- und Frühgeschichte Kiel. – Abb. 2: Kossack u. a. (1980) Abb. 80. – Abb. 3: Kossack u. a. (1980) Abb. 11. 1. – Abb. 4: Kossack u. a. (1980) Abb. 3. – Abb. 5: Kossack u. a. (1975) Taf. 128, 2. – Abb. 6: Kossack u. a. (1975) Taf. 125. – Abb. 7–8: Institut für Ur- und Frühgeschichte Kiel. – Abb. 9: Kossack u. a. (1975) Abb. 5, 1. 4. 7. 9. 11 u. Abb. 6, 1. 5. 9. – Abb. 10: Kossack u. a. (1975) Abb. 10, 1–3. 11. 12. – Abb. 11: Kossack u. a. (1975) Taf. 129. 1. – Abb. 12: Kossack u. a. (1975) Beil. 8. – Abb. 13: Harck (1990) Taf. 7. – Abb. 14: Harck (1990) Beil. 9. – Abb. 15: Harck (1990) Abb. 25. – Abb. 16: Harck (1990) Abb. 37; 38. – Abb. 17: Institut für Ur- und Frühgeschichte Kiel. – Abb. 18: Kossack u. a. (1975) Taf. 134. – Abb. 19: Institut für Ur- und Frühgeschichte Kiel. – Abb. 20: Kossack u. a. (1975) Abb. 17. – Abb. 21: Kossack u. a. (1975) Abb. 27. – Abb. 22: Kossack u. a. (1975) Abb. 28. – Abb. 23: Kossack u. a. (1975) Abb. 29.

Kapitel 2
Abb. 1–4: Institut für Ur- und Frühgeschichte Kiel. – Abb. 5: Higelke u. a. (1976) Abb. 7. – Abb. 6: Hoffmann u. a. (1984) Abb. 3, verändert. – Abb. 7–10: Institut für Ur- und Frühgeschichte Kiel. – Abb. 11: Higelke u. a. (1979) Abb. 8. – Abb. 12–13: Institut für Ur- und Frühgeschichte Kiel. – Abb. 14: Higelke u. a. (1976) Abb. 13. – Abb. 15: Higelke (1986) Abb. 1. – Abb. 16: Higelke (1988) Abb. 1. – Abb. 17–19: Institut für Ur- und Frühgeschichte Kiel. – Abb. 20: Hoffmann (1988) Beil. 8. – Abb. 21: Hoffmann (1988) Abb. 7.

Kapitel 3
Abb. 1: Institut für Ur- und Frühgeschichte Kiel. – Abb. 2: Forschungs- u. Technologiezentrum Westküste Büsum (FTZ Büsum). – Abb. 3: Bokelmann (1988) Abb. 3 (ergänzt). – Abb. 4–6: FTZ Büsum. – Abb. 7: W. Raabe, Friedrichstadt. – Abb. 8: FTZ Büsum. – Abb. 9: Dirk Meier u. a. (1989) Abb. 10. – Abb. 10–11: FTZ Büsum.

Kapitel 4
Abb. 1–3: Institut für Ur- und Frühgeschichte Kiel. – Abb. 4–5: Institut für Ur- und Frühgeschichte Kiel, Entwurf Backer. – Abb. 6–10: Institut für Geophysik Kiel. – Abb. 11–22: Institut für Ur- und Frühgeschichte Kiel. – Abb. 23–27: Deutsches Bergbau-Museum Institut für Archäometallurgie Bochum. – Abb. 28–29: Markus Nielsen Joldelund. – Abb. 30–31: Institut für Ur- und Frühgeschichte Kiel.

Kapitel 5
Abb. 1: Institut für Ur- und Frühgeschichte Kiel. – Abb. 2: Willroth (1986) nach Abb. 3. – Abb. 3: Willroth (1986) Abb. 5 (vereinfacht). – Abb. 4: Dietr. Meier (1990) Abb. 1 (ergänzt). – Abb. 5: Dietr. Meier (1990) Abb. 2 (ergänzt). – Abb. 6: Institut für Ur- und Frühgeschichte Kiel. – Abb. 7: Dietr. Meier (1990) Abb. 5. – Abb. 8–22: Institut für Ur- und Frühgeschichte Kiel.

Kapitel 6
Abb. 1–2: Institut für Ur- und Frühgeschichte Kiel. – Abb. 3: Hinz (1983) Taf. 2 unten. – Abb. 4: Hinz (1981) S. 9. – Abb. 5: Institut für Ur- und Frühgeschichte Kiel. – Abb. 6: W. Gebers, Die Grabung auf dem Bischofswarder in Bosau. Offa 32, 1975 Abb,. 2, 2. – Abb. 7: Ebenda Abb. 2, 1. – Abb. 8: Institut für Ur- und Frühgeschichte Kiel. – Abb. 9, 1: Dirk Meier (1990) Abb. 39 ergänzt. – Abb. 9, 2: Dirk Meier (1990) Abb. 41 ergänzt. – Abb. 9, 3: Dirk Meier (1990) Abb. 42 ergänzt. – Abb. 10: Institut für Ur- und Frühgeschichte Kiel. – Abb. 11: Gebers u. a. (1977) S. 156 Abb. 7, 1. – Abb. 12: Gebers u. a. (1977) S. 74 Abb. 3, 2. – Abb. 13: Gebers u. a. (1977) S. 167 Abb. 4 unten. – Abb. 14: Gebers u. a. (1977) S. 81 Abb. 7, 2. – Abb. 15–16: Institut für Ur- und Frühgeschichte Kiel. – Abb. 17: C. Degn u. U. Muuß, Luftbildatlas von Schleswig-Holstein und Hamburg (Neumünster 1985) S. 91. – Abb. 18–19: Institut für Ur- und Frühgeschichte Kiel. –

Anschriften der Autoren

Dr. Walter Dörfler
Prof. Dr. Alfred Haffner
Prof. Dr. Ole Harck
Dr. Dietrich Hoffmann
Dipl.-Prähist. Hauke Jöns
Dr. Torsten Kempke
Dr. Helmut Kroll
Dr. Dietrich Meier
Prof. Dr. Dr. h.c. Michael Müller-Wille

Institut für Ur- und Frühgeschichte
der Christian-Albrechts-Universität
Olshausenstr. 40
D-W 2300 Kiel 1

Silke Backer

Schleswig-Holsteinischer Heimatbund,
Zentralstelle für Landeskunde
Mühlenberg 10
D-W 2330 Eckernförde

Dipl.-Min. Michael Ganzelewski
Dr. Andreas Hauptmann

Deutsches Bergbau-Museum
Institut für Archäometallurgie
Lorheidestr. 57
D-W 4630 Bochum 6

Prof. Dr. Georg Kossack

Pietzenkirchen 56a
D-W 8201 Riedering

Dipl.-Geophys. Remmer Kruse

Institut für Geophysik der Christian-Albrechts-Universität
Leibnizstr. 15
D-W 2300 Kiel 1

Dr. Dirk Meier

Forschungs- und Technologiezentrum Westküste
der Christian-Albrechts-Universität
Hafentörn
D-W 2242 Büsum

Prof. Dr. Joachim Reichstein

Landesamt für Vor- und Frühgeschichte
von Schleswig-Holstein
Schloß Anettenhöh
D-W 2380 Schleswig

Prof. Dr. Karl-Heinz Willroth

Seminar für Vor- und Frühgeschichte
der Universität Frankfurt/M.
Arndtstr. 11
D-W 6000 Frankfurt/M.